臺灣宗教文化叢書

臺灣宗教信仰

——增田福太郎名著「臺灣の宗教」的全面解讀

江燦騰 主編

增田福太郎 原著

黃有興 中譯

東大圖書公司

國家圖書館出版品預行編目資料

臺灣宗教信仰 / 江燦騰主編;增田福太郎原著;黃有興中譯.－－初版三刷.－－臺北市: 東大, 2015
面; 公分.－－(臺灣宗教文化叢書)
參考書目: 面

ISBN 978-957-19-2775-6 (平裝)

1. 宗教－臺灣－歷史

209.232 94000985

© 臺灣宗教信仰

主編	江燦騰
原著	增田福太郎
中譯	黃有興
發行人	劉仲文
著作財產權人	東大圖書股份有限公司
發行所	東大圖書股份有限公司 地址 臺北市復興北路386號 電話 (02)25006600 郵撥帳號 0107175-0
門市部	(復北店) 臺北市復興北路386號 (重南店) 臺北市重慶南路一段61號
出版日期	初版一刷 2005年5月 初版三刷 2015年7月
編號	E 270050

行政院新聞局登記證局版臺業字第〇一九七號

ISBN 978-957-19-2775-6 (平裝)

http://www.sanmin.com.tw 三民網路書店

1

◆ 1929年增田福太郎（右一）和臺籍助手李添春（左一）等在苗栗南庄向天湖山地林間調查臺灣宗教時留影

◆ 1931 年 11 月 21 日增田福太郎與松崎　於臺灣神社前所拍的結婚照

◆增田福太郎在臺北市昭和町的寓所外貌

◆增田福太郎五歲時（1907）與父新治郎合影

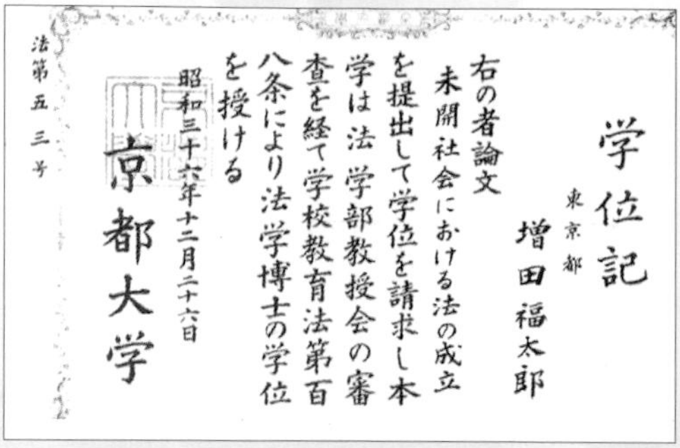

学位記

東京都
増田福太郎

右の者論文
未開社会における法の成立
を提出して学位を請求し本
学は法学部教授会の審
査を経て学校教育法第百
八条により法学博士の学位
を授ける

昭和三十六年十二月二十六日

京都大学

法第五三号

◆增田在 1961 年獲得的博士學位證書，其實是以《未開發社會的法之建構》論文向 都大學提出申請審查通過的，所以是屬於舊制的非攻讀之論文博士學位，但其所代表的高學術水平，在日本學界深受肯定。

◆增田福太郎在臺北帝國大學任助教授（1930-39）留影

◆增田於 1961 年 12 月通過 都大學法學博士後於福岡大學法學部任教

3

生誕100年記念シンポジウム

「増田福太郎の台湾研究」

（2004.3増補）

日　　時 ● 2003年12月5日

場　　所 ● 台北市・民族学研究所会議室

主　　催 ● 中央研究院・民族学研究所

共　　催 ● 淡江大学歴史学系

論文発表者 ●

林美容／中央研究院民族學研究所研究員
林承毅／台北大學民俗芸術研究所研究生
黃智慧／中央研究院民族學研究所研究助理
蔡錦堂／淡江大學歷史系副教授
江燦騰／光武技術學院共同科副教授
呉豪人／輔仁大學法律系助理教授
黃有興／前台灣省文獻委員會委員

参 加 者 ● 大学、国および大学の研究所の関係者　約90人

冒頭挨拶 ● 増田貞治（通訳　林芬蓉）

広報用のポスター

ただいまご紹介いただきました、増田福太郎の次男の貞治と家内の房子です。

このたびは台湾の権威ある学術シンポジウムのテーマとして、福太郎が昭和の初期に情熱を傾けた「台湾の宗教と法に関する研究」を選んでいただき誠にありがとうございます。今とは時代も環境も異なる6～70年前の研究に光をあて、多角的、専門的な討論を行うという企画は、台湾の大地に根ざした台湾文化の史的な掘り起こしにかける先生方の熱意がいかに大きいかを示すものであり、また、福太郎の生誕100年を記念するという形を整えていただきましたことは、広い意味での台湾文化に魅せられた福太郎に対する時代と国境を越えた友情の表れであると私は受け止めております。

父は80歳を前にこの世を去りましたが、その遺した著作が死後20年にしてなお台湾の新進の学者の間で読まれ、研究の参考に供せられていることは、著者として最高の栄誉に値すると思います。ただ忘れてはならないことは、父の調査・研究が、当時の台湾の多くの人たちの協力とチーム・ワークによって支えられていたということです。原住民系あるいは漢民族系の口述者、通訳者はむろんのこと、資料集め、日程調整などの下準備、道案内、記録、統計など地味な仕事のどれが不十分でも研究は前に進まなかったことでしょう。その意味からして、きょう取り上げていただく諸々の研究は、日台共同の研究チームによる調査報告書の性格を帯びていると言えるのではないでしょうか。ここに改めて李添春先生はじ

◆2003年12月5日在中研院民族所舉辦「增田福太郎與臺灣研究」年紀念學術研討會的海報和增田之子貞治致開幕詞的部分內容

◆增田福太郎之子增田貞治（左一）和夫人（左二）與本書主編江燦騰教授（右二）及淡大歷史系蔡錦堂教授（右一），2003 年 12 月 5 日於中研院民族所前合影。

◆本書譯者黃有興先生（左一）和淡大歷史系蔡錦堂教授（左二）與增田福太郎之子增田貞治（右二），2003 年 12 月 5 日於中研院民族所陽臺前合影。

臺灣宗教信仰

目次

編序

本書的翻譯與出版緣起

江燦騰

增田福太郎的《臺灣の宗教》（東京：養賢堂，一九三九）一書，原是用流暢典雅的日文寫成的，出版刊行迄今（二〇〇五），已經過一甲子又六年了。但增田當時以三十六歲英年，在其書中所展現的，有關其對臺灣傳統宗教發展分期的體系建構、其對以臺灣農民信仰為中心的主神崇拜和特殊神觀的細膩介紹、以及其對臺灣原住民早期信仰習俗的扼要說明和其對日治昭和時期有關「皇民化運動」下日臺新宗教發展應循何種模式的熱切分析等，都充分流露著他對這些主題和內容有極為精細的探究。所以，儘管其理論思辨的嚴謹性和原創性，都稍弱於其先行者的柴田廉，但其全書文字表達的優美和感性洋溢，則會使讀其書者都留下深刻印象的。

我個人也是這類讀者中的一個，也因此早在二十世紀九〇年代初期，當我還在臺大歷史所攻讀有關臺灣近代佛教改革運動的博士學位時，由於有機會細讀到此書，所以我當時就有意要將其翻為現代中文來出版。

可是，當時由於我覺得原書中某些過於文學性的描寫，一時難以精確掌握其原意，所以我對於全書的翻譯工作，也就這樣而被耽擱下來。

直到一九九六年秋天，我在臺大法學院的地下圖書室又先後發現了柴田廉的《臺灣同化策論——臺灣島民の民族心理學之研究》（臺北：晃文館，一九二三）和增田的另一研究論文〈臺灣における天上聖母の崇敬と立誓事件〉的抽印本❶。因抽印本上面有增田的親筆題字，所以知道這是他當時呈送給在同校「文政學部——政學科」擔任「民法民事訴訟講座」的宮崎孝治郎教授的❷。

但當時，不知為什麼，我一看到這份有增田本人題字的抽印本時，就特別有種說不出來的親切感。於是我隨即利用這份新資料，撰寫了一篇名為〈媽祖信仰與法律裁判——以增田福太郎的研究為中心〉的新論文❸，於當年的八月中旬在北港朝天宮媽祖文化大樓舉辦的「媽祖信仰國際學術研討會」上發表，並獲得與會者相當大的肯定和迴響，使我深受鼓舞。

這當中，尤以認識多年的前輩學者黃有興先生對我鼓勵有加，所以我趁機向其談起翻譯增田名著《臺灣の宗教》一書的計畫，也當場獲得他的同意❹。

❶這是增田福太郎於昭和九年（一九三四）所寫的；隔年載入「臺北帝國大學理農學部農業經濟學教室研究資料第二十二號」，《農林經濟論考》第二輯。

❷宮崎孝治郎教授的資料，見陳昭如、陳智偉編，《Academia——臺北帝國大學研究通訊——創刊號》（臺北：張宏輝，一九九六），頁一二。

❸此篇論文經過改寫和增補後，也納入本書作為「最新研究論文輯選」之一，以供參考。

❹當時，黃有興先生基於愛護和提攜後輩的好意，堅持要以兩人合譯的方式進行，而我之所以答應，是因為當時我對於自己在現代中文的譯文表達方面，有相當的把握，並且對於增田書中內容所需的新資料補充和

可是，「天有不測風雲，人有旦夕禍福」，就在我和黃先生正要積極進行增田之書的翻譯時，素來自誇健康良好、不知疲倦為何物的我，突然在右大腿的髖關節處罹患了極嚴重並且難治的「多發性骨髓癌」腫瘤。於是此後的數年間，我長年奔波於醫院的手術房、化療室和腫瘤科門診部，幾度徘徊於生死邊緣，然後才幸運地能存活迄今。

而這期間，我雖失去了進名校任教的黃金機會，但能如期撰出博士論文，並以優異成績通過臺大史研所博士學位的口試答辯，也算是不幸中的一大安慰。只是我很慚愧、也很對不起黃有興先生的是，在此一期間，他雖已耗費無數心血如期完成對增田的《臺灣の宗教》全書翻譯，然後將全部譯稿寄交給我，然而，我卻無法即時配合完成我個人所需承擔的譯註和增補之工作，並且一拖數年，致使本書的正式出版，也一延再延迄今。

不過，事情終究有其峰迴路轉的時刻。由於這幾年我經過「自體幹細胞骨髓移植」後，健康情形已大為好轉，開始有體力從事新的研究和撰述的忙碌工作，再加上正好有「增田福太郎與臺灣研究」的紀念研討會要在臺灣舉行，地點是中研院的民族所會議室，時間則為二〇〇三年十二月五日。所以我接受大會的邀請，撰文發表，並代邀黃有興先生一起參加。

新解說的提出，我也自問有能力勝任，所以對於能和黃有興先生來合譯此書，不只意願很高，簡直就是日夜期盼能早日完成翻譯，然後以堂堂的新面目來出版，以便早日能和新一代的讀者，從事有關此領域的知性學術交流。

我所撰之文為〈增田福太郎與臺灣傳統宗教研究〉。因撰述期間，恰好獲得淡江大學歷史系蔡錦堂教授所提供多種有關增田的最新研究論文和相關原始資料，所以在論述上才能有較大的突破。如今，我將此文放在本書最後部分（按：即綜合解說的〈本書相關研究史及其各家評論〉一文），作為與本書的相關解說和評論，以方便讀者對照參考，並感謝蔡教授的大力幫忙。

至於黃有興先生當天發表的論文，事實上就是其有關〈增田福太郎臺灣宗教研究著作翻譯經驗談〉。因此，當天由黃先生以樸實誠懇的語氣娓娓道來時，令與會者都覺得其報告內容相當生動感人。

會後，我又徵得黃、蔡兩人的同意：一、將黃有興先生之文，刪除其中與本書無關者，然後以〈代序〉的方式，放在本書的「編序」部分，使讀者明白其實際的翻譯過程和他所曾耗費的大量心血。二、將蔡錦堂教授所提供的〈臺灣宗教研究先驅增田福太郎與臺灣〉、〈增田福太郎的寺廟與神社觀〉兩篇相關論文，也放在本書「最新研究論文輯選」中，以作為欲了解本書相關背景時的重要參考資料。

以上是我對本書多年來的翻譯與編輯過程的扼要說明。

讀者若還想了解黃有興先生本人的說明，在本書的下一篇即可讀到其完整的細節，相當精采，讀者請自行細細品嚐。

不過，本書能夠順利出版的助緣之一，仍是透過蔡錦堂教授熱心的居中聯絡，使本書中增田原著的翻譯授權，能在短期內即取得增田家族代表增田貞治先生的簽字同意。其次是，東大圖書公司願意將其納入「臺灣宗教文化叢書」來出版，更屬本書難得的大助緣。因此，我對上述兩者，都致上我個人最大的謝意。

作者謹誌於二〇〇五年二月十九日

代序：增田福太郎臺灣宗教研究著作翻譯經驗談

黃有興

壹、翻譯《臺灣的宗教》緣起

我原本長期在政府機關從事行政工作，民國六十八年十一月奉調臺灣省文獻委員會簡任委員，始著手研究臺灣文獻，先進行臺灣總督府檔案及若干日文書籍的翻譯與臺灣文官制度的研究工作，至七十年間，鑑於澎湖民俗尚少有人作全面性的調查研究，乃著手進行澎湖民俗的田野調查，並將若干拙作陸續發表於《臺灣文獻》。這時曾經閱讀過增田福太郎先生在臺灣撰著的《臺灣本島人的宗教》、《臺灣的宗教》、《東亞法秩序序說》三本大作。其目的乃在尋找是否有論及澎湖宗教的記載，作為研究澎湖宗教信仰的參考，尚無翻譯之意念。

民國八十五年八月十二日至十四日，在北港朝天宮媽祖文化大樓舉辦的「媽祖信仰國際學術研討會」，我也承邀參加。在會中幸遇素來敬佩的江燦騰教授，他於第八場研討會發表〈媽祖信仰與法律裁判——以增田福太郎的研究為中心〉論文，甚獲佳評。茶敘中我們相談甚歡，他一再建議我將增田先生大作《臺灣的宗教》翻譯出來，以供研究臺灣宗教的青年學者參考。起初我不敢答應，原因是我畢業於日本馬公海軍工作部工員養成所見習科，該學歷經日本文部省於一九三五年以省令第三十號及同告示第一三八號認定具有舊制中學校（五年制）同等以上學力，而我就學的公學校日籍老師，平素即十分熱心推廣文藝教育，小學四年級就要培養編排班級新聞的能力，並勸學如何製作「和歌」、「俳句」與研讀當時著名作家，如菊池寬等鉅作，故戰爭結束前之文體日文尚難不倒我，問題是我從未受過中國學校教育。中文是臺灣光復之後，一面認真工作，一面學習而來。雖曾參加全國性高等考試及律師檢定考試國文一科均及格，可是對中文寫作能力，並無十分的信心，故遲遲不敢答應。後經不起江教授勸說此工作的意義與價值，乃以兩人共同翻譯為條件，答應他的建議❶。

貳、翻譯經過

翻譯本書之前，我詳閱全文三次以上，覺得序章臺灣宗教現狀、第一編臺灣人的宗教概觀、

❶至於從事翻譯《東亞法秩序序說》乃在其後，經江教授的介紹我認識了王見川教授，我們一見如故，交情甚篤，大約在八十八年末，王教授建議我，翻譯《東亞法秩序序說》，以供不諳日文的研究臺灣民間信仰同好共享。我平素亦十分敬仰王教授，乃不揣淺陋，勉力從命，冀副所望。

第二編與農民關係密切的神明之研究、第一章寺廟建立史小考、第二章以所奉祀的主神為中心的研究、第三章關於天之神、天公（玉皇上帝）、第四章關於地之神、土地公（福德正神）、第五章關於水之神、媽祖（天上聖母）各章，因我已長期進行民俗田野調查工作，略有所識，認為大概可以勝任。關於第二編第六章農民信仰的綜合考察——比較日本與臺灣的現狀，因涉及「學術研究」，非我擅長，尚須仔細研讀，才能將作者考察成果完整地呈現出來。至於附章中部原住民的宗教略說完全屬於我研究範圍之外，應好好作功課，方能下筆翻譯。此外，皇國精神與臺灣的宗教雖列為附說，卻是作者對臺灣宗教的研究心得與期望，不但文字優美而深奧，且多涉及學術理論的闡述，有許多部分我不能完全了解，必須加倍用功學習，才能將作者所欲言者，正確地表達出來。我知道要將本書翻譯得達到「信、達、雅」的境地，並不是一件很容易的事。覺得除了個人加強努力學習之外，必須尋找精通日文而對宗教有相當研究的長者指導，方能順利達到目的。

於是我透過老長官介紹大專院校教授，俾資請益，但並無所獲，有長老教會的牧師擬介紹臺南神學院教授鄭兒玉先生指導，惟據聞鄭教授斯時身體略有不適，未敢趨訪；黃姓宗兄介紹其在臺南擔任伊甸教會宣教師的日籍義女幫助，但她看完了原書後，回答說：她係在戰後接受教育，所以看不懂文言文，無能為力。倘當時認識學識淵博，樂於助人的蔡錦堂教授就好了，我不必如此大費周章。

我的至親、好友，大都反對我從事這項工作，他們都說我為什麼不好好享受退休後的清閒生活，而找這吃力不討好的工作來作。某位老長官甚至說：著作才是創造，翻譯工作並非著作，沒有什麼意義，別人看不懂原書與你何干？可是一向重視信義的我，認為既然答應了江教授合譯，無論如何困難，應予完成，何況此事對於年輕臺灣研究者有益。

我另找摯友時任內政部專門委員鄭喜夫先生與前臺灣省糧食局澎湖分處長徐永福先生支援，開始著手翻譯，前者乃中興大學歷史研究所碩士，長年研究臺灣歷史，卓有成就，中文造詣頗佳，著作等身，後者係日治時期臺南工業學校肄業，臺灣光復後，仍繼續研讀日文，讀、寫俱佳，均可隨時請益。在翻譯過程中除上述較困難章節煞費苦心外，餘尚屬順利。原譯稿係以鉛筆書寫，影印後寄給江教授，請他詳加修正並補充。惟因江教授身體不適，住院接受治療，暫時無法著手，事乃告停頓。據到臺大醫院探病的鄭喜夫委員告訴筆者說，他倆在病房見面時，江教授曾提到這件事，並表示他病癒後要如何整理及加注釋，可見江教授重視之一斑。

後來江教授吉人天相，不僅痊癒，並榮獲臺灣大學博士學位。電告我原來影印的譯稿，部分字跡不清，難予分辨，建議我交印刷廠以電腦編排重印，俾便進行後續工作。我為了精益求精，再度拿出譯稿，逐字斟酌，一再修正後影印數份，分別送請國文造詣甚佳的前省立馬公高級中學國文教師王惠東先生（外省籍）、熟悉臺灣廟宇祭典的臺南縣名記者、三寮灣東隆宮副董事長劉玉堂先生、文化大學藝術系肄業、實際從事寺廟祭典擺設與文物館設施的黃清川先生詳閱，提供高見後，再送請鄭喜夫、徐永福兩位先生惠予修正，然後加以探討彙整，送印刷廠以電腦編排（疑為錯誤或誤植者，或以括弧將正確文字書於其下，或按語註明之，凡譯者所加者一律使用標楷體，以利辨識），連同磁片，送請江教授做最後的修正與補充。但臺灣參加WTO後，此事涉及著作權法，尚須增田先生遺族同意，才能出版，故遲遲未付梓。近因已得增田先生遺族的同意授權，總算了我一樁心願。

參、增田福太郎著作對臺灣宗教研究的啟示

關於增田福太郎著作對臺灣宗教研究的貢獻，蔡錦堂教授已在國史館舉辦之二十世紀臺灣歷史與人物學術討論會提出〈臺灣宗教研究先驅增田福太郎與臺灣〉論文，文中作了詳盡的介紹，茲僅就我在翻譯上所得到的啟示臚列於次：

增田福太郎所著《臺灣的宗教》、《東亞法秩序序說》、〈在臺灣的天上聖母崇敬與立誓事件〉、〈最近在臺灣的大眾爺神明裁判事件〉、〈神社精神與寺廟精神〉各書或論文，均為研究當時臺灣宗教狀況頗有價值的珍貴資料。作者受過名師的教導，將所學充分地運用於臺灣宗教的調查研究，並提出相當有見地的理論，殊屬難能可貴，觀其文章，對於中國古籍、臺灣地方志書、當時報紙記載、寺廟內文獻均能充分地利用，並踏實地作實地調查，甚至連道士不輕易公開示人的祭典文疏亦能蒐集到手，加以研究，足見其功力之深，實值得效法。

嚴格地說，譯者原服務於臺灣省文獻委員會，乃一介臺灣民俗蒐集者，平素將所見所聞予以整理後，彙編為文，俾列於《臺灣文獻》，以供後人參考。因此所重視者確實勘考文獻，並勤作田野調查。至於宗教理論甚少述及。雖部分愛護譯者的學者專家認為我對澎湖民間信仰的田野調查，已具有相當水準，可進一步作學術性的檢討，但我非學院出身，必須進學勤研，具有相當心得，才能一試。自忖尚未達標準以致久久未敢嘗試。近年由於江教授及王教授的一再鼓勵，我翻譯了增田先生上列書籍，為了增加對宗教學的知識，以利翻譯，除購買林斯頓・史密士著《人的宗教》、默西亞・埃里亞德著《世界宗教理念史》、威廉・詹姆斯著《宗教經驗之種種——人性的探究》及其他名著研讀外，集中心力詳研增田先生的田野調查技巧與對宗教現象的理論闡述方法。幾年下來，收穫匪淺，得到不少啟示。我等於進了一次「增田福太郎臺灣研究補習班」，對今後從事臺灣宗教研究有莫大的幫助。

我研讀增田先生著作，並翻譯部分大作後，漸有心得，於是編撰近作（與甘村吉先生合著）《澎湖民間祭典儀式與應用文書》時，效法他的寫作方法，書內不但包括了全縣各島嶼廟宇祭典的意義、儀式的程序、司祭者的法術細節以及咒語、符令與人神溝通的文書，並加若干評論，地方廟宇主持人、司祭者及信徒反應良好。並承蒙行政院研究發展考核委員會評選為「九十二年度優良政府出版品獎」。擬繼續努力學習，冀有進一步的突破。

末了，至誠感謝江、王兩位教授的鼓勵、蔡教授的指教，並向增田先生在天之靈恭謹致上最大敬意，對增田先生遺族表達謝忱。

最新研究論文輯選

媽祖信仰與法律裁判

——以增田福太郎的研究為中心

江燦騰

這是一篇和增田福太郎的臺灣宗教研究相關的研究論文，是由筆者首先於一九九六年提出、再改寫和增補的。而我在此一主題和內容中所涉及的，是媽祖信仰和因之而衍生的神明裁判，因而這是研究臺灣媽祖信仰的新課題，並且最早是由日治時期曾任臺灣宗教調查主任的增田福太郎所開啟的。

由於媽祖既是海上救難之神，也是陸上的萬能女神——這是以「靈驗主義」為核心的演變結果，可是畢竟不像司法之神的城隍那樣，會職司懲罰或報復的強制行為。也因此，增田認為在媽祖面前立誓表清白的舉動，並不能視為純迷信的行為，將其視為道德觀念的另類呈現即可。例如當時日本警察一方面擔任神前立誓的見證人，另一方面則依靠實際的採集證據來辦案，顯見兩者不必然是不相容的。

壹、前言

媽祖信仰是宋元以來，從福建莆田地區藉航海和漕運而興起的海神信仰，由於國際水域的背景和福建移民海外的風潮，更使此一信仰遍及東南亞和東北亞的鄰國地區，成了跨地域性的著名海上保護神信仰。雖歷經千年，而迄今在臺灣、福建、南洋各地，都依然有廣大的媽祖信仰群眾。並且，隨著信仰圈的擴及內陸和都會區，原先作為海上女神的角色，也逐漸多元化和提高層次而成了全方位的萬能女神。

像這樣的神明信仰演進史，無疑具有重要的宗教文化和社會發展的密切互動關係，若能透過有效和明確的觀察分析，實可以用來說明與其相關的區域開發史、海洋史、宗教文化史或民族誌等各種現象及其發展軌跡，是相當重要的學術課題，值得探討。而在事實上，媽祖信仰的相關研究，長期以來，在國際學界的不斷耕耘和探究之下，所撰述和出版的專著或論文的數量已非常龐大，並且依然源源不斷，故可堪稱為「媽祖學」而無愧。

可是，「媽祖學」的熱門與存在是一回事，在學者間所持觀察角度或方法的不同，則又是另一回事。事實上，有關媽祖信仰史的研究，在不同階級、不同地區、不同學術背景的眾多學者之間，是存在著問題意識的不同和方法學的差異的。例如關於臺灣的媽祖信仰研究，在日治時期（一八九五～一九四五）由日本學者來臺所進行的宗教調查和研究報告，便具有從殖民者角度來觀察的視野。其中，尤以具有法律、政治學背景又兼受比較宗教學的專家，如增田福太郎（一九〇三年六月二十五日～一九八二年十一月十五日）氏（一九二九年來臺，擔任第二次臺灣宗教調查主任）便和一般純從歷史學和人類學角度的研究不同；而這種不同，在新學術領域的開拓和多元化來說，也是有意義的，必不可少的，值得加以吸收和繼承。因而，本文就是基於這樣的研究考量來撰寫的。

一九九六年五月間，筆者在臺大法學院的圖書館地下室，偶然發現了日治時代著名的臺灣宗教學者增田福太郎的一篇論文〈臺灣における天上聖母の崇敬と立誓事件〉的抽印本，全文共四十六頁，是增田福太郎於昭和九年（一九三四）所寫的。隔年，以「臺北帝國大學理農學部農業經濟學教室研究資料第二十二號」載入《農林經濟論考》第二輯，頁一三一～一七七。因上面有增田的親筆題字，所以知道，這是他當時呈送給在同校「文政學部——政學科」擔任「民法民事訴訟講座」的宮崎孝治郎教授❶的。

筆者並非臺灣媽祖研究的專家，但因相關臺灣的宗教研究是長期關心的學術課題，所以特別抽空將此新資料的發現及其相關的學術課題，分別加以扼要的解說，好使其他未見此文的學界同

❶宮崎孝治郎教授的資料，見陳昭如、陳智偉編，《Academia——臺北帝國大學研究通訊——創刊號》（臺北：張宏輝，一九九六），頁一二一。

道，也能共享此一發現和成果。

貳、問題的提出：關於媽祖信仰與法律裁判的名詞釋義及增田氏的論文內容說明

何謂媽祖信仰與法律裁判？這是筆者所標出的本文標題，但誠如上述，這是新的媽祖學術課題，所以有關筆者探討的題旨和名詞，到底指涉哪些對象和內容？是有必要先釐清的。否則，討論者在認知上既有歧異或費解，則一旦要進行爭論或討教時，就難免出現各說各話的情形了。

為免此種沒有交集的討論出現，此處即先將「媽祖信仰與法律裁判」一詞，提出若干說明；然後再將增田氏的論文內容取來對照，如此就可呈現筆者的探討角度與增田論文內容間的相對關係，因而不論筆者的接續討論是否能夠成立，最起碼，如此一來，在研究者和討論者間常出現的互相誤解，是可以少一些的：

甲、在本文標題上所出現的「媽祖信仰與法律裁判」用語，不用說，原先是為了順應增田氏的這篇研究論文〈臺灣における天上聖母の崇敬と立誓事件〉的題目而來。這其中，「臺灣における天上聖母の崇敬」一詞，用「媽祖信仰」來涵蓋，似乎較無問題，也可容易理解——因為「媽祖信仰」的前提，就是「崇敬」有「天妃」或「天上聖母」稱號的「媽祖」。可是，增田原論文題

的後半是「と立誓事件」，這又要如何與筆者題目所用的「法律裁判」一詞相掛鉤呢？如不解釋，似乎不易理解。所以底下再繼續說明。

乙、其實，在「と立誓事件」的一詞中，「と」是日語中表示動作、作用的共同者，即類同中文的「和」、「與」、「跟」等格助詞。因而，這是和「立誓事件」有關的。不過，主體在於何謂「立誓事件」？就增田氏在論文中所描述的用語和內容來看，所謂「立誓事件」，就是指民眾在媽祖神像前立誓某事，要得如何如何的判決答案，以便決定爭執兩造的誰是誰非？用臺灣民眾的語言來說，就是「對神咒詛」——雙方將爭執的問題和堅持的理由分別訴之同一神明，然後以所取得的神明裁判，來決定當事人中，何人較清白？或誰較正確？換句話說，就是雙方在媽祖神像前向其立誓，並請求裁判。這就是增田氏原先論文題的涵義。

丙、不過，所謂「神明裁判」(ordeal)，按《大不列顛百科全書》對該條的解說如下：

> 指本著結果會反映超自然力量的裁判，以及超自然力量會保證正義取勝的這種理念，對提出某種要求或控訴的事實，採用各種不同方式的審判或判斷。雖然神明裁判常常出現致命的後果，但它的目的不在懲處。神明裁判的主要類型，有占卜、體力測驗和格鬥，……。❷

《大不列顛百科全書》在解說中，還曾提到緬甸、中古歐洲、印度教、英國古老習俗等各種方式

❷廖瑞明主編，《大不列顛百科全書》中文版第十三冊（臺北：丹青圖書有限公司，一九八七），頁一五三。

的「神明裁判」，但完全沒有提及中國或臺灣方式的「神明裁判」。

然而，從類型分析來看，在臺灣盛行的「對神咒詛」——神前立誓——，基本上，應可歸入廣義的「占卜」之類，雖然在兩者間，還存有些習慣上的差異。

問題只在於：「神明裁判」是否能等於「法律裁判」？因其中的困難點在於：究竟要如何區分何者是屬「神」的裁判？而何者是屬「人」的裁判？此兩者差異和過程的明確分隔線，究竟要劃定在何處？

因為任何類型的「神明裁判」，都會面臨一個基本難題，即「神明」本身是無法以有形的物質身體親臨現場來執行聽訟或在當場做出判決。它唯有透過種種現實世界的人或物的動作信號來表示，才能為人所聞悉和了解。如此一來，若將其判決的「主體意志」視為「神意」的顯現或指示，那麼它就被認定是屬於「神明裁判」；反之，若將其判決的「主體意志」視為「由人做主」的顯現或指示，那麼它就被認定是屬於「法律裁判」。

可是，原本屬於同一行為，卻可能出現兩種截然不同的裁判認定，究竟要如何對其作出區隔呢？所以在「神明裁判」異於「法律裁判」的情況下，本文所面臨的討論難題，就是「媽祖信仰和法律裁判」的主題討論，要如何才能進行？

於是，問題本身再度回到增田氏的論文立場。先讓我們看看他原來題意究竟是什麼？即看看「立誓事件」是否可用「法律裁判」來處理？

茲按增田氏在其〈臺灣における天上聖母の崇敬と立誓事件〉一文中，他是以如下的「目次」來探討的：

本稿の目的
第一節　支那における發祥と靈驗
其一　發祥地
其二　傳記
其三　生前靈驗記
其四　褒封と昇天後の靈驗
第二節　臺灣における沿革と崇敬
第一　臺灣海峽と聖母の崇敬
第二　島內における廟祀と靈驗
其一　臺北州
其二　新竹州
其三　臺中州
其四　高雄州
其五　臺南州

第三　島民の神觀特質

其一　神人同格の諸相

其二　最近の神前立誓事件に就て❸

由以上的「目次」內容，可以看出：㈠有關「媽祖崇敬」，是全文的主軸，分量最重。㈡有關「神前立誓事件」，只是在全文的第三節第二項才被提及，似乎屬於附帶性質。

可是，就因為這樣，有關「神前立誓事件」的部分，在增田氏的媽祖研究中，即可認為是無關緊要嗎？從表現上似乎如此，事實上一深究卻又不然。

因為根據增田氏在其〈本稿の目的〉所提到的來說，他先是指出：「天上聖母」（即媽祖）在臺灣各地被高度崇敬的情形，然後他也提到媽祖崇敬在明末傳入琉球和清初傳入日本的事實，但接著增田便提起聖母崇敬和城隍祭祀，可視為全臺漢族四百五十萬人的兩大民間信仰❹。然後，他又在註二當中提到可參考他在昭和八年（一九三三）所發表的〈城隍の信仰に現はれたる島民の法律思想に就て〉《農林經濟論考》第一輯）。而在事實上，昭和九年（一九三四）增田氏還發表了〈臺灣における大眾爺神前裁判事件〉於《明治聖德記念學會紀要》第四十二卷。這些論文，連同〈臺灣における天上聖母の崇敬と立誓事件〉等論文，彙整為增田氏的第一本關於臺灣宗教

❸《農林經濟論考》第二輯（一九三五），頁一三一。

❹同《農林經濟論考》第二輯（一九三五），頁一三二～三。

研究的著作《臺灣本島人の宗教》（東京：財團法人明治聖德記念學會，一九三五）。以後，增田氏根據此書和新收集的材料，於昭和十四年（一九三九）出版了名著《臺灣の宗教》（東京：養賢堂）。再隔三年（一九四二），他又將其進一步系統化為另一部專著《東亞法秩序序說——民族信仰を中心として》（東京：ダイヤモンド社）。所以，從這一系列的著作中，可以發現：增田氏研究核心，並不在天上聖母的崇敬部分（儘管單一論文時，看起來似乎如此），而是在神明信仰與法律裁判的部分。

假如以上這樣的理解是可以成立的話，則增田氏的這一相關系列研究，其實是有意透過「法律進化論」❺來對臺灣宗教信仰的本質和社會關聯，作有系統的探討。因而，增田氏在探討原為海上救難之神的媽祖信仰時，便可順此學術思維，將已在臺灣成為極受人崇敬的「萬能女神（媽祖）」之相關背景的解說，和當時（一九三四）出現的在媽祖神像前立誓的事件，貫串起來探討。

意即，增田氏的這一論文題旨，其實是緊扣著從媽祖神格的提升和轉變，藉以觀察其如何從原先的「海上救難女神」之角色功能，如何蛻變為具有「萬能女神」（媽祖）的新社會角色，因而也能對民間的是非作裁判了。

---

❺增田福太郎的此一「法律進化論」的觀念，是受其師穗積陳重《法律進化論》的影響，並在〈臺灣における天上聖母の崇敬と立誓事件〉一文中多次提及。見《農林經濟論考》第二輯，頁一三三、一七六、一七七。

如此一來，不論是「神明裁判」、「法律裁判」、「神前咒詛」等各項行為，若放在增田氏的「法律進化論」之相關思考脈絡中，便可貫串起來，而不再只是限於神判、人判兩不相隸屬的異質判決觀念。

但，讀者或許對這樣的說明，還是不十分清楚，所以底下再就增田氏的「法律進化論」思維，稍作一系統的爬梳和檢討。

參、從增田氏的法律進化論看媽祖信仰中的法律裁判及其周邊問題

一、增田氏的法學與宗教學教育背景

增田福太郎是昭和二年（一九二七），東京帝國大學法學部畢業。昭和四年（一九二九）來臺擔任第二次臺灣總督府委託的臺灣宗教調查主任。其宗教調查綱目如下：⑴第二回宗教調查預定從在來本島固有之寺廟而下手。⑵調查內地傳來之宗教（如神道、佛教、基督教及其他）。⑶調查外國傳來之宗教（即如基督教等）。⑷臺灣在來寺廟欲分佛教方面、道教方面、儒教方面及一般民間信仰方面以科學的方法調查。⑸調查之內容則可分為三大綱領㈠歷史方面㈡教理方面㈢教團組織及其經濟關係。⑹第二回宗教調查之特色將查出宗教現實所有之狀況而有缺陷弊害之處將思方

法以矯正❻。昭和五年（一九三〇），應聘為臺北帝國大學助教授；其後則兼任附屬農專教授。昭和十四年（一九三九）以後，則返回日本擔任國民精神文化研究所研究員。

根據增田福太郎在其首部著作《臺灣本島人の宗教》自序中所述，他在東京帝國大學法學部畢業後，進同校的研究所，追隨筧克彥博士研究法理學，筧克彥博士教導他宗教與法政在本質上的關聯知識。對於筧克彥博士熱誠地以汎神論的立場來說明國家本質的見解，增田氏坦言：在校時，只是心儀其說。來臺實際工作後，才有了具體的感受。而《臺灣本島人の宗教》一書，就是此一理論和方法學的具體表現。

在研究所的階段，另一影響增田氏宗教見解的，是在同校文學部聽加藤玄智博士的「神道講義」。加藤玄智認為要理解神明之道，若能從比較宗教學上的神人同格教來進行實證研究，應較理想。這其實也反映了十九世紀以來西方宗教學思潮的新發展，即神的世界，實為人的世界之反映❼；或宗教活動的本質，就是社會行為的反應。問題只在於增田氏是透過何種方式來理解而已。這就觸及到增田氏在其文中所提到的「法律進化論」的思考了。

---

❻見《南瀛佛教》第七卷第三號（一九二九年五月），頁五七。

❼此一理論，最著名的著作，即費爾巴哈 (Feuerbach) 的《基督教的本質》一書，此書在一九四一年出版，在其〈導論〉和〈第一部分〉皆明白指出：「宗教之真正的本質，即人的本質。」容振華譯，《基督教的本質》（北京：商務印書館，一九九四，第二刷）。

二、增田氏對於法律進化論的觀點和應用

增田氏的「法律進化論」見解，是來自其師積穗陳重博士的《法律進化論》第一冊❽。而依增田氏的詮釋，在「神」前立「誓」的觀念，其實是屬於較高級的德義觀念之進步。亦即，此一觀念，是在人類的德義心已稍有進步，伴隨而生，認定以真實為善、虛假為惡，並隨之受約束的觀念也發達了。所以，儘管也伴隨著如果偽誓神將懲罰的信念，誓審比起禱審來，迷信的成分還是少一點。由於文化的發達，一方面信義在社會的德義上成了重要的指標，他方面又繼之以檢察舉證的方法之講求，因此宣誓已失去作為直接判決的依據性質，如今宣誓只止於作證言的保障而已❾。

此外，增田氏在同文中也提到，由於「宣誓」和「法律」有如此密切的關係，所以在古代的法律觀念裡，往往「法」即同時具有「誓」的意義。布魯諾氏 (Blunner) 著作 *Jutsches Rechtsgechichte,* I.S.15Anm.7. 提到：法語中的 (jus)「法」與 (jurarc)「誓」有關係。又 LOX（法律），在諾曼時代的英國法律裡，「證據」特用為表示「宣誓」的意義。德語 Recht（法），在撒克遜的古法理，也用

❽見增田福太郎，〈臺灣における天上聖母の崇敬と立誓事件〉第三節第二項的註三說明，《農林經濟論考》第二輯。

❾見增田福太郎，前引文，《農林經濟論考》第二輯，頁一七六～一七七。

來表示「誓」的意義❿。

由以上的說明來看，增田氏是將「神明裁判」(ordeal)的意義，放在「法律進化論」的思考脈絡之下，來針對論文主題中的「神前立誓」行為，在法理學和倫理學上作了較高層次的肯定。

於是，我們可回過頭來，再針對其論文中的「立誓事件」，進行實質的內容觀察。

三、關於在媽祖神像前的立誓事件

根據增田的講法，他在昭和九年（一九三四）四月七日的《臺灣新民報》上，看到了一則消息，新聞的標題是〈黑白を争うて媽祖前で咒詛〉，內容則說：「先前在臺北州海山郡警察課被檢舉的偽造骨牌事件，製造者是住板橋街社後第二百五十九號的黃壽昌（二十九歲），以及板橋街後埔第八十九號的游吉春（四十三歲）兩人，彼等密造各類骨牌數千組，又企圖逃稅，因而將此一密造品交由亦住在同街社後的林大瑞（四十三歲），向各方出售。可是根據林大瑞向警方自首，他曾將骨牌賣給社後地方的有力人士黃某的妾，俗稱苦力婆的朱氏好。朱氏好則向警方訴苦說，這是黃某的本妻和大瑞串結的奸計，目的是要使其和黃某分開。不過，大瑞則信誓旦旦說，四色牌已確實賣給朱氏好，因此使得案情撲朔迷離。於是在四月五日午後三時左右，當事者雙方，即林大瑞和朱氏好相約到板橋街媽祖宮（慈惠宮）的神前咒詛；然後雙方再到警察課，在警官的見證

---

❿增田福太郎，前引文，《農林經濟論考》第二輯，頁一七七。

之下，重新又發誓一次。由於此一事情，隱藏著頗不單純的內情，一時頗引起板橋當地居民的注意。」⓫

對於這件事的後續發展，增田氏的補充說明如下：

甲、林大瑞和朱氏好一齊到媽祖前參拜、上香。先由林大瑞立誓。林大瑞說：「倘若我誣賴朱氏好購買骨牌，我的妻女立刻不得好死。」可是，朱氏好認為這一誓語有「咒詛別人死」的嫌疑，要他重新立誓。

原來，林大瑞的妻子現在正與其他男人私通，他當然希望她早死，對她的死活已毫不關心了。所以他的咒詛沒有實質作用。

林大瑞見抵賴不過，只好再發毒誓說：「假若我有半句虛假，最近我就會殘廢，而且不到一年即死亡。」

乙、朱氏好在林大瑞發完誓後，也進行同樣的發誓行為。

擔任作證的警官，在彼等發誓時，皆以手按著彼等的胸前，以檢測其心中的悸動狀況。這是由於人不可欺神的想法，已在臺灣人的心中牢不可破，所以在對神發誓時，可以測出其心理的實際狀態。

丙、林、朱兩者當事人，走出廟口時，看到圍觀的人群如潮湧。雖然警察局就在廟的對面，

⓫增田福太郎，前引文，《農林經濟論考》第二輯，頁一七四。

而兩人正往警局途中，但朱氏好又在圍觀群眾前，取出先前在廟裡所拿的線香，插在地上，再向天跪下，發誓本身是清白的。此舉立刻博得圍觀群眾對其立誓誠意的高度肯定。反之，另一當事人林大瑞，則此時仍只跪坐著。所以就第三者看來，朱氏的態度無疑較林大瑞作為更實在，也更讓人相信她的清白。

丁、雖然日本警方當時也參與見證，可是並不作為法律裁判的基礎，僅止於為兩造當公證人罷了。所以，製造骨牌的游吉春判懲役半年，林大瑞科罰金四千元，朱氏好被檢舉販賣骨牌的部分，因罪證不足為判刑，但因另涉及別的賭博行為，被罰了二十元，整個事件就此落幕⑫。

戊、不過，此事還有一個插曲。因為根據增田自己的講法，他當時曾就此一咒詛事件，請教一位號稱老虎的司法代書，問他：「媽祖既不像城隍爺或大眾爺那樣，是司法裁判之神，那麼兩個當事人向媽祖發誓，會不會沒意義？」老虎回答說：「沒特別的意義。只是媽祖廟就在警察局斜對面，雙方的當事者也同意，就這麼定下來。」此時，有另一個旁聽者也說：「原來如此。」接著，他又補充說，「不論臺北市的城隍爺也好，新莊街的大眾爺也好，彼此都是神的同事，雖然向司法神投訴有一定的順序，可是基於同僚的關係，如果媽祖判不出來，也可移請城隍爺或大眾

⑫此一說明，增田除在前引文的頁一七五～一七六提到之外，在氏著的《東亞法秩序序說——民族信仰を中心として》第三章也提過，而資料更正確。例如原先增田說是林氏因罪證不足而未被科刑，讓人搞糊塗了，不知為何如此？但在後者則明示獲無罪的其實是朱氏好，而非林大瑞。

爺判清楚」。⓭

但，對增田來說，他雖覺得老虎之前的話有道理，可是根據他的經驗，卻又非僅是如此而已。因為在媽祖神前立誓，並非只出現在板橋，所以此次板橋的神前立誓事件，並非特例。他在文中另舉了昭和十年（一九三五）一月五日，出現在虎尾郡土庫的媽祖宮，也將有大批人前往觀看神前咒詛的報導，屆時連嘉義的城隍爺、土地公，以及麥寮的媽祖等，也會被招請去做見證⓮。所以增田福太郎的心中疑團，一時並未消失。

但，這是出現在此文之後的事，他又如何繼續觀察或處理呢？此即下一部分，我們想再探討的。

四、關於增田氏研究神明裁判的一些周邊問題

其實，這並不是觀察多少次的問題，而是思考的問題意識為何，才是關鍵所在。因此，我們不必再追問：增田後來是否去了虎尾郡土庫的媽祖宮現場？而是要了解他之所以研究此一課題，一方面是源自的早先教育背景如此，另一方面則是在臺灣本地從事宗教調查時，此地的信仰特殊性能提供實際的田野資料，給了他有和理論印證的機會。所以他的研究是一系列的，都環繞這一

⓭增田福太郎，前引文，《農林經濟論考》第二輯，頁一七六。

⓮增田福太郎，前引文，《農林經濟論考》第二輯，頁一七七。

相關的主題。

即以這次他所討論的臺北板橋街的媽祖宮前立誓案來說，他不但從看到報紙報導，就開始注意到這一有趣的課題，他甚至到現場去作種種觀察和理解，然後再提出自己的判斷。亦即，他以實際的參與者角色，作為觀察線索，並一再地展開其追蹤的後續增補工作。所以從他的著作目錄來看，即可發現：他除了發表〈臺灣における天上聖母の崇敬と立誓事件〉一文來討論之外，還分別在他後來著作的《臺灣本島人の宗教》第五章、《東亞法秩序序說——民族信仰を中心として》第三章，都提過類似考察，而資料更正確。

特別是，他在《東亞法秩序序說——民族信仰を中心として》一書裡，還明白指出：其研究的目的，就是要了解東亞（大陸）和人社會的「秩序」。此一「秩序」，是從「敬天→城隍→靈魂」的秩序——即以「敬天主義的法秩序」——為其探討的內容。而這也是他想為「新東亞秩序論」⓯所作的一些貢獻。

但，弔詭的是，在其全書的八章中，有敬天、東嶽、城隍、土地、灶神、庶神、諸靈、新秩序考，就是缺乏媽祖的專章。較之他在《臺灣本島人の宗教》、《臺灣の宗教》兩書中的重視，實

⓯案增田福太郎出版其《東亞法秩序序說——民族信仰を中心として》一書，已在昭和十七年（一九四二），當時已處於日本在推展「皇民化運動」的高潮期，以及在中國大陸發動戰爭的白熱化時期，所以其言論，正如當時的「大東亞共榮圈」的宣傳理論，只能視為一種意識形態的表達來看。

在是一鮮明的對比。但，他的此一改變，究竟其涵義如何呢？

其實，若從法秩序的角度來看，不放入天上聖母崇敬的專章，是可以理解的。理由就是，因為媽祖的神格非屬司法神的系統，故不宜合併探討。

換句話說，增田在昭和十年（一九三五）以前的論文，都在強調城隍和媽祖是臺灣民間信仰的兩大主流，這也是他延續前輩學者柴田廉在其《臺灣同化策論──臺灣島民の民族心理學的研究》（臺北：晃文館，一九二三）一書的論點而來。當此之時，其觀察的重點是神觀與信仰的主要特徵，所以他根據所學的比較宗教學理論，認為臺灣民眾的神觀特徵，其實是以神人同格的理論為基礎，而代表此神觀特徵的兩大信仰系統，毫無疑問地就是以媽祖崇敬和城隍祭祀為主要代表。可是，到了他出版《東亞法秩序序說──民族信仰を中心として》一書時，由於他觀察的主軸已改變了，已從神觀特徵轉移到法秩序的相關性上了，所以媽祖的崇敬性質，便因其與法秩序的關係不密切，所以只得將其排除在原探討的結構外。

於是，在媽祖研究上，我們又面臨了另一個問題：那就是為何媽祖不能視為司法神？

筆者個人的解釋如下：誠如增田在其論述中所指出的，媽祖信仰的核心，是源自所謂「靈驗特效主義」。所以其傳說的內容，或所具有的靈驗功能及對象，其實是可以不斷地視社會的需要和變遷，而增加許多新的內容；並且此種增加和改變，只會更增強其原有的靈驗特效，而不會有何危及其靈驗特效的本質問題之存在。這就是為何媽祖原為海上救難女神，可以轉化為包括陸上在內的全能女神之原因⑯。

問題在於，媽祖在宗教倫理上是屬於善神、福神、多功能神，卻非報復性的懲罰之神。祂的歷代冊封，從未看出可以衍生出具有類似官方公權力的強制規範性，因而也就不具備有準司法神的裁判正當性。所以在臺灣民眾的信仰史上，媽祖一直就是有靈驗的保護神和救助神，卻非特定轄區的管轄者或執法者。

也因此，祂宛若是服務民間的修道者，是不必介入實際的司法管轄權之內的。祂的不必，就像具有同樣性質的觀音和佛陀一樣，都是屬於民間的信仰世界，故不能成為司法神，也不能具有公權力性質的裁判權，而只是滿足於純倫理的宗教道德之規範世界。

肆、結語

本文說明至此，既已釐清了增田在此論文上的各項神觀與法律裁判問題，我們即可說：媽祖信仰和法律的關聯，只是一種倫理信仰結構上的關聯，而非具強制性的法律關聯。此因媽祖信仰內涵，雖具有靈驗特效，也被歷代冊封，但仍是由其方外性修道者或民間性倫理保護者之原有特質所規定。所以增田的討論，最後也只能說出這種和法律裁判的若即若離之關係而已。

⑯增田福太郎，前引文，《農林經濟論考》第二輯，頁一六九～一七〇。

以上本文環繞著增田氏的論文，計說明了下列幾點事實：

一、媽祖信仰和法律裁判的關係，所以成為增田論文的主題，其實是和他先前所受教育的背景有關。不過，來臺前，他只是習得理論而已；來臺後，則能根據新發現的特殊田野資料，將其與理論印證，並提出了上述的那些看法。因此，這一新學術課題的出現，可說有一定的偶然性。

二、從學術研究的邏輯來看，或從臺灣現有的媽祖信仰史之研究來看，以泛神論為基礎、並以在地性信仰為主要內涵的媽祖崇敬方式，最終無可避免的，也要涉及一些非本質性的、為民眾見證立誓真假的裁判問題。但，在討論上，可以說明的是，不論官方或民間，都未視媽祖為主要的司法裁判之神。所以媽祖崇敬和法律裁判的關係，可能會有關聯，但那將只是次要的、偶然性的呈現而已。

三、增田氏在其「法律進化論」的思考脈絡中，已一定程度上詮釋了其關於新的神判觀點。他援用各中國外文獻資料，說明「立誓」本身，在法律上只成了個人信用之宣示，故儘管可將其當作道德意識之提高，卻無法成為現代法律裁判的正式依據。

——二〇〇四年二月十七日，重新校訂和增補，並改以〈增田福太郎對於媽祖信仰與法律裁判的神觀詮釋〉篇名，發表於《臺灣文獻》第五十五卷第三期（民國九十三年六月三十日），頁二三一—二四八。

臺灣宗教研究先驅增田福太郎與臺灣

蔡錦堂

壹、前言

對於研究臺灣宗教的學者而言，增田福太郎此一名字當不陌生，因為增田於一九三五至一九四二年所寫的《臺灣本島人の宗教》、《臺灣の宗教——農村を中心とする宗教研究》、以及《東亞法秩序序說——民族信仰を中心として》等著作❶，是臺灣宗教研究者所常參考或引用的資料。他可以說是臺灣宗教研究的先驅。

臺灣在清朝統治時期以前，有關宗教方面的記載，多只是在志書等作表面現象的陳述，且屬斷簡殘篇，缺乏系統性的調查與研究。進入日本統治時期以後，才開始有較大規模、且較符合近

❶增田福太郎著，《臺灣本島人的宗教》（東京：財團法人明治聖德記念學會，一九三五年），《臺灣の宗教——農村を中心とする宗教研究》（東京：養賢堂，一九三九年），《東亞法秩序序說——民族信仰を中心として》（東京：ダイヤモンド社，一九四二年）。

代學術性的調查研究出現。一九〇〇年（明治三十三年）十月「臺灣慣習研究會」成立，此會由臺灣總督府和高等法院的官僚所發起，目的在於調查臺灣的風俗習慣，作為行政司法上的實務參考，並配合隔年由民政長官後藤新平所組織成立的「臨時臺灣舊慣調查會」。研究會會址設在總督府民政部法務課內，並於一九〇一年一月三十日起發行該會的機關刊物《臺灣慣習記事》，每月一期，直到一九〇七年（明治四十年）八月停刊，共發行了七卷八號（九十二期）❷。這份雜誌內容含清國地方行政制度、移民墾拓契約憑單、各種碑文、風俗人情、俚諺俗謠等，也多少涉及臺灣宗教敘事，唯缺乏系統調查與記錄。

一九一〇年三月，臨時臺灣舊慣調查報告書中的《臺灣私法》（共十三冊）出版，其中第一卷下、第二卷上、及其附錄參考書裡均見有臺灣宗教關係資料，但並非經過有系統實地調查之後整理成的資料。

其實根據臺灣總督府公文類纂，總督府也曾經在一九〇二年（明治三十五年）行文各地方官廳開始進行宗教調查，只不過此時期的調查侷限於日本本土的「教派神道」（如：天理教、黑住教、

❷《臺灣慣習記事》的停刊與臺灣舊慣調查之結束有關，因臺灣舊慣調查報告書已經出版，接下來是分業專工，故而停刊。該雜誌已由臺灣省文獻委員會發行中譯本，共分四卷，每卷上下二冊，一九八四年至一九八九年出版。另可參考林美容，〈臺灣民俗學史料研究〉，收於中央圖書館臺灣分館編《慶祝建館八十週年論文集》（臺北：中央圖書館臺灣分館，一九九五年），六二一六頁。

扶桑教等）、「內地佛教」（如：曹洞宗、真言宗、淨土宗等）、以及天主教、基督教等，並未涉及臺灣傳統的佛、道、儒、民間信仰等當時所謂的「在來宗教」❸。總督府真正開始對臺灣的宗教——特別是「在來宗教」——進行大規模的調查，是在一九一五年西來庵事件發生之後。

一九一五年（大正四年）五月西來庵事件（又稱噍吧哖事件、余清芳事件）發生，由於事件與寺廟（齋堂）的宗教迷信有關，且引發大規模抗日運動，因此事件發生後，總督府即開始對臺灣的「在來宗教」進行有史以來第一次的大規模宗教調查❹。一九一八年全臺灣各地方官廳依次提出宗教臺帳與寺廟調查書，總督府乃將這些資料匯集，委託當時擔任總督府編修官兼翻譯官的丸井圭治郎❺統籌編輯。一九一九年（大正八年）三月所出版的《臺灣宗教調查報告書第一卷》❻

---

❸參閱臺灣總督府公文類纂明治三十五年十五年保存第十一卷第九門社寺（卷V〇四六八一）。

❹一九一五年八月起即首先針對事件發生地所屬的臺南廳進行調查，但因調查十分倉促，沒有統一的規格，各地所呈調查資料並不齊全，故接著有第二、第三次的調查。第三次調查時由總督府提供固定表格，委由各地公學校老師及警察調查該地區之祠廟、齋堂、神佛會等，調查內容包括：建廟時間、緣由、信徒範圍、管理情形、財產、地點、以及信徒對迷信的看法等。參閱丸井圭治郎編，《臺灣宗教調查報告書第一卷》（臺北：臺灣總督府，一九一九年），序言。

❺丸井圭治郎，一八七〇年（明治三年）七月三日生，日本三重縣宇治山田市人，第一高等中學畢業後，入東京帝國大學文科大學漢文科（經學部），畢業後歷任真言宗新義派學林講師、哲學館講師、新義真言宗豐山派學事顧問、曹洞宗大學林講師、豐山大學講師等。一九一二年（明治四十五年）五月來臺灣任臺灣總

即是這次宗教調查的成果，這是臺灣歷史上第一本較完整且有系統的有關臺灣傳統宗教的調查報告書。增田福太郎於一九二九年（昭和四年）四月以宗教調查官的身分來臺時，即根據此宗教調查報告書之基礎，再對臺灣的宗教作進一步深入的調查與研究。

增田福太郎自一九二九年來臺以迄一九三九年離開，共在臺灣約有十年之久。在他之前，如前所述，有關臺灣的傳統宗教係以丸井所編的《臺灣宗教調查報告書第一卷》為最完整，但該報

督府蕃人教化事務囑託，一九一五年（大正四年）七月轉任宗教調查事務囑託，一九一八年（大正七年）一月任臺灣總督府編修官兼翻譯官，六月兼任總督府民政部地方部社寺課長（第一任），掌理神社和宗教方面事務，並負責編輯出版《臺灣宗教調查報告書第一卷》。一九二〇年（大正九年）任臨濟宗妙心寺派私立鎮南學林學長，一九二一年（大正十年）「南瀛佛教會」成立時出任該會首任會長，隔年任臺北師範學校教務囑託。一九二五年一月三日離臺返回日本大分縣別府市，該年移居東京市小石川區戶崎町，隔年（一九二六年）四月任大正大學講師（擔任科目：東洋史學），後又任京北女學校教師。卒年不詳（約於一九三四、三五年左右）。著作除上述調查報告書第一卷外，尚有《舊慣ニ依ル臺灣宗教概要》（一九一五年）、《臺灣宗教》（一九一八年）和《臺灣の佛教》（一九一八年）等。參考：大正大學履歷書、《度會人物誌》（日本：度會鄉友會，一九三四年；一九七五年川端義夫復刻）。

❻本書本文有二〇四頁，二篇十四章，另附錄有二一一頁的統計表，將臺灣傳統儒、道（民間信仰亦置於此）、佛作有系統的歸類，對祠廟、齋教、神佛會、僧侶、道士、術士、祈禱方式等均有所記述，是臺灣有史以來首次對傳統信仰宗教作全面且有系統的調查紀錄。本來預計第二卷欲登載「內地佛教」與天主、基督教等資料，但最終並未見出版，原因不明，或與一次戰後日本經濟不景氣、行政預算緊縮等有關。

告書仍停留在資料的呈現上，較少「學術研究」的味道存在。而增田在臺十年當中，除仍繼續宗教調查外，亦利用其學識將臺灣的傳統宗教提昇至「學術研究」階段，賦予學術學理的新生命。此乃為何稱其為臺灣宗教研究「先驅」的理由所在。

目前有關增田福太郎的研究仍相當缺乏。筆者曾於一九九五年三月在中央圖書館臺灣分館與吳三連臺灣史料基金會主辦的「臺灣人物與歷史講座系列二：臺灣研究先驅人物」中，以「臺灣宗教研究先驅——丸井圭治郎、增田福太郎」為題，對丸井與增田作初步的介紹。林美容教授也曾在其論文〈臺灣民俗學史料研究〉❼中，對增田作過簡單的描述。另外江燦騰教授曾提〈媽祖信仰與法律裁判——以增田福太郎的研究為中心〉❽之論文，以增田所著〈臺灣に於ける天上聖母の崇敬と立誓事件〉論文為本，探討媽祖信仰、臺灣民間立誓「對神咒詛」與法律裁判之間的問題。最近臺灣省文獻委員會亦選擇增田福太郎所著《東亞法秩序序說》、〈臺灣に於ける天上聖母の崇敬と立誓事件〉等，委由前委員黃有興翻譯，近期內將出版問世。即使如此，關於增田之面貌目前仍舊停留於模糊狀態，其實增田福太郎除了對臺灣宗教下過功夫進行研究外，也於霧社事件之後直至一九三九年離臺止，對臺灣原住民族作過多次的調查，並以其原「法學者」出身的觀點，寫出不少有關原住民「原始民主制」、私法、神判等等的論文。戰後增田在日本亦有不少關

❼參見❷。

❽江燦騰，〈媽祖信仰與法律裁判——以增田福太郎的研究為中心〉，一九九六年。

於臺灣宗教與原住民的論文，部分僅屬改寫，亦有部分提出新看法，這些論文似乎較為臺灣學界所忽略。筆者前曾對增田之家屬進行訪談，並取得一些相關資料與照片，因此撰此論文，除對之前演講的初步介紹進行資料彌補外，亦僅此就教於學界先進。

貳、增田福太郎生平介紹

增田福太郎（一九〇三、六、廿五～一九八二、十一、十五）於日俄戰爭開始的前一年，出生於日本國靠日本海的滑雪發祥地——新潟縣中頸城郡高田町（現在上越市），父祖本姓長尾，父親新治郎僅小學畢業，為蠟燭商人，但據說相當嚴格；於獨子福太郎年幼時，即舉家遷往東京，以便其接受最高學府的教育。福太郎小學畢業於下町淺草的育英尋常小學校，之後進入東京府立第一中學，四年後再昇上第一高等學校文科甲類，一九二三年（大正十二年）進入東京帝國大學法學部法律學科，但此年適逢關東大地震，淺草的住家與商店皆燒失殆盡，因此大學生活相當困苦。一九二七年畢業，隨即進入東京帝大大學院（研究所），主修「法理學」。在此學習階段中，增田福太郎曾受教於日本法理學界二大名教授穗積陳重與筧克彥❾。穗積陳重的實證式法的進化

---

❾穗積陳重（一八五六～一九二六），日本明治、大正時期法學者，穗積八束之兄，屬英國法學之流派，強調法的進化論，著有《法律進化論》等著作。筧克彥（一八七二～一九六一），憲法學者，主張天皇為中心的

論，與筧克彥的「宗教的生之哲學」，二者所採立場完全不同⑩，但對增田均產生了極大的影響。另外，在東大文學部講授「神道講座」的宗教學者加藤玄智，從比較宗教學以實證談「惟神之道」之「神人同格」，亦給增田留下深刻的印象。在增田的著作中，我們常見到其引用穗積的「法律進化論」，但加藤玄智與筧克彥強烈的天皇中心、尊崇神道論點，更相當程度的影響增田。筧克彥是當時東京帝大行徑特異的名教授，據說在其研究室中鋪設有「榻榻米」（疊），並安置「神棚」、恭奉「神宮大麻」，開課時則拍「柏手」（神道式祭拜神時，以兩手掌合拍，作出聲響）。增田一生中對於天皇、天照大神、神道教均持極為尊崇的態度（雖然其本人所信宗教屬淨土真宗東本願寺派，但亦尊重臺灣民間傳統的宗教、甚或臺灣原住民的宗教，並不鄙視或排斥），除了受到其父親的影響外⑪，亦不無筧克彥與加藤玄智的影子存在。一九二八年（昭和三年）增田履修筧克彥「法理

國家主義，主要著作《大日本帝國憲法的根本義》中，強調天皇即國家，憲法乃歷代天皇遺訓的明徵。參考《コンサイス人名辭典（日本編）》（東京：三省堂，一九七九年）。

⑩參見增田〈法學五十年〉，收於增田福太郎，《事物相關の諸論》（東京：佐野書房，一九七三年），一七五頁。

⑪增田曾對新潟縣的青少年提出「座右銘」：「真實一路」。此「真實一路」即信「神」則能達至真實，而此「神」並非一般之神佛，而是天照大神（或與此一體的「現人神」）。他認為這與其嚴父一直教導他「尊敬天皇陛下」有關。參閱鶴岡正夫編，《現代新潟の百人——青少年の座右銘》（東京：育英出版社，一九七六年），一八五頁。

學」所留下的厚達二九七頁的筆記目前仍留存於其家屬手中。翻看該份筆記，只見增田以其小如螞蟻的字體，相當有順序且編有總目錄的將課堂講授內容一一抄錄下來：第一章、法學，第二章、研究方法論，第三章、事物根本關係，第四章、實在論，第五章、價值論，第六章、世界論。而在第六章第三節中即談到各種世界觀，包含：佛教、希臘思想、基督教、日本族之三種世界等，此章節或許亦為主修法學的增田提供了比較宗教學方面的學識⑫。

一九二九年（昭和四年）四月，增田應臺灣總督府之邀，赴臺灣擔任宗教調查官（至隔年三月止）。在增田的著作《東亞法秩序序說——民族信仰を中心として》中，附錄有長達一一八頁的「南島寺廟探訪記」，即記載增田初到臺灣，於該年五月下旬至六月上旬計約半個多月，在M氏（松崎貞吉）與R氏（李添春）陪同下，從臺灣西部北到南進行宗教「寺廟」調查之旅的情形⑬。這是增田開始踏入臺灣宗教調查與研究的第一步，雖然其首次接受囑託擔任總督府宗教調查官的「契約」只為期一年，之後是否有續約不得而知⑭，但是增田並不曾放棄對臺灣傳統宗教的追蹤調查，

---

⑫根據增田福太郎所寫筧克彥「法理學」筆記。另外增田亦曾談到他因為對法哲學與宗教持有興趣，故選擇了筧克彥的科目。參見增田福太郎，《思想と實踐（法政と宗教）》（東京：佐野書房，一九七九年），一九三頁。

⑬此篇寺廟探訪記，原以「宗教調查旅行所感」之名連載於《南瀛佛教》第七卷第八號等。戰後亦於增田所著〈臺灣の街村信仰——滿州への視角とともに〉之第一節中，予以簡要濃縮登載，論文收於《福岡大學研究所報》第十六號（一九七二年八月），二九～八一頁。

從他之後於一九三〇至一九三三年（昭和五年至八年）在《臺灣警察時報》、《南瀛佛教》等雜誌上，持續披露連載臺灣寺廟巡禮⓯，以及臺灣宗教信仰相關的論文，即可看出他對此領域研究的沈迷與執著，也才能夠陸續寫出《臺灣本島人の宗教》（一九三五年出版）等有關臺灣傳統宗教信仰的書籍。

一九三〇年（昭和五年）四月～七月，增田轉任臺北帝國大學講師，同年七月起任臺北帝國大學理農學部助教授，直至一九三九年（昭和十四年）四月止，教授科目以「農業法律學」為主。在同一期間，一九三一年（昭和六年）五月起至一九三九年（昭和十四年）四月止，他以臺北帝國大學助教授的頭銜，並兼任臺北帝國大學附屬農林專門部教授。九年當中，增田除了於臺北帝大教授其原來專攻農業法律學外，也不忘繼續對臺灣傳統宗教信仰進行實地調查，甚至亦開始將注意對象擴大到臺灣原住民族，並從其師穗積陳重的「法律進化論」觀點，觀察研究臺灣原住民

⓮根據增田家所藏增田福太郎當初接受宗教調查囑託的文件，任期自一九二九年（昭和四年）四月八日起，每月津貼（月手當金）為二百圓，而因工作結束（御用濟）解除囑託日期為隔年三月三十一日，為期約一年，是否有續約則不得而知。同年（一九三〇年）七月二十二日增田即被聘任為臺北帝國大學助教授（敘高等官七等）。而一九四二年（昭和十七年）五月十五日增田又以「國民精神文化研究所所員」的身分（當時增田已離臺返日），擔任總督府文教局「宗教相關事務」的囑託（但無月津貼）。

⓯增田福太郎，〈臺灣の寺廟を巡歷して〉，《臺灣警察時報》第七號起連載（一九三〇、三一年）；另，〈臺灣の寺廟を巡歷して〉，《南瀛佛教》第十卷第七號（一九三二年）、第十一卷第一號（一九三三年）。

的社會與生活現象，在《臺法月報》等雜誌上發表其心得與看法。

結束前後十年的臺灣生活⑯，增田返回日本，擔任日本文部省直轄的「國民精神文化研究所」所員（一九三九年四月～一九四三年十月），同時亦兼府立高等學校講師（一九四〇年十月～一九四二年三月）、國學院大學講師（一九四一年四月～一九四四年三月）。戰爭末期的一九四三年（昭和十八年）十一月再轉任文部省直轄「教學鍊成所」鍊成官，直至戰爭結束前的一九四五年（昭和二十年）七月。這段時期，增田出版了幾冊與臺灣有關的書籍：《東亞法秩序序說——民族信仰を中心として》、《南方民族の婚姻——高砂族の婚姻研究》、《東亞宗教の課題》（與助手堀一郎共著）、《原始刑法の探究——高砂族の刑制研究》等，如包括其他的《大東亞法治秩序の建設》、《皇道の理念と法制》⑰以及相當多篇的論文，戰爭結束前的這幾年，增田堪稱是非常「多產」

⑯增田於在臺十年（一九二九年四月～一九三九年四月）期間中結婚生子，婚禮採神道式的神前結婚方式，於官幣大社臺灣神社舉行，由著名的臺灣神社神官山口透主持。增田與妻子ツヤ（舊姓松崎）共育有三男二女，長男新一與長女由紀子均在臺灣出生，二男貞治、三男耕三、二女由香子則為返日後所生。此處資料經由採訪增田貞治與由香子（適川口氏）取得。另參考新潟日報事業社出版部編，《新潟縣人名鑑》（新潟：新潟日報事業社，一九八〇年）。

⑰增田福太郎，《東亞法秩序序說——民族信仰を中心として》（東京：ダイヤモンド社，一九四二年），《南方民族の婚姻——高砂族の婚姻研究》（東京：ダイヤモンド社，一九四二年），《東亞宗教の課題》（大東亞文化建設研究第二冊）（東京：國民精神文化研究所，一九四二年），《原始刑法の探究——高砂族の刑制

的。

但是，戰爭結束後初期，對增田而言是一段「陰暗」的回憶。由於他在戰爭末期擔任國民精神文化研究所所員，後又任教學鍊成所鍊成官，這二種職務對於戰後GHQ（聯合軍最高司令部）佔領下的日本而言，可說是被貼上日本軍國主義或侵略戰爭協力者之標籤，因此增田與其家屬度過了一段暗晦的日子。一九五六年（昭和三十一年）以前，增田所從事的職務為：善鄰外事專門學校教授（一九四五年十一月～一九四六年七月）、農林省囑託（一九四六年七月～一九四七年九月）、新潟縣囑託（一九四七年八月～一九五三年三月）、長崎大學商業短期大學部教授（一九五三年四月～一九五六年四月，教授「民法」）、兼長崎大學經濟學部講師（一九五三年十月～一九五六年五月）。一九五六年（昭和三十一年）五月轉任岡山大學法文學部，教授「民法」與「法理學」，自此增田戰後「漂泊」的生涯才告一段落而穩定下來。一九六一年（昭和三十六年）十二月，他以主論文《未開社會における法の成立》，自京都大學取得法學博士（舊制）的學位，而此論文之所謂「未開社會」即與臺灣的原住民族有關。一九六五年（昭和四十年）四月增田再轉往福岡大學，同樣擔任民法與法理學的教授，一九六九年任福岡大學法學部長。一九七四年（昭和四十九年）四月轉赴東京，任亞細亞大學法學部教授。一九八二年（昭和五十七年）十一月十五日過

研究》（東京：ダイヤモンド社，一九四四年）。另，《大東亞法秩序の建設》（東京：畝傍書房，一九四四年），《皇道の理念と法制》（東京：巖松堂，一九四四年）。

世，享年七十九歲。

參、臺灣宗教的調查與研究

增田福太郎以一位法學者的身分，自一九二九年應當時的總督府文教局長石黑英彥之邀，來臺擔任宗教調查官一年，嗣後他雖擔任臺北帝國大學理農學部的助教授，但亦經常利用機會至全臺各地進行臺灣宗教（特別是寺廟）之實地調查⓲。在他十年的臺灣生涯中，所寫有關臺灣宗教的論文超過四十篇，之後他仍持續撰寫有關此方面的論文，如果將戰後他再改寫或重新詮釋臺灣宗教的論文與著書⓳並包括在內，則應不少於六十篇，佔其一生作品二百多篇（冊）⓴的三分之

⓲在其《臺灣の宗教──農村を中心とする宗教研究》一書之「自序」裡，即記載總督府首任文教局長石黑英彥與臺北帝國大學首任總長幣原坦給予增田臺灣研究的機緣，而臺北帝大理農學部的奧田彧教授亦常給予他調查上的方便。

⓳增田在戰後並無機會再到臺灣來進行調查，但戰後他在學術界發表的論文或著書中，均可看到描寫詮釋臺灣宗教現象的痕跡。如〈清末・民國初における庶民の宗教と生活〉（一九六六年）、〈清代臺灣における村落の發展〉（一九六八年）、〈中國の偶像文化・序曲──臺灣、滿州を主とする研究〉（一九七〇年）、〈中國自然法の道教的展開──偶像化的思惟の支配〉（一九七二年）、〈臺灣の鄉村信仰──滿州への視角とともに〉（一九七二年）、〈中國における咒符の一考察〉（一九七三年）、〈舊臺灣の民間宗教──「人間像」

一弱。欲將這些論著全部閱讀消化完畢並提出心得，並非一件簡單工程。以下筆者僅從其著作中，選擇部分觀點加以論述。增田有關臺灣傳統宗教最主要的三部著作即：《臺灣本島人の宗教》（一九三五年）、《臺灣の宗教——農村を中心とする宗教研究》（一九三九年）以及《東亞法秩序序說——民族信仰を中心として》（一九四二年）㉑三部曲。他除了承繼丸井圭治郎一九一九年當時的宗教調查成果，參考了柴田廉所編《臺北廳宗教概要》㉒，也融入自己親自全臺實際宗教調查的

的考察〉（一九七八年）等論文，或《中國の俗信と法思想》（三和書房，一九六六年）、《中國の宗教と法思想》（佐野書房，一九七一年）、《新・舊中國の信仰と表象》（佐野書房，一九七四年）等著書。由於戰後增田亦未能赴中國大陸進行學術調查，因此著作名中所謂的「中國」，大多指的是臺灣、滿州與北京的現象。（增田曾於一九四〇年九月赴滿州、一九四三年五月赴北京進行實態調查）

⑳根據增田本人所作的著作目錄，包含論文、著書（亦含改版、增補再版或新訂者），至一九七六年總共有二一三篇（冊）。參閱增田福太郎，《事物相關の諸論（改訂版）——社會構成への關心》（東京：佐野書房，一九七六年），一七六～七頁。

㉑同❶。第三部之「東亞」於此指的是「中國大陸」，會用此一名稱或為因應出版當時正好是日本強調「大東亞共榮圈」的時期，而增田此時已回日本擔任國民精神文化研究員。此書主要論述對象為佔中國人口最多數的漢民族社會之法秩序（宗教上的敬天主義的法秩序），其中尤以臺灣（漢族的延長）為主。

㉒《臺灣本島人の宗教》，自序四頁。柴田廉，一九一二年（明治四十五年）三月二十日自日本來臺，曾任臺北廳宗教係長，參與寺廟調查。其另一出名著作為《臺灣同化策論》（一名「臺灣島民の民族心理學的研究」）（臺北：晃文館，一九二三年）。

結果，與在東京帝大從穗積陳重、筧克彥與加藤玄智等教授所習得的法理學、比較宗教學等知識，重譜出自己的一套臺灣宗教觀。

增田引用當時日本著名的倫理學者、文化史家和辻哲郎的「風土」的概念㉓，亦即臺灣地理位置上屬於季節風（モンスーン monson）地域，結合暑熱與濕氣的特性，而臺灣的濕氣、濕潤乃生育動、植物所必需，因此「自然」並非象徵著「死」，而是代表著「生」，死毋寧是在人類的一邊。因故，人與自然的關係並非對抗而是接受容忍；雖然與暑熱結合的濕潤也時常帶來大雨、暴風、洪水、旱魃，但是人類並不會以其「生」的力量，用來對抗給予其「生」的來源的大自然之力，而是容忍、接受的，這是典型的季節風地帶的臺灣之「人類構造」。此與沙漠地區「乾燥」的自然是代表著「死」，人與自然是實踐的、對抗的關係不同。因此在季節風區域的臺灣，其對「神」的觀點，與東亞區域類似，具有二種特色，第一即所有的自然力均有其神秘性，故而神化之，如：天地、日月、星辰、山河、風雨、雷電、水火，甚或特殊的禽獸、草木、金石等，由忍從的人類因感於其力，而名之以神或靈。（相對於沙漠地區，人類是與自然對抗，因此無自然力神化的痕跡，自然乃是位於沙漠人類所創出的神之下位。）第二種特色為神與人的關係合一乃至同格，此即所

㉓和辻哲郎（一八八九～一九六〇），倫理學者、文化史家，曾任教於法政大學、京都大學、東京大學等，著有《古寺巡禮》、《風土》等名著。《風土》一書部分篇章寫於一九二九年（昭和四年）左右，單行本於一九三五年由岩波書店刊行，後收於《和辻哲郎全集》（東京：岩波書店，一九六二年）。

謂的「神人同格論」㉔。增田在戰前與戰後的有關臺灣宗教的論文或著作中，時常引用「神人同格」的觀點來看臺灣的傳統宗教信仰。雖然這個理論有其師承（前述加藤玄智等），但增田自身亦由臺灣的民間宗教信仰例子來實際論證此一理論。其所謂神人同格的意識乃指神與人之間無嚴峻之區別，人可以成為神，而神亦可取得人之形態出現，意即「人間崇拜」（人類崇拜）乃神人同格的信仰中心。此可由以下十三項觀察之：㈠神人同形（神具人形刻於偶像）、㈡神有誕生日、㈢神有代理者（即軟身或分身，如媽祖有一媽、二媽、三媽等）、㈣神亦有具配偶者（如城隍夫人、土地媽等）、㈤神有挾侍（如媽祖像旁的左右宮娥）、㈥神有從侍（如媽祖旁的千里眼、順風耳）、㈦神有配侍（如媽祖廟內時亦配祀有觀音、註生娘娘、福德正神、文昌帝君等神佛）、㈧神統帥無數之神將神兵（如主神左右配置之花瓶樣圓筒，置有三角形之黃、藍、藏青、赤、黑五彩令旗與刀劍，代替神將神兵之神像）、㈨神亦有情意生活、亦具缺點（如保生大帝與媽祖之「情變」而互於對方祭典日降雨颳風之例）、㈩神亦營經濟生活而用金銀紙（至廟拜拜謂之「燒金」即是，金（銀）紙乃神靈界的「通貨」，燒之乃將通貨呈現給神之意）、(十一)神亦營法律生活、為權利義務之主體（如鑑於古契字中，神具法律上之人格而與人訂立契約）、(十二)神與人有交易行為（所謂有禱必應，或為吉凶禍福而向神佛祈願，應驗時則以祭禮供物、石獅龍柱、甚至建廟予以回報，此交易關係之基礎主要建立於物質利益與求財之念）、(十三)神乃靈驗的結晶、神格的特異性遭到忽視（即神與人交易

㉔《臺灣の宗教——農村を中心とする宗教研究》，一九三～一九六頁。

的結果，常取決於靈驗與否，由多數廟的沿革觀之，大部分乃因靈驗而後建廟。如媽祖本為水之神、海上保護神，也因靈驗而超越其原本專門、分掌的效驗，而成為萬能之神，其他神佛如觀音、娘娘、西王母等女神，如亦具靈驗，則亦可取代媽祖之原來功能，此即無視各神之特異性）㉕。

而以一位法學者出身的立場而言，增田對臺灣如「城隍」等有關司法、裁判之神的信仰與「神前立誓」亦相當感興趣，其實這也反映在他對臺灣原住民族作調查研究時，亦對原住民的「自然法」意識與「神意裁判」多所關注著墨。有賴神意的示現而判定犯罪之有無與事實之真偽的手段即所謂「神意裁判」，此不分世界東西方均有此習俗。臺灣（或中國）漢人社會中有關司法、裁判諸神，是以玉皇大帝（天公）為首，下有東嶽、城隍、土地公、灶神等諸神，而旁加閻羅王、大眾爺、青山王、陰陽公或雷神等，再配屬判官、牛馬爺、六司、神將神兵等補助神而構成。臺灣的「神前立誓」——「自己咒詛」亦是神判的一種，有指天咒詛、刣雞咒詛等，多向天公、城隍、東嶽、土地公、大眾爺等神前立誓，也有少部分在媽祖前咒詛。增田認為漢人的文化是重視具象的知覺，可說是形象的文化；以文字來說，是具象的象形文字，而在宗教面而言，亦如前述神人同格般屬於「偶像」教，也因受到偶像思想的支配，故具濃厚的多神多靈教色彩。眾神因分化、

㉕《臺灣本島人の宗教》，七三～九〇頁。另如戰後增田所著〈長崎「媽祖」の源流と背景〉論文中亦引用此一「神人同格」觀點解釋對媽祖的神觀（唯去除第四與第十一項），收於長崎大學《經營と經濟》第三五年第一冊（一九六五年），三一～三七頁。

雜多化的緣故，神的權威也因之失墜，以人為本位相對增大。人因分割支配神，故神與其說受到敬畏，不如說已非高不可攀，而是可以狎玩的。對於臺灣（或中國）人而言，由神直接裁判的慣行並不顯著，而大多施行神前立誓之習俗，或許就是例證㉖。增田認為在以「敬天之禮為上限，殺傷、竊盜、姦淫等法禁為下限」的「自然法」㉗原理中，相對於西洋人理性的自然法，漢人的自然法是「感性」的㉘（而臺灣原住民則是「靈性」的）。所謂感性即是非理性的，亦即依賴感覺、重視具象的知覺，前述之神前立誓即憑藉感性知覺的支配，對存在事物的意義，各自作出判斷，因此漢人社會的神前立誓，由於神靈並未能直接、立即的進行判斷，亦即缺乏實質的神意裁判，神並非直接的仲裁者，只不過是個見證者，所以神前立誓與其說是在「神」前發誓，倒不如說只是求取「偶像」裁判罷了。

㉖增田福太郎，〈臺灣の蕃村踏查と自然法の消息——同時に漢人との比較〉，《福岡大學研究所報》第十六號（一九七二年八月），一一二頁。

㉗根據增田說法，法的進化論先由禁忌(taboo)的法進化至權力的，其次為權利的，再進化至協同的法。此法的進化對應於社會、經濟地盤的進化，即古代社會—封建社會—近代社會—現代社會的發展。增田福太郎，〈現代戰爭と史觀の變革〉（法理小稿二），《臺灣月報》三十二卷二號（一九三八年二月），八頁。此自然法即指初期禁忌的法。

㉘同㉖。

肆、臺灣原住民的調查與研究

增田雖然以宗教調查官的身分到臺灣來，而且也以臺灣宗教研究的先驅而聞名，但其實他對臺灣原住民的調查與研究也有相當的著作與業績存在。

增田來臺的隔年（一九三〇年），適逢原住民抗日活動最大規模的霧社事件發生，事件發生後的次年（一九三一年），增田已經開始展開對原住民進行實態調查㉙。而一九三四年（昭和九年）起在《臺灣警察時報》第二三七號以下的連載〈新竹州蕃地旅行記〉，則是他所發表有關臺灣原住民論述中的第一篇。在從一九三四年七月二十六日至八月一日的一週間，增田對新竹州下的泰雅族進行探訪，行程中由「キナジー蕃」出身的原住民巡查トーフイホラ（日本名，原藤太郎）擔任警護、翻譯，因而得以透過キナジー蕃去窺探泰雅族的內在倫理世界，如發祥傳說、神靈觀、禁忌、神罰、刑制、家族制度、婚姻等㉚。一九三六年（昭和十一年）四月，增田對鄒族進行調查㉛；同年之六月一日至九日間，與當時總督府警務局長石垣倉治等一行，前往霧社事件發生地，

㉙根據增田於〈原始民主制下の臺灣——清の領台と蕃村の自治〉，《福岡大學研究所報》第十一號（一九六八年），第三頁言，該文即依增田於一九三一年（昭和六年）以後的實態調查所寫成。

㉚增田福太郎，〈臺灣の蕃村踏查と自然法の消息——同時に漢人との比較〉，八四～九〇頁。

並越過合歡山、立霧主山，至太魯閣，這是增田第一次對太魯閣原住民進行採訪。三年後的一九三九年七月，再度對太魯閣原住民的トボコ社、ブセガン社、ブスリン社、ブラナオ社等四社為中心，進行第二回的調查㉜。這當中的一九三六年十一月，他曾至賽夏族作調查，一九三七年十一月往中部布農族「卓社蕃」，一九三八年十一月對南部排灣族調查，一九三九年八月則調查阿美族的家族生活等㉝。增田對原住民的調查大致上有以上幾次，這些調查到底是屬於增田私人研究上的所為，或是官方的請託，並不清楚，唯一九三四年七月與一九三六年六月兩次，均有日人或原住民巡查護衛、翻譯，且一九三六年乃與當時的總督府警務局長同行，或許是接受警務局的邀請而進行的調查。

根據這幾次調查結果，增田在回日本前寫了不下十七篇有關原住民的論文，內容涵蓋這些族群的家族生活、刑事慣習、神靈、祭祀、禁忌、婚姻等。一九四二年（昭和十七年）他在日本出版了《南方民族の婚姻——高砂族の婚姻研究》一書，一九四四年出版《原始刑法の探究——高

㉛〈原始民主制下の臺灣——清の領臺と蕃村の自治〉，一八頁。

㉜〈臺灣の蕃村踏查と自然法の消息——同時に漢人との比較〉，九一～九五頁。第二回對太魯閣原住民的調查，增田之記載為一九三九年七月，但如與增田離臺返日擔任國民精神文化研究所所員起始日期為一九三九年四月對照，則不無疑問。或許前述之七月為筆誤，亦或許增田返日並非四月，待查。

㉝〈原始民主制下の臺灣——清の領臺と蕃村の自治〉，一一、一三、二一、二六頁。對阿美族調查日期為一九三九年八月，當時增田應已返日。與㉜同，或為筆誤，待查。

砂族の刑制研究》，戰後的一九五八年著作《未開人の家族關係》，一九六一年以《未開社會における法の成立》之論文，獲得京都大學法學博士學位（舊制），這些都是以臺灣原住民社會為主要研究分析對象的論著；而一九七一年出版的《日本・南方の民族と法思想》，甚至一九七三年的《事物相關論の諸論》等書，亦有部分內容為針對臺灣原住民社會現象之觀察與描述。綜合戰前與戰後增田所寫有關臺灣原住民的論著，總數不下數十篇（冊），內容大致上與其專攻之法理學有關，亦即從「法」，特別是所謂「未開社會之法」或「自然法」的角度，來切入觀察原住民的社會構造。增田對於臺灣原住民調查研究的廣度與深度，或許不如早期的鳥居龍藏、伊能嘉矩、森丑之助等人，但他從法的角度去理解原住民的家族與社會制度，應該亦值得我們予以注意與肯定。

增田對原住民的研究，如同對臺灣漢人傳統宗教研究般，相當程度關注神意裁判、神前立誓。他認為原住民各族均存有神前立誓的習俗，而特定的種族則存有「請求神靈直接、立即裁斷」意味之「神判」習俗。這是認為神靈乃價值的根源，神在人之上，神會幫助正直憎恨邪惡。神判的方法，依種族的不同各有差異，主要有首狩審、狩獵審、角力審等，而訴諸神判的事項多為屬自然法禁忌內容的竊盜與姦淫[34]。這種經由首狩審的方式來求得神靈之正確裁斷，以證明自己正直清白的神判之「法」，與前節所述漢人社會之神前立誓、自己咒詛有所差異，這是因為原住民自然法之基本觀念中，其神觀全體是顯著具有靈性的，此為「靈性」的自然法，與漢人社會神觀之「偶

[34] 〈臺灣の蕃村踏查と自然法の消息——同時に漢人との比較〉，九八～一〇二頁。

像」的、「感性」的特質不同㉟。

增田對臺灣的原住民有極高的評價，他在〈原始民主制下の臺灣——清の領臺と蕃村の自治〉一文中，對臺灣原住民「未開社會」的「原始民主制」相當推崇㊱。首先他對未開社會的原始民主制作了如下的定義㊲：

> 在未開平等社會，首長或頭目只不過是平等者中的最優秀者，為了達成自己個人的慾望而違反集團的意思是不被允許的。因私而害公，或身為首長而無能力，則將被取消首長地位。首長地位的存續依存其指導下全體之總意，其權限侷限於不超脫於部族的傳承之範圍內。因此身為首長，須具相應的能力，即使地位是世襲，個人才幹有否也具重要意義，如果不適當，則多由家族中其他之人代替。支配社會的是輿論，首長只是輿論忠實的代言者，可是，此處之所謂輿論，並非指一般所稱經過議論、克服少數反對意見之多數意見，而是自古以來其部族傳承的總意。如此未開平等社會，實施的是真正的直接民主政治，也因此有

㉟同前註，一〇二～一一二頁。

㊱增田認為臺灣原住民族的政治體制，除了南部的排灣族屬「原始封建制」外，大部分都屬「原始民主制」。他認為排灣族具有貴族、平民之差別，屬貴族的頭目家擁有土地領有權與土地所有權，各蕃社的土地原則上歸順頭目家所領有，平民欲耕種需向頭目承借，並納農租等。〈原始民主制下の臺灣〉，二二三～二二八頁。

㊲〈原始民主制下の臺灣〉，二二一～二二八頁。

原始民主制之稱呼。

接著，增田對原始民主制社會的法的審判作如下之描述❸：

此種社會雖說有審判、裁判，但並不存在有所謂以公權斷罪、解決爭端、裁定紛爭事件為目的的獨立設施，蕃社內生有紛議時，通常由前述之頭目、有力者作調停、仲裁來解決。頭目扮演介於當事者之間周旋干涉，以求雙方和解、妥協、解決事件的角色，和解的成立、條件如何，端看頭目之威望手腕。兩當事者固執己說、理非不明的場合，有時亦訴諸神判以求解決。以上方法均無法解決時，則只好雙方訴諸武力一決勝負。但以武力解決意味著戰鬥，因此並非異種族或敵蕃的同一部族，特別是同一蕃社民之內部，互相訴諸武力甚或爭鬥的情形，是非常少的，這是值得注意的地方。同族互相殺傷，是一種禁忌，以禁忌的觀念（咒的原理）切斷人們爭鬥、復仇之念，此為一重要的認識。

增田認為臺灣的原住民社會（除了排灣族）即是屬於上述「原始民主制」的社會。在臺灣的民主制原住民之間，雖亦有竊盜、放火、侵佔土地、姦淫、殺傷、侮辱他人名譽、違約、違反慣例等等多種不法之行為，但其制裁則具「贖財主義」之傾向。所謂贖財，即提供財物以贖罪。此贖財

---

❸同上註，一二二頁。

主義之特徵，與一般古代以眼還眼、以牙還牙之刑罰觀念相當不同，也與漢族社會之肉刑主義大相逕庭，其制裁原理絕少肉刑主義的殘虐性，贖財本身具有和解的意味，也達到了迴避殺傷弊害的機能㊴。

漢人對於清治時期臺灣的原住民社會，認為是愚蠢矇昧、與禽獸相去不遠的復仇橫行的社會，而增田則直斥此一說法為莫大的妄斷謬論。他認為此種誤斷妄想亦存於當代許多文明人之中，而這正是一些所謂進化論者的主張。增田指出，臺灣原住民的社會其實與這些臆測正好相反，「在政治上，是合議政治、尊重民意的；制裁時是非復仇式的，是贖財主義的；家族制是親子中心、一夫一婦制的。這些特徵，宏觀而言，可謂未開社會之司法構成，此構成內含咒術原理（許多禁忌或病厄神意觀）存在，這也可說是原始民主制的特質。」㊵

伍、結論

如上所述，增田福太郎以一位東京帝國大學畢業的二十六歲法學者身分，在霧社事件發生之前的一年，到臺灣來進行臺灣宗教與原住民的調查研究，並擔任臺北帝國大學的理農學部教授。

㊴同上註，二二三頁。
㊵同上註。

在臺十年的調查與研究成果，於其戰前與戰後數十篇、甚至上百篇的論文著作中開花結果，但是這些論文著作仍有多數受到臺日學者無意的忽略，尚待日後學界繼續努力介紹研究。

無庸置疑的，增田是位尊崇天皇制、擁護國家神道的愛國（日本國）主義者，這與他的父親對其「尊敬天皇陛下」之教誨，以及筧克彥、加藤玄智等尊崇神道的東京帝大教授之影響以及整體之大環境有關。在增田戰前的論文著作中，我們可以看到他談「惟神之道」、神社精神、天岩戶精神、以及批判「天皇機關說」㊶，他初期發表的論文亦時常在與神道教育有關的皇學會雜誌《神ながら》、或《明治聖德記念學會紀要》中登載，他的第一本專書《臺灣本島人の宗教》即是由紀念「明治聖帝不朽聖德」、強調國體、武士道與神道等主要日本精神文明的財團法人「明治聖德記念學會」所出版㊷。但是增田並非一位極端或霸道的皇國主義者，譬如他在《臺灣本島人の宗教》一書的自序中，即闡明他寫這本書的理由之一為：「本島人青年諸士認為其固有文化只是迷信陋習、時代殘留的文化，因而不屑一顧。只有知己才能知彼。宗教為文明的母胎、文化的根柢。」因此他鼓勵臺灣青年諸士能探索自己文化的根柢，才能發現與日本內地文化及東方的汎神論連鎖

㊶如：〈臺灣統治に於ける神ながらの意義〉、〈我が國法の淵源なる神の特質〉、〈天岩戶の精神と帝國憲法〉、〈所謂天皇機關說の內在的批判〉等。

㊷一九三五年時的明治聖德記念學會會長為伯爵林博太郎，曾在此書中為增田作序；而增田之老師加藤玄智與時任臺北帝大總長的幣原坦亦為該會之「役員」（如同理事）。

之處㊸。他在一九四一年（昭和十六年）曾向臺灣總督府情報部所編《臺灣時報》投稿〈神社精神と寺廟精神〉一文。基本上在此皇民化運動高漲期，臺灣各地正積極推動「寺廟整理運動」與「臺灣人家庭改善運動」時，挺身而出寫這篇文章（當時增田已回日本擔任國民精神文化研究員），除了宣揚神社、惟神之道外，一方面也批判視臺灣寺廟為推廣神社精神障礙之作為。他認為臺灣寺廟奉祀媽祖、關帝、保生大帝、神農大帝、開漳聖王等等，與日本內地神社、社祠恭奉功臣、英雄、賢哲等具相同的精神，而土地公、城隍爺、天公、東嶽帝、大樹公等等的自然崇拜信仰，也與日本對日月、風雨、山水、草木等自然神的信仰同調，因此他從神社精神與寺廟精神強調「內臺思想同調」，認為徹底普及神社精神「並不意味著在來寺廟全廢與地方神社、社祠的急增」㊹。其實在此之前的一九三九年，增田即已對當時的寺廟整理運動進行批判，他在〈皇民運動下の臺灣宗教〉一文中提到：「臺灣本島人的在來信仰，反映中國的商業主義，含有極為濃厚的靈驗中心色彩，但並不交織國家革命等思想（此為與朝鮮民間信仰相異之點），也幾乎不曾聽聞過有峻拒參拜神社等事例。亦即其信仰雖具商業交易性格，但對於憲法所謂妨害安寧秩序、違背臣民義務等反國家性並不顯著。」㊺戰前的大日本帝國憲法第二十八條有所謂「日本臣民在不妨害安寧秩

㊸《臺灣本島人の宗教》，自序，三～四頁。

㊹增田福太郎，〈神社精神と寺廟精神〉，《臺灣時報》二三卷一號（一九四一年一月），五三～五六頁。

㊺增田福太郎，〈皇民運動下の臺灣宗教〉，《臺灣地方行政》五卷一號（一九三九年一月），六〇頁。

序、違背臣民義務下，具有信教之自由」，因此增田認為臺灣人民應有其對寺廟信仰的自由，對於當時性急式的寺廟全廢論者，增田質疑他們進行此一運動的理由根據何在㊻。對於臺灣傳統宗教信仰，增田一貫抱持著「理解」的態度去看待，雖然他強調國家神道、皇國精神，卻不排斥或蔑視臺灣傳統宗教信仰，這種態度亦反映在他對臺灣原住民的看法上。

一九七六年十月八日至十一日僅僅四天，增田福太郎再度踏入久違的臺灣，這已是他離開臺灣三十七年後的事，也是他戰後唯一一次到臺灣來。根據他所寫的旅行報告〈最近の「臺北」事情と宗教〉，這次他渡臺的目的一為觀看臺灣國慶日的實況，二是關心臺灣的現狀（特別是宗教景觀）到底與約四十年前的印象有何不同㊼。短短四天當中，他到過臺灣護國神社改建的圓山國民革命忠烈祠、龍山寺、烏來、故宮博物院、總統府（原總督府）、陽明山（原草山）以及原為臺灣神社的圓山大飯店，而「臺北」（タイホク）已經變成「臺北」（タイペイ），市街名也變成了南京、長安、杭州、武昌、民族、民權、民生、愛國、忠孝、建國、中正、中山等充滿光復大陸政治意識的名稱。血型A、字跡細小、個性溫厚略帶木訥、攝影時多躲在角落的增田福太郎，這次的臺灣行似乎相當「落寞」，並沒有訪問任何在臺時熟識的屬下或親友的紀錄。在這篇訪臺報告的結論

㊻同上註。另參考筆者，《日本帝國主義下臺灣の宗教政策》（東京：同成社，一九九四年），二七四～二七五頁。

㊼增田福太郎，〈最近の「臺北」事情と宗教〉，《亞細亞法學》第十一卷第二號，五三～六六頁。

中，他寫道㊽：

> 中國庶民的宗教特徵乃為「生活的宗教」，生活的宗教即是與其社會生活密切結合的宗教。（中略）如把在來宗教當作迷信而思圖一舉排除，那是不知道生活的宗教之本質。生活的宗教是他們精神平靜、安憩之所在，是精神生活的育成者，為矯角而殺牛，如此愚舉實不可行。區別迷信陋習與正信良習，助長後者則前者自然退潮漸滅，如此英智乃為政者、甚至庶民亦須必備的。

增田福太郎最後似乎仍惦記著臺灣的傳統宗教信仰。

＊＊本文承蒙增田福太郎之次子增田貞治先生、次女川口由香子女士接受訪問，並提供珍貴資料與照片，訪問中並予筆者熱誠招待，謹此深致謝忱。

㊽同上註，六五頁。

增田福太郎的寺廟與神社觀

蔡錦堂

增田福太郎是日治時期來臺調查和研究臺灣宗教的重要學者，近年來其學術著作被學界討論和檢討的次數逐漸增多。而本文即是筆者繼二〇〇一年十月於國史館舉辦的「二十世紀臺灣歷史與人物——第六屆中華民國史專題」學術研討會中，就增田福太郎發表〈臺灣宗教研究先驅增田福太郎與臺灣〉，對增田福太郎的生平、其與臺灣宗教、原住民的調查研究等，作綜論性探討之後的另一新透視。

此次本小文擬就增田對臺灣傳統的寺廟以及日本的神社二者，到底抱持如何的觀點去看待。特別是在所謂皇民化運動時期，「臺灣人家庭正廳改善運動」、「寺廟整理運動」於各地（雖非全臺每一地方）如火如荼展開之際，其個人的宗教傾向，均是呈顯尊崇天皇制與國家神道的一面；而一九三九年在其結束前後十年的臺灣研究生活回到日本後，亦是任職於與日本國家主義有關的機構，並擔任所員與鍊成官。因此，他在此戰爭的非常時期，如何著文對他曾在臺灣研究十年的寺廟、宗教提出見解？本小文即想就此一角度切入，試探瞭解增田內心中對寺廟、神社此二臺、日宗教的深層看法。

壹、前言

增田福太郎於一九二九年東京帝國大學大學院學業修了後，以二十六歲之齡的法學者身分，應臺灣總督府文教局之邀，赴臺灣擔任宗教調查官，進行臺灣宗教的調查，開始了他與臺灣宗教、原住民族、以及法理學方面的調查、研究因緣，也展開了他日後的學究生涯。臺灣，可以說是增田從東京帝大法學部學業完成後，提供給他實地研究調查、印證課堂上所學學理的第一個、也是最重要的一個實證場域；而他也對臺灣此一實證場域，經過細心觀察比較，以文字著作留下許多相關的心血結晶。或許以今天的學術研究水平衡量，增田當年的著作研究，已不能算是極具深度、百年不易的學理❶，但是以當時代的研究進展而言，增田福太郎對臺灣的研究，特別是傳統宗教的研究，稱其為「臺灣宗教研究先驅」當不為過；而他對臺灣原住民方面的研究，尤其是有關從原住民的「自然法」（即增田所謂的「未開社會之法」）角度來理解原住民的家族與社會制度等❷，

❶增田有關臺灣宗教的研究，頗重視臺灣寺廟「主神」方面的部分，如其歷史與傳說；但在宗教儀禮或祭祀行事，以及信者關係方面的論述，相對上則較為簡要。此在當時即有如此之評論出現。參見日本社會學會編，《社会学(7)》（東京：岩波書店），頁四一四，評論者為日本社會學會代表牧野巽。

❷增田日後於一九六一年向京都大學所提出的博士論文（法學）《未開社会における法の成立》，即是以臺灣

也值得我們予以注意。

筆者曾於二〇〇一年十月國史館舉辦的「二十世紀臺灣歷史與人物——第六屆中華民國史專題」學術研討會中，就增田福太郎發表〈臺灣宗教研究先驅增田福太郎與臺灣〉，對增田福太郎的生平、其與臺灣宗教、原住民的調查研究，作綜論性的分析探討。此次本小文擬就增田對臺灣傳統的寺廟以及日本的神社二者，到底抱持如何的觀點去看待，特別是在所謂皇民化運動時期，「臺灣人家庭正廳改善運動」、「寺廟整理運動」於各地（雖非全臺每一地方）如火如荼展開之際。筆者會作如此的比較觀察，主要是因為增田的家庭教育、學校教育（特別是東京帝大時期的授業師門）以及其個人的宗教傾向，均是呈顯尊崇天皇制與國家神道的一面，一九三九年結束前後十年的臺灣研究生活回到日本後，亦是任職於「國民精神文化研究所」與「教學鍊成所」此二被認為與日本國家主義有關的機構（雖屬文部省直轄而非軍部轄下），擔任所員與鍊成官❸，理應會站在國家神道一邊，強調神社中心，以排斥寺廟或贊成整理臺灣傳統寺廟，但是實況又如何？他在此

原住民社會的自然法分析等為內容。

❸「國民精神文化研究所」為戰前日本文部省直轄的研究所之一，於一九三二年八月設立，本作為建立能對抗馬克斯主義與學生左傾問題的國體、國民精神理論體系而設立的研究機構，分有歷史、國文、藝術、哲學、教育、法政、經濟、自然科學、思想等九科，置有所員、研究囑託、助手等。該研究所於一九四三年十一月廢止，與國民鍊成所合併成為「教學鍊成所」，一九四五年十月因日本戰敗而終結，戰後改成國立教育研究所。

戰爭的非常時期，站在國民精神文化研究所所員與教學鍊成所鍊成官之立場，如何著文對他曾在臺灣研究十年的寺廟、宗教提出見解？本小文即想就此一角度切入，試探瞭解增田內心中對寺廟、神社此二臺、日宗教的深層看法。

貳、增田的神社觀

首先由增田的生平、學經歷以及著作文脈表現，來就增田對日本傳統的神道教（神社）以及日本天皇、國家之觀點作一省察。

晚年的增田，曾對其故鄉新潟縣的青少年，以其人生經驗提出座右銘「真實一路」四個字。他說人世當中存有很多的謊言與虛偽，但是教師必須對純真的學生傳達真理，父母親必須對兒女述說真實。他在一生中亦碰到了一些災厄、難關（如關東大地震），開始亦會懷疑什麼是真實，但漸漸的他也能感受到如何突破災厄，那就是從原本懷疑真實的心境，轉變為相信「神」的信心，而後產生為「神」所相信的喜悅或信念，最後達到「神」相信你的現實。此處所謂的「神」並非一般漠然的神佛，而是「天照大神」及與其合為一體的「現人神」天皇。他認為這是其嚴父——僅小學畢業的新潟縣（蠟燭）商人增田新治郎——時常給予他的教誨「尊敬天皇陛下」此一真實之語所帶來的影響[4]。

從上述增田給予青少年的座右銘，我們大概也可以認為，「真實一路」——相信天照大神、尊敬天皇——就是增田一生最重要的座右銘，而此座右銘來自於其父親從小時常耳提面命的教誨。此教誨與座右銘，可以讓我們瞭解增田對天皇與神道教（神社）的觀感，是含有絕對崇敬的成分存在。

增田於一九二七年自東京帝國大學法學部法律學科畢業後，隨即進入東京帝大大學院（研究所）主修「法理學」。在此學習階段中，增田受教於日本法理學界的二大名教授穗積陳重與筧克彥，另外亦履修了於東大文學部講授「神道講座」的宗教學者加藤玄智的課程。穗積陳重的實證式「法的進化論」，對於後來增田從事臺灣原住民自然法的研究有莫大的啟示作用，在增田的著作中，常可見到其引用穗積的觀點❺。但從比較宗教學以實證談「惟神之道」「神人同格」的加藤玄智與行

---

❹參閱鶴岡正夫編，《現代新潟の百人——青少年の座右銘》（東京：育英出版社，一九七六年），頁一八五。

❺穗積陳重（一八五六～一九二六），日本明治、大正時期法學者，屬英國法學之流派，強調法的進化論，著有《法律進化論》、《法窓夜話》等著作，增田的有關「臺灣法律進化」論文，以及於《臺法月報》連載的「南方法律夜話」，不無穗積陳重的影子存在。穗積陳重的弟弟即著名的留德法學者、東大憲法講座教授穗積八束。八束學到德國法學者採行的君權絕對主義，於一八九一年以來所謂的「民法典論爭」中，發表「民法出，忠孝亡」的名論，批判自由主義的舊民法，主張施行家父長權強大的新「明治民法」；生涯中以國家論、國民道德論的立場，一貫主張天皇絕對主義，排斥美濃部達吉的「天皇機關說」。參照《コンサイス人名辭典（日本編）》（東京：三省堂，一九七七年）。

徑特異的東大名教授筧克彥，二人強烈的天皇中心、尊崇神道論點，更相當程度影響了增田。

加藤玄智（一八七三～一九六五）是著名的日本宗教學者，專注於神道研究，與天皇崇拜、神國思想的理論建立；除擔任東大文學部的「神道講座」外，於一九一二年（大正元年）並參與創立紀念「明治聖帝不朽聖德」的「明治聖德記念學會」，擔任其研究所的所長。「明治聖德記念學會」成立的宗旨在於以人文、史學方面的學問新研究，闡明日本思想的特色與建國精神，並彰顯日本國體的精華與文明文物真相於海內外。增田於一九二九年至臺灣後所發表的文章，除在《南瀛佛教》、《臺灣教育》、《臺灣社會之友》、《臺灣時報》、《臺灣警察時報》等等臺灣出版的雜誌刊載外，也有一些即是在明治聖德記念學會的雜誌《明治聖德記念學會紀要》登載，而其第一本有關臺灣宗教的專書《臺灣本島人の宗教》，亦於一九三五年由明治聖德記念學會出版發行❻。另外，於一九二九年協助增田進行宗教調查的助手之一的李添春，在一九三三年承增田之命進行臺灣「生祠」的調查，而在《南瀛佛教》發表有關清朝時期平定林爽文亂事的福康安、以及施琅等生祠之文章，亦是受到當時加藤玄智剛在日本出版《本邦生祠の研究》的提示與影響❼。

---

❻參閱增田福太郎，《臺灣本島人の宗教》（東京：財團法人明治聖德記念學會，一九三五年），頁九八～九九。

❼李添春，〈臺灣に於ける二三生祠の實例〉，收於《南瀛佛教》第四卷第五號、第六號，一九三三年五月、六月。所謂「生祠」即人尚存活當中即被當作神祭拜所建之祠。李添春調查出除福康安、施琅外，尚有衛公祠（臺灣知府衛臺揆）、靳公祠（臺灣知府靳治揚）、蔣公祠（臺灣知府蔣毓英）、吳公祠（臺廈道員吳昌

主張天皇中心的國家主義者筧克彥（一八七二～一九六一）是在法理學與宗教理論上影響增田頗多的另一位東大教授。筧克彥承繼了穗積陳重之弟、憲法學者穗積八束的君權絕對主義源流，除了研究古神道與日本古典文學，亦主張天皇即國家、憲法乃天皇代代遺訓的明徵。其在東大的研究室，據說鋪設「榻榻米」，並安置「神棚」，供奉「神宮大麻」，開講時則拍「柏手」（神道式祭拜神時，以兩掌合拍，作出聲響）❽。增田在其第一本有關臺灣宗教的書籍《臺灣本島人の宗教》的自序中，即特別提到受到加藤玄智與筧克彥二者授業的影響，而使臺灣宗教調查能順遂進行。在加藤玄智方面，增田是採行其比較宗教學的神人同格教之實證調查研究。關於筧克彥方面，增田強調筧克彥從宗教與法政本質上的關連著手，並站在汎神論的立場去論述國家本質的論說，增田到臺灣居住之後，即具體感受到這樣的論證。增田日後論著中深含尊崇天皇、神道思想，以及一九三九年回日本擔任國民精神文化研究所所員、教學錬成所錬成官，應不無加藤玄智與筧克彥影子存在。

對增田有關神道、神社觀點有所影響者，另有一人不能不提，那就是增田的岳父松崎貞吉（一八八四～一九六七）。增田於一九二九年五月二十二日起開始其臺灣宗教調查的第一次「寺廟巡祚）、胡公祠（治理澎湖之胡建偉）。增田福太郎時為臺北帝國大學理農學部助教授，李添春為其農學教室的助手。另外，加藤玄智，《本邦生祠の研究》（東京：財團法人明治聖德記念學會，一九三一年）。

❽參閱《コンサイス人名辞典（日本編）》（東京：三省堂，一九七七年）。

禮」，走了二十餘日。一行三人中，陪伴增田的除了擔任其翻譯、臺灣傳統宗教入門導覽的得力助手、駒澤大學畢業的「文學士」李添春——增田「南島寺廟探訪記」內所載的瘦子R氏——之外，另外一位肥滿的「M氏」就是增田後來的岳父松崎貞吉❾。松崎自鹿兒島師範學校畢業後，赴臺灣於總督府宗務課就職，後任臺灣神社的「禰宜」❿。松崎陪伴增田進行寺廟巡禮時已四十六歲，二年後松崎在臺灣出生的女兒松崎ツヤ即與增田於臺灣神社，在著名的第一代臺灣神社宮司山口透的主持下，舉行神前結婚儀式。一九三五年版的《臺灣神社誌》，發行人即是松崎貞吉。

以上所述為從增田的生平、學經歷過程（親人、師承等）來看他的神社觀之承繼由來。他為何於一九三九年以後進入國民精神文化研究所、教學鍊成所，原因並不清楚，不過應與此師承等有所關係。增田自一九三八年底起即開始有一連串與日本天皇制、國家主義有關的文章（及書籍）出現，其中部分與法、憲法有關，部分涉及東亞或大東亞共榮圈的宗教（神社、寺廟、或所謂南方宗教）⓫，諸如：

❾增田福太郎，《東亜法秩序序說——民族信仰を中心として》（東京：ダイヤモンド社，一九四二年），附錄「南島寺廟探訪記」，頁一九一、二一四。松崎貞吉自第一天臺北起，至第十一天新竹獅頭山陪同調查，之後因總督府之歸府命令而北返，同書，頁二八一。

❿禰宜為神社之神職名稱的一種，一般僅次於神主之重要職位，明治維新後僅於神宮、官國幣社才置有禰宜，在神主（或宮司）指揮監督下，執行祭禮儀式，以及處理神社經營的全般事務。戰後所有神社均可設禰宜。

⓫東亞、大東亞、南方等名詞的定義非常紛歧。基本上一九三八年十一月日本第一次近衛文麿內閣時聲明日

・〈天岩戸の精神と帝国憲法〉
・〈所謂天皇機関説の内在的批判〉
・〈皇学としての憲法学〉
・〈東亜法秩序の建設原理〉
・〈国体法の一考察〉
・〈大陸法秩序の建設〉
・〈冊子・東亜宗教の課題〉
・〈神社精神と寺廟精神〉
・〈臺・満民族信仰の一考察〉
・〈南方法秩序の建設のために〉
・〈冊子・大東亜法秩序と民俗〉
・〈南方民族の祭祀〉

滿華「東亞新秩序」，大致可將所謂的「東亞」定義為日、滿、華。而一九四〇年七月第二次近衛內閣決定基本國策要綱，提出「大東亞共榮圈」，此「大東亞」即包含上述日滿華之「東亞」與「東南亞」；後來又加上「大洋洲」，形成大範圍的「大東亞共榮圈」。而「南方」一詞有指即「東南亞」，或「南支」（中國華南一帶）加上「南洋」（東南亞加南洋群島），但也有其他不同論說。

・〈南方秩序と皇政の本義〉
・〈冊子・南方法秩序序說〉
・《東亜法秩序序說——民族信仰を中心として》
・〈南方建設と教育〉
・〈皇道と南方宗教〉
・〈皇民運動下の臺灣宗教〉
・〈東亜建設と情義〉
・〈東亜法秩序考〉
・〈東亜建設と民族宗教の基調〉
・「大東亜共栄圈の文化」（演講）
・《大東亜法秩序の建設》
・《皇道の理念と法制》⑫

在這些文章中，有關天皇、神道或神社的部分，欲一一加以分析探討，瞭解增田的觀點，委實不易。不過大致可以歸納出增田對《古事記》、《日本書紀》裡有關日本的開國神話、天照大御

⑫增田福太郎，《事物相関の諸論》（東京：佐野書店，一九七三年），頁一七五～一八〇，「附記　法學五十年」。

神的出生、大國主命的讓國、天孫降臨、神武東征等等神話，是抱持國家主義式的宗教信仰「確信」的態度；他常提到服膺「國體精神」——亦即天照大神以降，自神武天皇以來日本皇統萬世一系的情形。文章中也常出現「天つ日嗣」（アマツヒツギ）、「寶祚之隆」（アマツヒツギノサカエマス）、「天業恢弘」（アマツヒツギヲヒロメノベ）等《古事記》、《日本書紀》中，天照大神與神武天皇等神詔⑬。「天つ日嗣」意為天皇的皇統，即萬世一系的天皇、或天皇的大業，而「寶祚之隆」、「天業恢弘」即指與天照大神共為一體的萬世一系天皇之統治天壤無窮。增田的東亞法秩序、或大東亞新秩序、南方秩序的建設，大多建基於此「國體精神」上，其神社觀、或所謂的「神社奉齋精神」均是立基於此。當然，從這裡我們也可看出，上述增田這些文章中所謂的「法秩序」或「新秩序」，並非指人世間近代社會的「法」或社會秩序，而是宗教信仰上、精神層次上的「法」與「秩序」。

那麼在增田如此的神社觀之下，他又如何看待臺灣傳統的寺廟或宗教，特別是在所謂皇民化或戰爭白熱化時期？下面一節，即從此角度切入，來看增田此一時期的寺廟觀，特別以其〈皇民運動下の臺灣宗教〉、〈神社精神と寺廟精神〉等論文，作為觀察分析的主要內容。

---

⑬增田福太郎的〈南方秩序と皇政の本義〉、〈東亜法秩序の建設原理〉、〈南方建設と教育〉等等文章均可看到這些名詞與類似論點的出現。

參、增田的寺廟觀

一九二九年增田福太郎以宗教調查官的身分來臺灣進行宗教調查。當年五月初版的《南瀛佛教》第七卷第三號即以「第二回宗教調查　既於四月起逐々著手」為標題，對增田與李添春之調查工作多所期待⓮。該雜誌刊出此次宗教調查的順序如下：

第二回宗教調查綱目

一、第二回宗教調查預定從在來本島固有之寺廟而下手。

一、次則調查內地傳來之宗教（如神道、佛教、基督教及其他）。

⓮《南瀛佛教》第七卷第三號（一九二九年五月）頁五七。該雜誌登載：「臺灣之宗教調查。始自大正四年十月。專依臺灣之舊慣宗教而行。至七年。始提出臺帳竝調查書。其容量累積之。實達有十三間之高。此前後四個年間當局之所費精神多且大矣。然尚未達所期之目的以之遺憾。謂欲期完備。非再行第二回調查不可。於是年來於督府雖有提出預算。皆謂負負。故於本昭和四年度必期其勝。致最善努力結果。始得通過。調查期間。按五個年繼續之事業既於本年四月逐々下手。調查主任囑託增田福太郎氏。亦於去四月二十六日來臺就任。外本島人囑託李添春（普現）氏。亦於四月就任。二氏皆官私立大學出身。對此調查。吾人對二氏之期待。多且大焉。」（標點悉照原文）

一、又其次則調查外國傳來之宗教（即如基督教等）。

一、而臺灣在來寺廟欲分佛教方面、道教方面、儒教方面及一般民間信仰方面以科學的方法調查之。

一、欲調查之內容則可分為三大綱領㈠歷史方面㈡教理方面㈢教團組織及其經濟關係。

一、第二回宗教調查之特色將查出宗教現實所有之狀況而有缺陷弊害之處將思方法以矯正之。⓯

增田此次的宗教調查，被稱為「第二回宗教調查」（第一回宗教調查即一九一五年丸井圭治郎時的調查），按上述《南瀛佛教》所刊出的調查綱目，調查對象含蓋臺灣傳統寺廟、日本內地宗教、外國之基督教等，且以臺灣寺廟為優先，並且預計五年計畫。但是一年後增田即解除宗教調查囑託的職務，轉任臺北帝國大學理農學部的講師。增田調查完臺灣寺廟之工作後，似乎並無繼續進行內地宗教、外國基督教等的調查工作，而總督府的五年宗教調查工作，亦並無史料留存證明有繼續推動的跡象。當然，前述調查綱目最後一項「將查出宗教現實所有之狀況而有缺陷弊害之處將思方法以矯正之」的「第二回宗教調查特色」，如果從後來增田所發表的相關文章或書籍來看，這項「務實的算計」似乎也不見呈顯出來。不過，從增田在臺十年中（一九二九～一九三九）以

⓯同上註，頁五八。

及之後對臺灣傳統宗教、寺廟所作的論述，包括《臺灣本島人の宗教》、《臺灣の宗教——農村を中心とする宗教研究》、《東亜法秩序序説——民族信仰を中心として》臺灣宗教研究的三部曲來看，增田的宗教調查研究成果，確實將臺灣的宗教研究從「表面陳述」提昇到內部「學理論述」的層次。

但是增田於一九三九年離開臺灣後，在戰爭期任職國民精神文化研究所所員與教學鍊成所鍊成官，又如何撰文評論皇民化運動下的臺灣傳統寺廟、宗教呢？

最清楚能夠呈顯於皇民化運動下、或寺廟整理運動下，增田對臺灣寺廟等的看法，即是其於一九三九年一、二月在《臺灣地方行政》第五巻一、二號所發表的〈皇民運動下の臺灣宗教〉一文。在此文中，他之所以不用當時喧囂的「皇民化運動」一詞，而用「皇民運動」，主要是增田認為用「化」字不適當，因「化」字有甲將與自己性質全然相異的乙，變質成為與甲相同的語感存在，以臺灣寺廟而言，即帶有欲將其「全部撲滅」的意氣用事的味道存在⑯。因此增田認為應該使用「皇民」運動而非「皇民化」運動。而何謂「皇民」呢？增田認為「皇民」之語比人民、公民、國民乃至日本人等語更為優質，沒有任何語詞可與之相比。而所謂「皇民」之本質即「臣民」，亦即「天皇永遠的輔翼者」，皇民運動即臺灣全島人民每一個人均能振起自覺自己是天皇永遠的輔翼者，此「天皇永遠的輔翼者」即是皇民的本質，亦是皇國的第一事實。此「天皇永遠的輔翼者」

⑯增田福太郎，〈皇民運動下の臺灣宗教〉，《臺灣地方行政》第五巻一、二號，一九三九年一、二月。

之道——即所謂「皇道」——就是宗教信仰的對象，也被稱為「神ながらの道」（惟神之道）。他認為就宗教信仰層面而言，信仰「惟神之道」成為「天皇永遠的輔翼者」，乃皇國的第一事實，身為皇民均必須有如此直接而深刻的認識。因此所謂神社神道是宗教抑或道德云云，均是學說上的詮釋，是第二層次以下的問題，如僅不斷作這些議論，相對上只會造成與其他宗教摩擦的效果⑰。

增田於此文章中，接著闡釋一八八九年（明治二十二年）二月十一日發布的「大日本帝国憲法」第二十八條，「日本臣民ハ安寧秩序ヲ妨ケス及臣民タルノ義務ニ背カサル限ニ於テ信教ノ自由ヲ有ス」（日本臣民在不妨礙安寧秩序與違背臣民義務之下有信教之自由）。他說，帝國憲法乃明治天皇所欽定，是日本皇國的根本法，此第二十八條「信教自由」的條款即呈顯出日本皇道對信仰外教的寬容性乃至歡迎性的宣言，不認為信仰外教是不對的，但是「信教的自由」在明文上也不是絕對的，它也載有信教自由的前提：「不妨礙安寧秩序與不違背臣民義務」。而所謂「妨礙安寧秩序與違背臣民義務」最顯著的事例，對增田來說就是：「忘記了國體要義本末之分、污蔑了神、輕視天皇、違反輔翼天皇的本義」⑱。只要能謹守住臣民的本分，則諸外教如信佛教之釋迦牟尼、信基督教之耶穌基督，則與日本宗派以建國諸神為祭神並無二致，亦即問題不在於信仰對象的神佛是否外來者，而在於信仰者所持心態為何。

⑰同上註。

⑱同上註。

增田福太郎緊接著就當時（一九三九年）臺灣寺廟整理運動[19]的所謂內臺融合說、寺廟整理說、寺廟漸廢說等等論策加以評論。他認為臺灣本島人的在來信仰反映著中國的商業主義，極富靈驗中心的色彩，但是與朝鮮民間信仰不同的是，並不摻雜國家革命等思想，也幾乎不曾聞及有峻拒神社參拜之例，即其信仰具有商業交易的中立性，很清楚的並無憲法所謂妨礙安寧秩序、違背臣民義務之反國家性質存在。因此他不知道臺灣所謂性急式的寺廟全廢論主張到底有何根據[20]。

增田也對當時掌管全島社寺宗教業務的總督府文教局社會課社寺係主任加村政治所提出的「支那之神回歸支那」的主張提出質疑。所謂「支那之神回歸支那」的主張是說清帝國已將臺灣讓渡予日本，因此國土主宰之神靈之間也應有一大更迭，即中國的國土神既已完成其任務，在臺灣讓予日本後，臺灣的寺廟與神像已失去其作為正當祭神的地位，故不能不將其整理、撤除。但是增田認為人類的神並非物品，是同一的而無二樣，他以禊教開山祖井上正鉄所言「日本之神與天竺的佛是同樣之事」為例，並衍申出「內臺一如の精神」（內臺如一精神）。他說，臺灣神社祭

[19] 寺廟整理運動大致於一九三七～一九四一年間於臺灣各地進行，全盛期為一九三八～一九四〇年間，因為並非由總督府出面推動，而是各地方之郡守、市尹等地方官主導，故呈顯出全島相當不一致的整理結果。有關寺廟整理，參閱蔡錦堂，《日本帝国主義下臺灣の宗教政策》（東京：同成社，一九九四年），第七章「寺廟整理問題」，頁二三〇～三〇九。另外原始資料，宮本延人，《日本統治時代臺灣における寺廟整理問題》（奈良：天理教道友社，一九八八年）。

[20] 同[16]。

神之一的「大国魂命」可謂與臺灣本島人大眾所敬畏的「城隍神」同為幽冥界之神、土地鎮守之神，城隍神可說是日本大国魂命的延長，為守護臺灣的國土而來，此二神於信仰上可謂一體不二。他接著指出臺灣的媽祖信仰其實與觀音信仰是表裡一體的，正如同日本鎌倉時期的日蓮宗開山祖日蓮所主張的「神佛如一」的想法一般。增田另外又提到，在臺灣街庄林野到處可以看到的臺灣人親愛之神「土地公」（福德正神），其實與日本的農業、商業守護神「稻荷神」也是合而一致的。除了土地公、媽祖、觀音、城隍爺，臺灣寺廟所祭祀的關帝、保生大帝、神農大帝、開漳聖王、鄭成功、元帥爺、義民爺、孔子、將軍爺、節婦孝子、吳鳳、寧靖王等，與日本內地神社所奉祀的功臣、英雄、賢哲等，其精神並無二致。又如同三山國王、文昌帝君、玉皇大帝、大樹公、七星娘娘、太陽公、太陰娘娘、風神爺、山神爺等因自然崇拜而起的信仰，與日本內地的日月風雨山水草木等的自然神信仰，可說屬於同樣的宗教思想潮流。

增田上述內臺宗教信仰精神同流的認知，其實源自於日本歷史上自九世紀、十世紀以來的「神佛習合」、「本地垂迹」的說法。九世紀的「神佛習合」思想即主張神（日本神道的神）喜佛法、佛（佛教的佛）擁護神，而十世紀以來的「本地垂迹」是說佛為神的本地（本尊）、神為佛的垂迹（化身），外來宗教佛教的佛，為了救濟日本的眾生，因此以另外的姿態、亦即日本的「神」的形貌在日本出現，例如：大日如來佛即化身為天照大御神、大黑天化身為大国主命等，此為日本民族在歷史上以其獨特的方法，將他民族的宗教消化，形成自己文化的著例。增田所沿引的城隍爺

＝大国魂命、媽祖信仰＝觀音信仰、土地公＝稻荷神，或臺灣、日本的功臣、英雄崇拜、自然神信仰，可謂皆立論於類似「神佛習合」、「本地垂迹」的想法，或以其話語而言，即是「內臺一如の精神」。因此他在文章的最後主張，臺灣本島宗教政策的理想，乃建立在「皇道」——惟神之道、或作為天皇永遠的輔翼者的宗教信仰之道——之大理想、大信仰上，島民只要能體會自覺此本末，皆可安心立命信仰其儒道佛或基督之教，而達融合之境地。他呼籲：內地人不能沒有自信，而本島人也須有自覺㉑。

接著〈皇民運動下の臺灣宗教〉後，增田有關臺灣寺廟的論述，發表於一九四一年一月臺灣總督府情報部編輯的《臺灣時報》第二十三卷一號（總號二五三號）之「皇民化の指導精神」特輯中，題目為〈神社精神と寺廟精神〉。在此特輯中，針對皇民化運動期的文化、經濟、言語、人種、家屋、宗教、服裝、改姓名、娛樂等諸問題，由臺北帝國大學的教授、學者、總督府官吏等提出研究、提案、意見等㉒。增田的〈神社精神と寺廟精神〉的文章，基本上承繼二年前他所發

㉑同上註。

㉒《臺灣時報》第二十三卷一號，一九四一年一月。有關當時已跨越最盛期而因諸多阻礙與質疑而漸呈衰退傾向的「寺廟整理運動」，除增田發表的文章外，另有時任臺北帝國大學文政學部助教授的中村哲發表意見，認為廢除臺灣寺廟，勢必要考量給予臺灣人所追求的宗教心理喪失時的代償，他並舉德川幕府時期隱藏的切支丹（基督徒）之例，警告強制性的寺廟整理，建議在日本支配下宜採文化包容的意見。

表的〈皇民運動下の臺灣宗教〉之觀點，再度提出臺灣寺廟主神神格大致為自然神與人間神，功臣、英雄、賢哲的崇祀，以及自然崇拜的信仰，與日本內地的神社奉祀精神是同樣的，認為「喚起內臺思想同調的理解」，清掃本島人與內地人部分人士間排他式的性癖、一掃其言行，乃確立臺灣宗教新體制上須首先著手的㉓。

當然，增田在強調寺廟與神社精神思想同調的同時，也不免以其天皇中心的國家主義立場，認為日本神社的神，是以天照大御神及與其合為一體的皇祖皇宗的神所形成的全民族的「祖神信仰」，此祖神信仰為「家」的神、「皇」的神、「國」的神與「宇宙」的神合而為一的具體的神，但是臺灣或者中國系民族則缺乏全民族的祖神，而只有各家族私的「祖靈崇拜」。雖然與日本全民族的「祖神信仰」可比擬的是中國所謂的「天」，即蒼天、昊天、旻天、上天、皇天、上帝等，但這些均屬抽象之神觀，且對天帝諸神，與其說是「敬神」倒不如說是「敬遠」、「恐怖畏懼」。因此從臺灣抽象的「敬天」神觀，昇華為日本「祖神崇拜」之具體神觀，或者說為了顯現臺灣人在來神觀之原本信仰價值，應由精神同調但更加具體的神觀（指日本神道之神觀）所包容超越。就增田來說，以日本的神社奉齋精神明徵普及，來包容臺灣的寺廟信仰，這就是臺灣宗教新體制的根本原理，也是臺灣宗教政策的使命，這是使臺灣寺廟信仰甦生的方式。不過增田也附帶說明，他贊成與寺廟性質相異的各家祖廟、正廳中，尚存留刻有「皇清」之名的祖靈祭祀牌位的漸廢，但上

㉓同前註，頁五三～五四。

述所謂神社奉齋精神的徹底明徵普及，也不是意味著在來寺廟的全廢，甚或地方神社、社祠的急增，最主要的還是在於臺灣人民須有臣民的自覺，以此發揚國體精神㉔。

肆、結論

綜合上述，增田福太郎在其父親「尊敬天皇陛下」之教誨，以及筧克彥、加藤玄智等尊崇神道、以天皇為中心的國家主義者的東京帝國大學教授的師承，以及當時大環境的影響之下，無庸置疑的他也是位尊崇天皇制、擁護國家神道的愛國（日本國）主義者。他在戰爭時期，以國民精神文化研究所所員與教學鍊成所鍊成官身分，站在植根於愛國心的保守主義立場，對於當時臺灣甚或「大東亞」地區的宗教政策等，提出全然符合國家主義、國家神道立場的論述，是絕對可以理解的。不過我們必須注意到，增田並沒有在強調天皇中心或國家神道的同時，主張去壓迫或統制外教或其他非神道信仰者，相對的如同他在《臺灣本島人の宗教》一書的自序中，闡明他寫這本書的理由之一為：「本島人青年諸士認為其固有文化只是迷信陋習、時代殘留的文化，因而不屑一顧。只有知己才能知彼。宗教為文明的母胎、文化的根柢。」㉕因此他鼓勵臺灣青年諸士能

㉔同前註，頁五四～五六。

㉕增田福太郎，《臺灣本島人の宗教》（東京：財團法人明治聖德記念學會，一九三五年），自序，頁二～四。

探索自己文化的根柢，才能發現與日本文化及東方的汎神論連鎖之處。

在〈皇民運動下の臺灣宗教〉與〈神社精神と寺廟精神〉的文章中，我們雖然見到增田宣揚以天照大神、天皇等為中心的「惟神之道」，主張徹底普及神社精神，但也汲取日本歷史上之「神佛習合」、「本地垂迹」概念，強調神社精神與寺廟精神同調，不認為臺灣寺廟為推廣神社精神的障礙，相對的質疑、批判寺廟整理運動。

血型A、字跡細小、個性溫和略帶木訥、攝影時多躲在角落的增田福太郎，不是一位極端或霸道的國家主義者，他對臺灣傳統的寺廟、宗教信仰，如同他在臺十年的調查研究，一貫抱持著試圖去「理解」的態度，雖然他強調天皇中心、國家神道、皇國精神，卻不排斥或蔑視臺灣傳統宗教信仰，這種態度亦反映在他對原住民的看法上。

一九七六年增田福太郎對他的故鄉日本新潟縣的青少年，所提示的座右銘「真實一路」，這是他在一九四〇年即有的體會㉖，三十六年後的增田，仍然堅持他相信「神」——天照大神及與其為一體的「現人神」天皇。他一生中遭遇過關東大震災與戰後的「公職追放」兩次大災厄，但始終抱持相信他的「神」的信仰，同時，也尊重他人信仰異教之「神」，不管祂是天公、上帝、釋迦牟尼、耶穌、或是阿拉。

㉖增田於一九四〇年即在《明朗魂》第四卷九號（一九四〇年九月），發表了〈真實一路〉一文，其內容要旨與一九七六年對新潟縣青少年所發表之座右銘大致相同，但文章較長且更詳細。

臺灣的宗教

增田福太郎　原著
黃有興　中譯

目錄

二一、城隍爺
二二、廣澤尊王
二三、玉皇上帝
二四、阿彌陀佛
二五、法主公
二六、孔子
二七、三寶佛
二八、孚佑帝君
二九、地藏王
三〇、大樹公
三一、五顯大帝
三二、水仙王
三三、保儀大夫
三四、輔順將軍
三五、將軍爺
三六、三奶夫人
三七、九天玄女
三八、石頭公
三九、大使公
四〇、楊府大師
四一、境主公
四二、水流公
四三、李仙祖
四四、西秦王爺
四五、節婦孝子
四六、廣惠尊王
四七、伽藍尊王
四八、東嶽大帝
四九、齊天大聖
五〇、七星娘娘
五一、張天師
五二、吳鳳
五三、靈安尊王
五四、五公菩薩
五五、盤古公
五六、子龍爺
五七、孫大尉
五八、良岡尊王
五九、王天君
六〇、定光佛
六一、太保公
六二、藥師佛
六三、大王公
六四、住世祖師
六五、太陽公
六六、伏羲仙帝
六七、慈濟真君
六八、五雷元帥
六九、輔信將軍
七〇、雷大將
七一、三王公
七二、太陰娘娘
七三、青龍爺
七四、註生娘娘
七五、陳夫人媽
七六、朱熹
七七、巧聖先師
七八、玉皇公主
七九、大皇公
八〇、南斗天神
八一、三忠公
八二、施將軍
八三、七爺公
八四、程伊川
八五、包公
八六、曹謹
八七、文武帝
八八、彌勒佛
八九、寧靖王
九〇、周倉將軍
九一、劉公
九二、顯濟靈王
九三、三侯公
九四、真人公
九五、通天王

自序

本著乃我從昭和四年（西元一九二九年）渡臺以來，以宗教學之處女地——臺灣的宗教為對象，所作的調查研究報告書。

對斯學的研究者，尤其是中國宗教的研究者，以及擔任教育要衝的諸士倘有若干參考，則不勝欣喜之至。

承蒙臺灣總督府首任文教局長石黑英彥局長、臺北帝國大學校長幣原坦博士給與臺灣研究的機緣，又承臺北帝國大學理農學部奧田彧教授經常給予調查上之方便，又現任文教局長島田昌勢局長對本書之刊行，以及文學士李添春君不吝援手擔任翻譯、筆寫、文獻檢索等。對諸彥之照顧，特申深厚之謝忱。

日本紀元二千五百九十九年

昭和十四年二月

增田福太郎識

序章 臺灣宗教現狀

一、宗教派別

現在臺灣的宗教可分為二：其一是臺灣成為日本新領土之後由日本傳來的宗教（即內地人傳來的宗教），另一是臺灣成為新領土以前原有的宗教。

日本人傳來的宗教，首舉惟神道（即國家的神道），其次的教派神道有所謂十三派中的天理教、金光教、神習教、御嶽教、大社教、扶桑教、實行教、神理教、神道本局等。而佛教有：臨濟宗、曹洞宗、淨土宗、真宗本願寺派、真宗大谷派、日蓮宗、本門法華宗、顯本法華宗、真言宗、天臺宗等。又由日本來的基督教有：日本基督教會、日本組合教會、日本聖公會、日本哈里斯特正教會、日本聖教會、救世軍等。

上述係日本人傳來的宗教，在此以前的宗教（即成為新領土以前的宗教）可分為二，其一為臺灣人原有的宗教——道教和儒教。此與次述之原有佛教合稱為**臺灣人的原有宗教**。其二乃原有的佛教，即中國佛教的曹洞宗、臨濟宗二宗，此即屬於禪宗的系統。所謂佛教一般係指出家佛教而言，此外，在臺灣另有在家佛教（又名齋教），分為先天派、龍華派、金幢派。其次原有的基督教有舊教的天主公教會 (Roman Catholic Church) 和新教的長老教會 (Presbyterian church) 二派，前者來自西班牙多明各派，後者來自蘇格蘭教會及加拿大教會。

此外，成為新領土以前的宗教尚有高砂族（蕃族）（指原住民，以下譯為原住民）的宗教，而各族間頗有差異。

臺灣的宗教
- 日本人傳來的宗教
  - 惟神道（國家的神道）
  - 教派神道＝天理教、金光教、神習教、御嶽教、大社教、扶桑教、實行教、神理教、神道本局等
  - 佛　教＝臨濟宗、曹洞宗、淨土宗、真宗本願寺派、真宗大谷派、日蓮宗、本門法華宗、顯本法華宗、真言宗、天臺宗等
  - 基督教＝日本基督教會、日本組合教會、日本聖公會、日本哈里斯特正教會、日本聖教會、救世軍等
- 領臺前的宗教（臺灣人的原有宗教）
  - 道教、儒教（臺灣人的原有宗教）
  - 原有的佛教
    - 曹洞宗、臨濟宗
    - 齋教（先天派、龍華派、金幢派等）
  - 原有的基督教
    - 天主公教會（舊教）＝西班牙多明各派
    - 長老教會（新教）
      - 蘇格蘭教會
      - 加拿大教會
  - 原住民的宗教

二、臺灣人的宗教

如上述，臺灣存有相當多的宗教派別，但本書的主要研究對象是「臺灣人的原有宗教」。臺灣的總人口在昭和十二年（西元一九三七年）底有五百六十萬九千零四十二人，其中屬於漢民的臺灣人約占九成，有五百零四萬七千四百人（其中福建人有四百二十六萬五千三百三十三人，廣東人有七十八萬二千零六十七人）。即本研究對象的宗教，就其支持的信徒數目來說，乃臺灣現住民絕大多數信仰的原有宗教。

（普通所謂的臺灣語乃指福建人的語言，在本書以括孤註明之，歐洲語以外者，除原住民部分外，均以臺語音記之。）

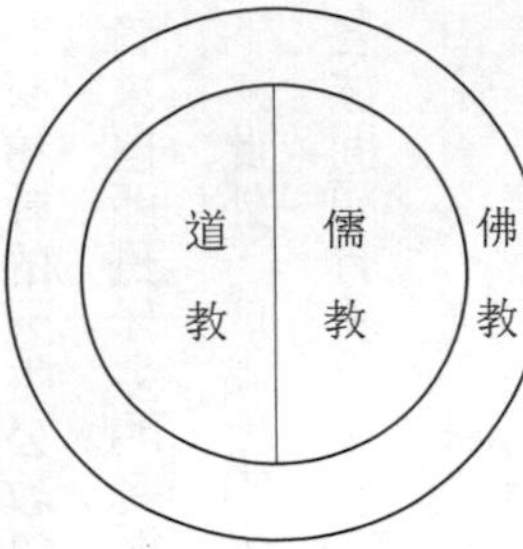

臺灣人原有的宗教

其次本研究對象的宗教，就形式而言，可分為：道、儒、佛三教，但就實質上而言，乃上述三教混融的一大民間宗教。此點不得不稍加預作說明。

臺灣人原有的宗教，是距今約二百六十年前，即明末清初以後，隨移民從華南傳來，仍承繼著華南原鄉的傳統。惟在中國，由其民族性中醞釀創造出來的宗教有儒教和道教，儒教是以孔子儒家思想為代表；道教乃以老子的道家中心思想的意識型態降格變形，與民間信仰結合而成。這裡應注意的是，儒、道兩家的思想發展過程中，儒教乃為統治者或讀書人階層作為道德及文學思想的傳承，道教則滲入民間信仰的行列，不重思想轉移於實行方面，終成為以仙術或魔（幻？）術為主的宗教。然而佛教雖早在後漢時期即由西域傳入中國，但一般民眾則僅在形式上信奉而已。佛教至今在中國人心中之地位所留下的業績僅止於為道教建立秩序化的外表，及刺激民間信仰開拓死後——即他界觀念的程度而已。

這種訊息，在臺灣也是如此，若將臺灣人的宗教僅就形式上單純地分為道教(Tao-kau)、儒教(Zu-kau)、佛教(Hut-kau)等，則不能完全理解其本質，而是應當全面的掌握這由道、儒、佛三教互相混合而成的一大民間宗教。現舉三教混淆的顯例，凡稱為「寺(Si)」本應屬於佛教，但卻有不供奉佛像，而又不住僧尼者；稱為廟(Bio)，或宮(Kiong)者，本應奉祀神或仙，但也有以觀音或地藏為主神者，又僧侶之中亦有不居於寺廟而居住於自宅，應人家的要求，主持祈禱或葬儀者。尤其可謂奇觀者原來僧侶應司死者之事，即葬祭；道士應司生者之事，即禁厭符呪，但某些地方葬儀卻完全委於道士，而僧侶則僅奉侍廟祀的神明，不涉及葬儀。尤奇者，在臺灣神像的開光點眼應由道士為之，即便是佛像亦不能委由僧侶擔任，必須由道士為之。

這樣道教、儒教、佛教淪為一種互相混淆的民間信仰，令人不知究竟為何物。此外，本來臺灣現住民的祖先，多為缺少管理訓練（紀律）的移民或一定時間離鄉謀生之人，因此在此島新建立的社會或文化並無堅固的基礎，從而其宗教信仰亦不具有其根本的教義及教理。如此我們眼前所見到的是其素朴的信仰對象為眾多的各種大小神像及傳說與口碑相互關聯，紛亂雜然，呈顯玉石同架之面貌。

研究的對象如此，故關於研究此宗教的態度方法，不得不完全捨棄老莊哲學、儒教倫理、乃至佛教教義先入為主的觀念入手。

臺灣人原有宗教的研究必須從臺灣人所過的信仰生活中冷靜的觀察，換言之，其研究態度必須是實證的。對於此點我雖不敏，但一直努力而為。

第一編　臺灣人的宗教概觀

第一章　寺廟建立史小考

一、華南移民的渡臺

臺灣和中國本土有聯繫雖可溯至隋唐，但漢族相率企圖移住本島乃距今約二百六十年前的明末清初。康熙二十二年（西元一六八三年）七月臺灣歸為清朝統治，在所謂「好臺灣」(Ho Taioan)或「好東都」(Ho Tang-to)的美名之下，大大的吸引了福建、廣東的移住民，就中絡繹不絕雲集而來的是泉州、漳州的閩族（指閩南人），和惠州、潮州的粵族（客家人）形成各自競爭的態勢，披荊斬棘，開拓荒地。

閩族即福建人，究由對岸中國的何地移住而來？為了方便上依清代地方制度來說明：是由福建省泉州府（分為晉江縣、南安縣、惠安縣、安溪縣、同安縣五縣）、同省漳州府（龍溪縣、漳浦縣、詔安縣、平和縣、南靖縣、長泰縣、海澄縣七縣）及廣東省潮州府的八縣（海陽縣、惠來縣、揭陽縣、豐順縣、潮陽縣、大埔縣、澄海縣、普寧縣）等地方東移而來，最先渡臺者為泉州人，次為漳州人，像在臺灣有以詔安厝或南靖庄為名的地方，就是出自欲將出身縣名永貽後世的移住民共通心理的表現，示其不忘故鄉之心。

按《周禮》（卷第七）有四夷、八蠻、七閩、九貉、五戎、六狄之稱，今之福建全省、浙江省的一部居住七閩即七種之閩，雖將福建省的住民稱為閩族，但泉州府各城住民人口的四分之一卻屬於漢民族，其他才是古代的閩族（印度支那族）的後裔，但二千年來已與漢民族混血。尤其漳州府下七縣的住民可以說乃純漢民族的兩湖之移民。因此臺灣的福建人即閩族大體是漢民族，而不是印度支那族。

其次臺灣的粵族即廣東人是比閩族較晚從廣東省惠州府（歸善縣、博羅縣、長寧縣、永安縣、海豐縣、陸豐縣、龍川縣、連平縣、河源縣、和平縣十縣）、同省嘉應州（長樂縣、興寧縣、平遠縣、鎮平縣四縣）、同省潮州府的一縣（饒平縣）渡臺者。因此在臺開發墾殖的地點占不利的地位，其人口也不及閩族的五分之一。中國古代廣東、廣西居住著百粵（又稱百越）的印度支那族，因此稱此兩省的住民為粵族，在臺灣的粵族是所謂「客家」即從西元四世紀以後分數次從華北移住的漢民族。（參照彭河木氏〈客家的研究〉《支那研究》第二十一號）

這些移民大都是無知的低層貧民，因此相信低層次的信仰，尤其浸迷於他力道教天師教（Then-su-Kau）的迷信。當移民們渡海來臺時，首先必須通過古來航海的難關，海盜橫行又多風多浪的臺灣海峽，此已足激起移民的宗教信仰需求心，而來臺後又為處處險惡的風土所困擾，並與瘴癘拼鬥，同時須擊退殺人獵頭的原住民。如此在生活及生命的雙重危險的壓迫下，隨引起信仰的迫切感。他們祈求神佛的保佑，深切冀望脫離惡靈陰鬼的侵害。因而驅使其低層次的宗教心，趨向以靈驗為中心的信仰。

來臺灣的道教非屬於中國的北方派，即取自力主義，重內觀靜修、苦行修養的「全真教派」（又稱呂純陽派）；而乃是南方派，即依他力主義，專事符呪壓勝，退滅外魔的「天師教派」占優勢，居壓倒其他諸派的地位。

他們祈求神佛乃為了獲得達成目的，即成功所必備的健康以及能避開一切的災禍。即使如此祈求，仍不能心安，尚自故鄉或華南有名寺廟求乞神佛香火，作為神佛的具體表徵，縫入寸許布片，作為護身符，各自攜帶者比比皆然。其所攜帶的香火，固然因各自籍貫和信仰不同而有異，但最普遍者為天上聖母、觀音、廣澤尊王、保生大帝、清水祖師、開漳聖王等，惟也有一護身符中同時放有數種神的香火，表記各神號者。

移民到臺組織新社會，其成立過程可分為三個時期來觀察。第一期是部落草創期。第二期是移民的部落生活期，此時期社會的成員僅由極少數的上流墾首（企業主）和占大多數的下層出力開墾者所組成，經營社會事務的機能並未成熟。第三期由於耕地的法律狀態變遷，產生大租戶、小租戶及現耕佃人三個階級，社會關係變為複雜。以下就此三期從寺廟方面來觀察移民的信仰如何變遷。

二、社會成立的第一期（部落草創期）

第一期是部落草創期。

如上述，帶著宗教迫切感的移民群，渡臺後各自尋找墾首，接受開墾的土地，在河邊、森林旁、丘上三三兩兩構造田寮，首向蓊鬱的處女林揮斧，從事森林的採伐。此時，蛇害、蟲害立即威脅他們，尤其可怕的當是由林間叢隙窺視他們的原住民。因此他們對所攜帶的香火，早上祈求平安後出戶勞動，晚上感謝平安，歸返田寮，如遇災禍頻仍即行擲筶（Poa-poe）❶卜一日之吉凶，

❶擲筶以竹根製之，今日任何寺廟均有數組。其大小雖不一定，但形態大略相同。形如將稍為彎曲的地瓜切為二，以兩個為一組，其外面（即凸面）為陰，內面（即平面）為陽。使用方法是先點燭上香之後，禮拜神佛，並稟告擲筶的緣由，於執筶三拜後在香爐內所插的香上繞一圈，將之投於地上。若一陰一陽時，則稱為「聖筶」，是為吉象，象徵神佛嘉納。若二陽時，則稱「笑筶」，為半吉半凶之象，象徵神佛冷笑。二陰時則稱為「怒筶」，是為凶象，象徵神佛怒斥。或謂「聖筶」乃神示供物無「過分」或「不及」，「笑筶」示意過分；「怒筶」示不足之意。又筶側立，不現示陰、陽面時，稱為「立筶」，認為須再筶。（《臺灣宗教

而後始出去工作，若不得聖筶，或終日閉門不出，專心祈求平安。若有人曾直接遭遇過危險，且幸得僥倖免害，勢將其幸運歸於自己所供奉的香火之靈驗，且慶喜地向他人大事誇言，他人又再將其事傳開，更獲雷同附和，若有必要到特別危險之地，更需虔誠懇請並祈拜靈驗顯赫的香火。總言之，他們的開墾生活，不容一日忘記神佛，不得不朝夕依靠其庇佑。

此期屬於部落尚未構成期。原本開墾未完成的時代，自有出力開墾而一旦感覺不利，立即放棄承墾之地而選定其他較有利之地者，又承墾者多為富有冒險心與僥倖心的獨身男子，並無構成社會基礎的家族或家庭，他們的集團，與其稱之謂社會，倒不如稱為富有流動性的一群定期離鄉外出工作的人比較適宜。因此由宗教方面來觀察，雖信賴各自攜帶的香火，其生活有宗教的迫切感，但似乎未發生真正社會所產生的宗教性現象，故這個時期社會尚未有建立寺廟的多餘之力。

三、同上第二期（部落構成期）

隨著移民的社會性發展進入部落構成期，此期始於土地公廟的建立。當時社會的成員以農民

調查報告書》第一卷頁一八六。）

《康熙字典》載：「杯珓古者以玉為之」「高辛廟有竹栢筊以一俯一仰為聖杯」，又程大昌的《演繁蕗（露）》有「杯筊用兩蚌殼或用竹根」(De Groot, *Religious system of China*, V01.V11, P. 1268)。

為主，故新社會多帶有農民色彩毋庸置疑。因此在社會形成的過程中必然衍生的建廟之實現，想必始於農民所建立的土地公廟。因為視土地公為賜予土地的財福之神，尊崇敬愛，宛如子之對慈父。直至現今，他們依然有農作物收穫的第一天，必先到所屬土地公廟燒金紙、供香和牲醴，報告其事，若無土地公廟即在家祭祀自家供奉的土地公，又收穫完了時，也作同樣行事之習慣，自不難想像農民為了祈禱保護土地、五穀豐收，與部落住民互相協同建立起土地公廟。現推測其建立情由，若五穀豐收數年，農民的財福比預期增大，他們將此歸功於土地公的福德保佑所致，於是為感謝報恩而建廟。反之，若凶年相繼，亦歸諸未奉祀土地公的結果，而建祠祈禱福德盛大。因而歲之豐凶均有建廟之必要情由，終至如今日之鎮鄉山野處處不無土地公廟，其廟之多遂居全島寺廟之冠。

在移民構成部落過程中，最先見到土地公廟的建立如前述。土地公的奉祀，乃以此神具有管轄土地的神務故祀之，與其他神佛依神格所具的靈能支配人們的命運故予信仰並未全然相同。換言之，土地公是只要有耕種或使用土地者，早晚必然應加奉祀的神。而其他的神明乃具有因眾多人們的特別信仰歸依始被奉祀的性質。故冒艱險、鬥瘴癘的多數移民在當地有漸趨定住的機運即先奉祀土地公，祈求合境平安。既成部落後，除土地公外，又奉祀其他神佛，可謂他們信仰生活的自然發展。

一般來說祠堂建立的過程可分以下的三種情節觀察之：

第一圖　土地公廟（竹南郡南庄北獅里興，昭和十一年十一月）——附近為廣東人部落

㈠由民宅奉祀至祠堂奉祀

當初移民渡臺，各自攜帶在故鄉奉祀的神佛香火，對疾病、災禍或其他一切意外事故虔誠祈願或乞神指示，以圖生活的安寧，惟後偶而在特種事情下，某人所攜帶之香火特別具有靈驗，被部落居民所宣傳，具有易信雷同通性的人們會自然且很快地將其香火奉為一般部落住民的信仰中心，大行燒金❷還願，終至釀成部落住民共同舉行祭典的機運。到此，若繼續奉祀於個人宅第則諸多不便且不適宜了，於是建祠堂雕神像（將其香火放入神像之內）予以移祀，終於出現土地公廟以外的寺廟之建立。最初祠堂的構造係竹柱、茅頂等簡陋材料，不必為建築而耗費鉅資，只要有現成的材料及勞力，數日即可完竣。故而亦不必建立維持祠堂的組織或機關。

---

❷燒金：到寺廟參拜者攜金紙 (kin-tsoa) 在神前焚燒，因此參拜神佛稱為燒金 (sio-kin)。金紙需裁成一定尺寸，在粗紙上，貼上錫箔，塗以金色顏料而成，有各種大小。又對於陰鬼，乃燒僅貼銀箔的銀紙 (Gun-tsoa)，用於一家的凶祭、葬儀等。

(二)拾到香火或神像的祠堂奉祀

臺灣人有尊重漂流或遺失而無主的神像或香火的習俗。蓋認為祭祀無主飄零的神像或香火，乃出自熱心人士的虔誠及向善心，故甚為神所讚許，若能以此獲得神明大喜，則所賜的靈驗亦大。此或許拾得或發見的機緣附著神秘感故也。於部落構成期此種神像、香火被奉祀於祠堂者不少。

(三)個人攜帶的神像祭祀

個人，大多為僧侶所攜帶的神像，在瘟疫流行時，大顯靈驗，或有其他奇蹟時，部落住民篤信其神像的靈驗，而請其獻公而建祠堂，亦有幫助僧侶使其建立祠堂者。

部落構成初期的建廟，大致在如上所述的情形下所建，但此期新社會尚未完全組成，僅有部落的形成，故土地公廟的構造也未如今日所見的出自石工之手，不過是用自然石建於岩下或樹根之上而已。其他寺廟亦粗糙簡陋，僅止因奉祀神像，故得寺廟之名。具有今日外觀的寺廟乃第三期即新社會組成後所建。當然第二期的寺廟乃為後來建廟的基礎。

四、同上第三期（新社會成立期）

第二期為草創時代，雖有建廟的事實，但極為粗糙簡樸，發展至第三時期已具有與前期區別的特徵。到此時期社會的成員為具有財富、知識及聲譽的上、中流階級與從事勞役的下層民眾，隨著職業的分化，社會已能發揮其本來的機能。如此漸成社會組織，具備社會性機能，又能自行確立社會活動的中心，此乃自然的趨勢。我們可以將此認為係第三期社會的特徵，是新社會中心確立的事實。因地方的開發，其生產物日趨豐富，同時一方面由於購買力的增強，形成各種產物及物資集散地的都市，而逐漸發達為經濟、政治及文明的中心。社會的中心從地理觀之，必成為都市，又從社會的成員觀之，通常由生活富裕，而知識道德水準超越一般民眾之上的富豪或讀書人所形成。假如以寺廟並非個人或類此的私人建築，而是具有社會公共建築的意義來定義寺廟的正式建立，這種建立應由具有社會的中心勢力者發起，或贊助，也就是以其為中心，來推展事務，如此廟宇的建立，始能實現。故臺灣的寺廟建立，至第三期可謂已初具完全的社會性意義。而這些寺廟建立，社會的中心並不一定單一，而各種民眾集團不少，所以應就其集團性質，予以區別觀察之。即可區分為：同鄉人的團結、同姓的團結、同業者的團結等等，於是乃成立了組織及不同性質的各種團體。例如：讀書人相聚，創立文昌帝君廟；商人公會建關帝廟；藥商、醫師祭祀華陀仙師或神農大帝，音樂團奉祀西秦王爺或田都元帥；其他同姓同族祭祀其祖先；齋友相集建立齋堂；又僧侶在叢林（主要在中國的大寺）修行，具智德、有名望者，有得慈善家或有志者等的捐助而建立叢林者。

由泉州府下移住的閩族中晉江、南安、惠安三縣地方相連，風俗習慣亦大略相同，所信仰的神佛亦同，所以在臺灣的三縣人特別親密，稱為三邑人 (san-iu-lang)。例如臺北市萬華的住民，大部分為三邑人和安溪人出身的閩族，前者信奉萬華龍山寺的觀音佛祖，後者信奉萬華祖師廟的清水祖師。

而上述各中心並非單獨存在，有時彼此互相關聯而發生作用。有時尚有志操輕薄的僧俗、道士、巫覡之徒，蠱惑愚民建立不少邪祠。如王爺 (ong-ia)、太子爺 (Thai-tsu-ia) 等等，邀聚信徒賭博爭勝，或掩飾罪跡免被發覺，或助其報復私仇，或對自己所不喜者乃役使神兵惡鬼濫害無辜，而神則享其非禮之祀，而無視正道公理。

迨此等集團和其中心成立組織後乃有寺廟正式建立，但並非全為新建者，以前期建立的小祠堂為中心繼續發展，並以宗教性行事等關係為基礎，將小祠堂擴建，逐漸成為雄壯的廟宇者亦很多。今日所見者乃經過領臺後之變遷的情況，全省的寺廟已增加至相當多的數目。

五、全臺灣寺廟數及主神調查表（分為州廳及市郡）

現在臺灣的寺廟數及其主神如何？這可以作為臺灣人宗教實證性研究的有力線索。然這一點僅在《臺灣宗教調查報告書》第一卷附錄頁一七有極簡單的記載，而且以大正七年（西元一九一八年）底為準。因此我為了明瞭最近的情況而頗費心思，幸得連載於《南瀛佛教》第十三、十四卷的〈臺灣寺廟祭神一覽表〉，以此為基礎，而以《寺廟臺帳》並參考著者的見聞，將異名同神、異名類神彙整如下表。

《南瀛佛教》所載的是當局就各地申報者中僅計《寺廟臺帳》登錄完畢者，故漏申請者雖載於《臺帳》亦未列入，又雖已申報，但《臺帳》未登錄者亦予除外，因此比實際數目稍少，尤其是福德正神、王爺、有應公小廟為然，但我相信大體上無誤。至於家廟另作別表。（本書頁一二三）

（甲）全臺灣寺廟主神調查表（州廳別）

（昭和九年底）

	主神名＼州廳別	臺北州	新竹州	臺中州	臺南州	高雄州	三廳	合計
1	福德正神	一三一	六一	二六〇	一八八	七一	七	七一八
2	王爺	二一	三六	一二三	二四〇	七二	四五	五三七
3	觀音	五七	六四	五四	八二	六四	一五	三三六
4	天上聖母	三七	二五	八一	一一七	六六	九	三三五
5	玄天上帝	一五	七	三一	一〇〇	三六	一五	二〇四
6	關帝	一六	二八	二一	五一	三〇	一一	一五七
7	三山國王	二四	一七	三一	一七	三一	一	一二一
8	保生大帝	一〇	三	八	六九	二三	四	一一七
9	釋迦	一三	二〇	二四	二四	一八	四	一〇三
10	有應公	一四	二六	一三	二九	六	｜	八八
11	清水祖師	一四	二	二六	二九	一三	一	八五
12	三官大帝	一五	四二	九	一四	二	一	八三
13	太子爺	四	三	一五	三一	一五	五	七三
14	神農大帝	九	一九	二	一九	一七	｜	六六
15	開漳聖王	二八	九	八	五	二	一	五三
16	鄭成功	一九	四	一二	八	二	三	四八
17	大眾爺	九	九	一九	九	一	｜	四七
18	元帥爺	六	｜	五	二六	七	一	四五
19	義民爺	一	九	九	七	五	一	三二
20	文昌帝君	四	五	一三	七	一	｜	三〇

續前頁

	州廳別／主神名	臺北州	新竹州	臺中州	臺南州	高雄州	三廳	合計
21	城隍爺	三	三	六	一〇	四	三	二九
22	廣澤尊王	三	四	五	九	五	｜	二六
23	玉皇上帝	三	四	七	五	三	一	二三
24	阿彌陀佛	四	五	二	一	一	一	一四
25	法主公	三	｜	三	三	四	｜	一三
26	孔子	二	三	三	一	二	一	一二
27	三寶佛	一	六	一	一	三	｜	一二
28	孚佑帝君	八	｜	｜	｜	三	｜	一一
29	地藏王	二	一	五	三	｜	｜	一一
30	大樹公	二	｜	｜	五	二	｜	九
31	五顯大帝	二	一	二	四	｜	｜	九
32	水仙王	｜	一	｜	四	｜	四	九
33	保儀大夫	五	｜	｜	｜	三	｜	八
34	輔順將軍	一	｜	四	二	一	｜	八
35	將軍爺	三	｜	｜	四	｜	一	八
36	三奶夫人	｜	｜	｜	四	四	｜	八
37	九天玄女	一	｜	一	四	一	｜	七
38	石頭公	三	｜	四	｜	｜	｜	七
39	大使公	｜	｜	｜	六	｜	｜	六
40	楊府大師	｜	二	｜	四	｜	｜	六
41	境主公	｜	一	｜	二	二	｜	五
42	水流公	一	｜	一	二	一	｜	五
43	李仙祖	三	｜	一	｜	一	｜	五
44	西秦王爺	一	｜	三	｜	｜	｜	四
45	節婦孝子	二	｜	一	一	｜	｜	四
46	廣惠尊王	一	｜	三	｜	｜	｜	四
47	伽藍尊王	｜	一	｜	三	｜	｜	四
48	東嶽大帝	二	一	｜	一	｜	｜	四
49	齊天大聖	二	｜	｜	｜	二	｜	四
50	七星娘娘	｜	｜	｜	三	｜	｜	三
51	張天師	一	｜	二	｜	｜	｜	三
52	吳鳳	｜	｜	｜	三	｜	｜	三
53	靈安尊王	一	一	一	｜	｜	｜	三
54	五公菩薩	｜	｜	｜	一	一	｜	二
55	盤古公	｜	｜	｜	二	｜	｜	二
56	子龍爺	｜	｜	｜	二	｜	｜	二
57	孫大尉	｜	｜	｜	二	｜	｜	二
58	良岡尊王	｜	｜	｜	二	｜	｜	二
59	王天君	二	｜	｜	｜	｜	｜	二
60	定光佛	一	｜	一	｜	｜	｜	二
61	太保公	｜	｜	｜	一	一	｜	二
62	華師佛	二	｜	｜	｜	｜	｜	二
63	大王公	｜	｜	一	｜	一	｜	二
64	住世祖師	｜	｜	一	一	｜	｜	二
65	太陽公	一	｜	｜	一	｜	｜	二
66	伏羲仙帝	一	｜	一	｜	｜	｜	二
67	慈濟真君	｜	一	｜	｜	｜	一	二
68	五雷元帥	一	｜	一	｜	｜	｜	二
69	輔信將軍	｜	一	一	｜	｜	｜	二
70	雷大將	｜	｜	｜	二	｜	｜	二
71	三王公	一	一	｜	｜	｜	｜	二
72	太陰娘娘	一	｜	｜	一	｜	｜	二
73	青龍爺	｜	｜	一	｜	｜	｜	一
74	註生娘娘	｜	｜	｜	｜	一	｜	一
75	陳夫人媽	｜	｜	一	｜	｜	｜	一
76	朱熹	｜	｜	一	｜	｜	｜	一
77	巧聖先師	｜	｜	一	｜	｜	｜	一
78	玉皇公主	｜	｜	｜	｜	｜	一	一
79	大皇公	｜	｜	一	｜	｜	｜	一
80	南斗天神	｜	｜	一	｜	｜	｜	一
81	三忠公	一	｜	｜	｜	｜	｜	一
82	施將軍	｜	｜	｜	｜	｜	一	一
83	七爺公	｜	｜	｜	｜	｜	一	一
84	程伊川	一	｜	｜	｜	｜	｜	一
85	包公	｜	｜	一	｜	｜	｜	一
86	曹謹	｜	｜	｜	｜	一	｜	一
87	文武帝	｜	｜	｜	｜	｜	一	一
88	彌勒佛	｜	｜	｜	｜	一	｜	一
89	寧靖王	｜	｜	｜	｜	一	｜	一
90	周倉將軍	一	｜	｜	｜	｜	｜	一
91	劉公	｜	｜	｜	｜	一	｜	一
92	顯濟靈王	｜	｜	｜	｜	｜	一	一

續前頁

	主神名 \ 州廳別	臺北州	新竹州	臺中州	臺南州	高雄州	三廳	合計
93	三侯公	｜	｜	｜	｜	一	｜	一
94	真人公	｜	｜	｜	一	｜	｜	一
95	通天王	｜	｜	｜	一	｜	｜	一
96	陰陽公	｜	｜	｜	一	｜	｜	一
97	倪聖公	｜	｜	｜	一	｜	｜	一
98	六將爺	｜	｜	一	｜	｜	｜	一
99	五妃娘	｜	｜	｜	一	｜	｜	一
100	風神爺	｜	｜	｜	一	｜	｜	一
101	順正大王	一	｜	｜	｜	｜	｜	一
102	紫衣爺	｜	｜	｜	一	｜	｜	一
103	瞿真人	一	｜	｜	｜	｜	｜	一
104	衛府先師	｜	｜	｜	一	｜	｜	一
105	大虛祖師	｜	｜	｜	一	｜	｜	一
106	先鋒	｜	｜	｜	｜	一	｜	一
107	閻君爺	｜	｜	｜	一	｜	｜	一
108	山神爺	｜	｜	｜	一	｜	｜	一
109	薰公真仙	｜	｜	一	｜	｜	｜	一
110	開山侯	｜	｜	｜	一	｜	｜	一
111	開聖大帝	｜	｜	一	｜	｜	｜	一
112	本官公	｜	｜	｜	一	｜	｜	一
113	武安尊王	｜	｜	一	｜	｜	｜	一
114	軍大王	｜	一	｜	｜	｜	｜	一
115	韓文公	｜	｜	｜	｜	一	｜	一
116	敵天大帝	｜	｜	｜	一	｜	｜	一
117	水德星君	｜	一	｜	｜	｜	｜	一
118	蔡阿公	｜	｜	｜	｜	一	｜	一
119	鐘永伯	｜	｜	一	｜	｜	｜	一
120	金夫娘娘	｜	一	｜	｜	｜	｜	一
121	福嬌娘娘	｜	｜	一	｜	｜	｜	一
122	洪夫人	｜	｜	｜	｜	一	｜	一
123	林媽	｜	｜	一	｜	｜	｜	一
124	陳仙媽	一	｜	｜	｜	｜	｜	一
125	黃狀元	一	｜	｜	｜	｜	｜	一
126	三一教主	｜	一	｜	｜	｜	｜	一
127	英濟夫人	｜	｜	｜	一	｜	｜	一
128	武德英侯	｜	｜	｜	一	｜	｜	一
129	黃結先生	｜	一	｜	｜	｜	｜	一
130	挖子公	｜	｜	｜	一	｜	｜	一
131	林先生	｜	｜	一	｜	｜	｜	一
	合計	五一四	四三一	八四〇	一、一八八	五三八	一四一	三、六六二

(乙)臺北州寺廟主神調查表

(昭和九年底)

	主神名＼市郡別	臺北市	基隆市	○七星郡	○淡水郡	基隆郡	宜蘭郡	羅東郡	蘇澳郡	○文山郡	海山郡	○新莊郡	合計
1	福德正神	一〇	三	一五	七	一三	二三	二六	五	一六	一一	二	一三一
2	觀音	一〇	一	七	四	二	一〇	五	一	二	八	七	五七
3	天上聖母	三	二	四	三	一一	四	五	一	一	二	一	三七
4	開漳聖王	|	二	二	|	五	一二	五	|	一	一	|	二八
5	三山國王	|	|	|	|	|	一〇	九	三	|	一	一	二四
6	王爺	七	一	|	四	五	一	一	|	|	|	二	二一
7	鄭成功	|	|	|	|	二	六	六	五	|	|	|	一九
8	關帝	|	|	一	二	一	八	三	|	|	|	一	一六
9	玄天上帝	一	|	|	一	|	四	四	二	一	二	|	一五
10	三官大帝	|	|	|	一	一	三	一	|	二	七	|	一五
11	清水祖師	二	|	|	二	|	一	二	一	三	一	二	一四
12	有應公	四	|	一	|	一	三	三	|	|	二	|	一四
13	釋迦	一	|	三	|	|	八	|	|	|	|	一	一三
14	保生大帝	二	|	|	一	|	二	二	|	|	二	一	一〇
15	神農大帝	|	|	二	|	一	三	|	一	|	一	一	九
16	大衆爺	一	|	|	一	一	三	三	|	|	|	|	九
17	孚佑帝君	一	一	一	一	|	一	一	|	一	|	一	八
18	元帥爺	一	|	|	|	|	一	一	|	|	二	一	六
19	保儀大夫	|	|	|	|	|	|	|	|	五	|	|	五
20	太子爺	|	|	|	|	|	三	|	一	|	|	|	四
21	文昌帝君	|	|	一	一	|	一	|	|	|	|	一	四
22	阿彌陀佛	|	一	一	|	|	一	一	|	|	|	|	四
23	城隍爺	一	一	|	|	|	一	|	|	|	|	|	三
24	廣澤尊王	|	|	|	|	|	三	|	|	|	|	|	三
25	玉皇上帝	|	|	|	|	|	一	二	|	|	|	|	三
26	將軍爺	|	|	|	一	|	二	|	|	|	|	|	三
27	法主公	一	|	|	|	|	一	|	一	|	|	|	三
28	石頭公	一	|	|	|	一	|	一	|	|	|	|	三
29	李仙祖	|	|	|	|	|	三	|	|	|	|	|	三

—續前頁—

	主神名＼市郡別	臺北市	基隆市	○七星郡	○淡水郡	基隆郡	宜蘭郡	羅東郡	蘇澳郡	○文山郡	海山郡	○新莊郡	合計
30	東嶽大帝	—	—	—	—	—	二	—	—	—	—	—	二
31	齊天大聖	—	—	—	一	—	一	—	—	—	—	—	二
32	大樹公	—	—	—	—	—	一	一	—	—	—	—	二
33	地藏王	一	—	—	—	—	—	—	—	—	—	一	二
34	孔子	一	—	—	—	—	一	—	—	—	—	—	二
35	王天君	—	—	—	—	—	—	二	—	—	—	—	二
36	華師佛	—	一	一	—	—	—	—	—	—	—	—	二
37	節婦孝子	一	—	—	—	—	一	—	—	—	—	—	二
38	五顯大帝	—	—	—	—	一	—	—	一	—	—	—	二
39	義民爺	—	—	—	—	—	—	—	—	—	—	一	一
40	三忠公	—	—	—	—	一	—	—	—	—	—	—	一
41	五雷元帥	—	—	—	—	—	—	—	—	—	一	—	一
42	張天師	—	—	—	—	—	—	一	—	—	—	—	一
43	程伊川	—	—	—	—	—	—	一	—	—	—	—	一
44	輔順將軍	—	—	—	—	—	一	—	—	—	—	—	一
45	周倉將軍	—	—	—	—	一	—	—	—	—	—	—	一
46	西秦王爺	一	—	—	—	—	—	—	—	—	—	—	一
47	九天玄女	—	—	—	—	—	一	—	—	—	—	—	一
48	三王公	—	—	—	—	—	—	一	—	—	—	—	一
49	定光佛	—	—	—	一	—	—	—	—	—	—	—	一
50	黃狀元	—	—	一	—	—	—	—	—	—	—	—	一
51	順正大王	一	—	—	—	—	—	—	—	—	—	—	一
52	陳仙媽	—	—	一	—	—	—	—	—	—	—	—	一
53	瞿真人	一	—	—	—	—	—	—	—	—	—	—	一
54	三寶佛	—	—	—	—	—	—	—	—	—	—	一	一
55	廣惠尊王	—	—	—	—	—	—	一	—	—	—	—	一
56	靈安尊王	一	—	—	—	—	—	—	—	—	—	—	一
57	水流公	—	—	—	一	—	—	—	—	—	—	—	一
58	伏羲仙帝	—	—	—	—	—	—	—	—	—	一	—	一
59	太陽公	一	—	—	—	—	—	—	—	—	—	—	一
60	太陰娘娘	—	一	—	—	—	—	—	—	—	—	—	一
	合計	五四	一四	四一	三二	四七	一二七	八八	二二	三二	四二	二五	五二四

備考：表中有○記號者農業人口占該地域總人口之半數以上。有◎記號者占七成以上。以下同。

(丙)新竹州寺廟主神調查表

(昭和九年底)

	州郡別 / 主神名	新竹市	○新竹郡	○中壢郡	○桃園郡	大溪郡	○竹東郡	○竹南郡	○苗栗郡	○大湖郡	合計
1	觀音	七	六	二	七	六	九	五	二〇	二	六四
2	福德正神	八	八	六	五	三	一	一九	一〇	一	六一
3	三官大帝	｜	一一	九	二	一一	五	三	一	｜	四二
4	王爺	八	六	一	二	｜	｜	一六	三	｜	三六
5	關帝	一	一	二	一	一	三	五	一〇	四	二八
6	有應公	｜	四	一	｜	｜	六	三	一〇	二	二六
7	天上聖母	二	三	四	二	｜	｜	五	九	｜	二五
8	釋迦	四	二	三	一	一	三	｜	三	三	二〇
9	神農大帝	｜	二	一	一	二	｜	四	七	二	一九
10	三山國王	｜	二	｜	｜	｜	一二	二	｜	一	一七
11	大眾爺	二	一	｜	一	一	｜	三	一	｜	九
12	義民爺	｜	一	一	一	｜	｜	二	一	三	九
13	開漳聖王	｜	｜	一	三	五	｜	｜	｜	｜	九
14	玄天上帝	一	｜	｜	｜	｜	｜	三	三	｜	七
15	三寶佛	二	二	｜	｜	｜	｜	一	一	｜	六
16	文昌帝君	｜	二	｜	一	｜	一	｜	一	｜	五
17	阿彌陀佛	四	｜	｜	｜	｜	一	｜	｜	｜	五
18	廣澤尊王	｜	一	｜	三	｜	｜	｜	｜	｜	四
19	鄭成功	｜	｜	｜	｜	｜	｜	一	三	｜	四
20	玉皇上帝	一	｜	｜	一	｜	二	｜	｜	｜	四
21	保生大帝	｜	一	一	｜	｜	｜	一	｜	｜	三
22	太子爺	｜	｜	｜	一	一	｜	一	｜	｜	三
23	城隍爺	一	｜	｜	｜	｜	｜	｜	二	｜	三
24	孔子	一	｜	｜	｜	｜	｜	｜	二	｜	三
25	清水祖師	一	｜	｜	一	｜	｜	｜	｜	｜	二
26	楊府大師	一	｜	｜	一	｜	｜	｜	｜	｜	二
27	地藏王	一	｜	｜	｜	｜	｜	｜	｜	｜	一
28	伽藍尊王	｜	一	｜	｜	｜	｜	｜	｜	｜	一
29	境主公	一	｜	｜	｜	｜	｜	｜	｜	｜	一
30	水仙王	一	｜	｜	｜	｜	｜	｜	｜	｜	一
31	東嶽大帝	｜	｜	｜	｜	｜	｜	｜	一	｜	一
32	金夫娘娘	｜	一	｜	｜	｜	｜	｜	｜	｜	一

續前頁

	主神名＼州郡別	新竹市	○新竹郡	○中壢郡	○桃園郡	大溪郡	○竹東郡	○竹南郡	○苗栗郡	○大湖郡	合計
33	三王公	｜	｜	｜	一	｜	｜	｜	｜	｜	一
34	三一教主	｜	一	｜	｜	｜	｜	｜	｜	｜	一
35	五顯大帝	｜	｜	｜	｜	｜	｜	｜	一	｜	一
36	黃結先生	｜	｜	｜	｜	｜	｜	｜	一	｜	一
37	軍大王	｜	一	｜	｜	｜	｜	｜	｜	｜	一
38	輔信將軍	｜	｜	｜	一	｜	｜	｜	｜	｜	一
39	慈濟真帝	｜	｜	｜	一	｜	｜	｜	｜	｜	一
40	靈安尊王	一	｜	｜	｜	｜	｜	｜	｜	｜	一
41	水德星君	一	｜	｜	｜	｜	｜	｜	｜	｜	一
	合計	四九	五七	三二	三七	三一	四三	七四	九〇	一八	四三一

(丁)臺中州寺廟主神調查表 (昭和九年底)

	主神名＼州郡別	臺中市	彰化市	○大屯郡	大甲郡	○豐原郡	○彰化郡	◎員林郡	◎北斗郡	◎南投郡	○新高郡	○能高郡	○竹山郡	○東勢郡	合計
1	福德正神	三	二〇	三三	二一	四六	一六	四一	三三	二〇	八	五	五	九	二六〇
2	王爺	四	八	五	三二	三	三五	四	二三	四	|	|	二	三	一二三
3	天上聖母	二	七	五	一三	一三	八	一〇	九	六	三	二	一	二	八一
4	觀音	|	七	四	九	四	一〇	四	一	五	|	一	五	四	五四
5	三山國王	|	一	|	二	二	一	一二	五	一	一	|	一	五	三一
6	玄天上帝	|	二	三	六	|	六	二	二	四	二	|	二	二	三一
7	清水祖師	|	一	|	|	|	二	一	二	九	二	一	六	二	二六
8	釋迦	二	一	三	|	二	|	五	二	|	三	三	|	三	二四
9	關帝	|	一	|	一	|	二	三	五	三	三	一	|	二	二一
10	大眾爺	|	|	二	四	|	二	三	三	一	二	|	|	二	一九
11	太子爺	|	二	二	|	一	一	二	一	二	|	|	|	四	一五
12	有應公	|	|	一	三	七	|	|	一	|	|	一	|	|	一三
13	文昌帝君	|	一	三	三	|	一	一	|	二	|	|	一	一	一三
14	鄭成功	|	|	|	四	一	|	一	二	|	一	|	二	一	一二
15	三官大帝	|	|	四	|	二	|	|	一	一	|	|	一	|	九
16	義民爺	|	一	一	|	二	|	三	|	一	|	一	|	|	九
17	保生大帝	|	一	一	二	|	一	|	二	一	|	|	|	|	八
18	開漳聖王	|	二	二	|	一	|	一	|	一	|	|	一	|	八
19	玉皇上帝	|	一	|	一	一	四	|	|	|	|	|	|	|	七
20	城隍爺	一	一	|	|	|	一	|	|	一	|	一	一	|	六
21	廣澤尊王	|	一	|	一	|	三	|	|	|	|	|	|	|	五
22	地藏王	|	一	|	一	一	一	一	|	|	|	|	|	|	五
23	元帥爺	|	|	|	|	|	一	一	二	|	一	|	|	|	五
24	石頭公	|	|	|	|	一	|	|	|	三	|	|	|	|	四
25	輔順將軍	一	|	一	|	|	|	一	一	|	|	|	|	|	四
26	法主公	|	一	|	一	|	一	|	|	|	|	|	|	|	三
27	西春王爺	|	二	|	一	|	|	|	|	|	|	|	|	|	三
28	孔子	|	一	|	|	|	一	|	|	|	一	|	|	|	三

	主神名＼州郡別	臺中市	彰化市	○大屯郡	大甲郡	○豐原郡	○彰化郡	◎員林郡	◎北斗郡	◎南投郡	○新高郡	○能高郡	○竹山郡	○東勢郡	合計
29	廣惠尊王	—	—	一	一	—	—	—	一	—	—	—	—	—	三
30	神農大帝	—	—	—	一	—	一	—	—	—	—	—	—	—	二
31	五顯大帝	—	—	一	—	—	—	一	—	—	—	—	—	—	二
32	張天師	—	—	—	—	一	—	—	一	—	—	—	—	—	二
33	阿彌陀佛	—	—	一	—	—	—	—	—	—	—	一	—	—	二
34	朱熹	—	—	—	—	—	一	—	—	—	—	—	—	—	一
35	巧聖先師	—	—	—	—	—	—	—	—	—	—	—	—	一	一
36	南斗天神	—	—	—	—	—	一	—	—	—	—	—	—	—	一
37	包公	—	—	—	—	一	—	—	—	—	—	—	—	—	一
38	九天玄女	—	—	—	一	—	—	—	—	—	—	—	—	—	一
39	輔信將軍	—	—	—	—	—	—	—	—	一	—	—	—	—	一
40	大皇公	—	—	—	—	—	一	—	—	—	—	—	—	—	一
41	陳夫人媽	—	—	—	—	—	一	—	—	—	—	—	—	—	一
42	節婦孝子	—	一	—	—	—	—	—	—	—	—	—	—	—	一
43	六將爺	—	一	—	—	—	—	—	—	—	—	—	—	—	一
44	鍾永伯	—	—	—	—	一	—	—	—	—	—	—	—	—	一
45	水流公	—	—	—	—	—	一	—	—	—	—	—	—	—	一
46	福嬌娘娘	—	—	—	一	—	—	—	—	—	—	—	—	—	一
47	定光佛	—	一	—	—	—	—	—	—	—	—	—	—	—	一
48	李仙祖	—	—	—	—	一	—	—	—	—	—	—	—	—	一
49	五雷元帥	—	—	—	—	—	—	一	—	—	—	—	—	—	一
50	三寶佛	—	—	—	—	—	—	一	—	—	—	—	—	—	一
51	大王公	—	一	—	—	—	—	—	—	—	—	—	—	—	一
52	住世祖師	—	—	—	一	—	—	—	—	—	—	—	—	—	一
53	薰公真仙	—	—	—	一	—	—	—	—	—	—	—	—	—	一
54	靈安尊王	—	—	—	一	—	—	—	—	—	—	—	—	—	一
55	伏羲仙帝	—	—	—	—	—	一	—	—	—	—	—	—	—	一
56	開聖大帝	—	—	—	—	—	—	—	—	—	—	—	—	一	一
57	林先生	—	—	—	—	—	—	一	—	—	—	—	—	—	一
58	林媽	—	—	—	—	—	—	一	—	—	—	—	—	—	一
59	武安尊王	—	—	—	—	—	—	—	一	—	—	—	—	—	一
60	青龍爺	—	—	—	—	—	—	一	—	—	—	—	—	—	一
	合計	一三	六七	七三	一一二	九一	一〇四	一〇二	九八	六六	二七	一七	二八	四二	八四〇

——續前頁——

(戊)臺南州寺廟主神調查表

（昭和九年底）

	州郡別 主神名	臺南市	嘉義市	◎新豐郡	○新化郡	◎曾文郡	○北門郡	○新營郡	○嘉義郡	○斗六郡	◎虎尾郡	○北港郡	東石郡	合計
1	王爺	二四	二三	七	一三	一〇	二八	一六	一一	一〇	二一	二六	五一	二四〇
2	福德正神	二五	一二	一四	三四	二	四	一八	三五	一四	一五	四	一一	一八八
3	天上聖母	一二	八	—	二六	一〇	二	六	一三	九	一六	四	一一	一一七
4	玄天上帝	九	一三	三	七	四	—	五	二八	一七	二	四	八	一〇〇
5	觀音	九	一五	二	五	三	二	六	二一	六	四	一	八	八二
6	保生大帝	六	一六	五	九	二	六	三	一一	六	—	一	四	六九
7	關帝	五	四	四	二	一	二	七	三	一三	六	二	二	五一
8	太子爺	三	一	一	一二	三	—	九	一	—	一	—	一	三二
9	有應公	二	二	—	一	—	—	五	三	二	二	八	四	二九
10	清水祖師	—	四	二	八	四	—	三	一	二	—	—	五	二九
11	元帥爺	—	二	一	四	一	一	四	七	三	—	—	三	二六
12	釋迦	八	三	—	一	—	三	一	四	一	三	—	—	二四
13	神農大帝	二	二	一	二	—	—	三	七	一	—	—	一	一九
14	三山國王	一	一	—	—	—	—	—	五	一	三	二	四	一七
15	三官大帝	二	—	—	四	一	—	—	四	三	—	—	—	一四
16	城隍爺	三	二	—	—	—	一	—	一	—	—	—	三	一〇
17	廣澤尊王	二	—	—	二	—	二	一	一	—	一	—	—	九
18	大眾爺	—	三	—	—	—	一	一	二	—	一	—	一	九
19	鄭成功	一	一	—	一	—	—	一	二	—	—	—	二	八
20	文昌帝君	二	一	—	—	一	—	一	—	—	二	—	—	七
21	義民爺	一	四	—	—	—	—	一	—	一	—	—	—	七
22	大使公	—	—	—	一	—	一	一	三	—	—	—	—	六
23	玉皇上帝	二	—	—	—	—	一	—	二	—	—	—	—	五
24	開漳聖王	—	一	—	一	—	—	—	二	—	—	—	一	五
25	大樹公	—	—	—	四	—	—	—	一	—	—	—	—	五
26	五顯大帝	一	二	—	—	—	—	—	—	—	—	—	一	四

續前頁

	主神名＼州郡別	臺南市	嘉義市	◎新豐郡	○新化郡	◎曾文郡	○北門郡	○新營郡	○嘉義郡	○斗六郡	◎虎尾郡	○北港郡	東石郡	合計
27	水仙王	一	一	｜	｜	｜	｜	｜	二	｜	｜	｜	｜	四
28	三奶夫人	一	｜	｜	｜	｜	｜	一	｜	｜	一	｜	一	四
29	楊府大師	｜	｜	｜	二	｜	｜	一	｜	｜	｜	｜	一	四
30	九天玄女	｜	｜	｜	｜	｜	｜	｜	｜	｜	一	三	｜	四
31	將軍爺	｜	｜	｜	｜	｜	｜	二	一	｜	一	｜	｜	四
32	地藏王	｜	一	｜	｜	｜	｜	｜	｜	｜	二	｜	｜	三
33	伽藍尊王	｜	｜	｜	｜	｜	｜	三	｜	｜	｜	｜	｜	三
34	法主公	｜	｜	｜	｜	｜	｜	一	｜	一	一	｜	｜	三
35	吳鳳	｜	｜	｜	｜	｜	｜	｜	三	｜	｜	｜	｜	三
36	七星娘娘	一	｜	｜	｜	｜	｜	｜	｜	｜	｜	一	一	三
37	盤古公	｜	｜	｜	二	｜	｜	｜	｜	｜	｜	｜	｜	二
38	子龍爺	｜	｜	｜	｜	｜	一	一	｜	｜	｜	｜	｜	二
39	境主公	｜	｜	｜	｜	｜	一	一	｜	｜	｜	｜	｜	二
40	水流公	｜	｜	｜	｜	｜	一	｜	一	｜	｜	｜	｜	二
41	孫大尉	｜	｜	｜	｜	｜	｜	一	｜	一	｜	｜	｜	二
42	良岡尊王	｜	｜	｜	｜	｜	｜	二	｜	｜	｜	｜	｜	二
43	雷大將	｜	｜	｜	｜	｜	一	｜	一	｜	｜	｜	｜	二
44	輔順將軍	一	一	｜	｜	｜	｜	｜	｜	｜	｜	｜	｜	二
45	真人公	｜	｜	｜	一	｜	｜	｜	｜	｜	｜	｜	｜	一
46	東嶽大帝	一	｜	｜	｜	｜	｜	｜	｜	｜	｜	｜	｜	一
47	通天王	一	｜	｜	｜	｜	｜	｜	｜	｜	｜	｜	｜	一
48	陰陽公	一	｜	｜	｜	｜	｜	｜	｜	｜	｜	｜	｜	一
49	倪聖王	一	｜	｜	｜	｜	｜	｜	｜	｜	｜	｜	｜	一
50	孔子	一	｜	｜	｜	｜	｜	｜	｜	｜	｜	｜	｜	一
51	五妃娘	一	｜	｜	｜	｜	｜	｜	｜	｜	｜	｜	｜	一
52	風神爺	一	｜	｜	｜	｜	｜	｜	｜	｜	｜	｜	｜	一
53	敵天大帝	｜	｜	｜	｜	｜	｜	一	｜	｜	｜	｜	｜	一
54	太保公	｜	｜	｜	｜	｜	一	｜	｜	｜	｜	｜	｜	一
55	英濟夫人	｜	｜	｜	｜	｜	｜	一	｜	｜	｜	｜	｜	一
56	紫衣爺	｜	｜	｜	｜	｜	｜	｜	一	｜	｜	｜	｜	一
57	開山侯	｜	｜	｜	｜	｜	｜	｜	｜	一	｜	｜	｜	一
58	武德英侯	｜	｜	｜	｜	｜	｜	｜	｜	｜	｜	｜	一	一
59	三寶佛	一	｜	｜	｜	｜	｜	｜	｜	｜	｜	｜	｜	一
60	大虛祖師	一	｜	｜	｜	｜	｜	｜	｜	｜	｜	｜	｜	一
61	住世祖師	一	｜	｜	｜	｜	｜	｜	｜	｜	｜	｜	｜	一
62	阿彌陀佛	｜	｜	｜	｜	｜	｜	｜	｜	｜	｜	一	｜	一
63	閻君爺	｜	｜	｜	｜	｜	｜	｜	｜	｜	｜	一	｜	一
64	山神爺	｜	｜	｜	｜	｜	一	｜	｜	｜	｜	｜	｜	一

續前頁

主神名＼州郡別		臺南市	嘉義市	◎新豐郡	○新化郡	◎曾文郡	○北門郡	○新營郡	○嘉義郡	○斗六郡	◎虎尾郡	○北港郡	東石郡	合計
65	五公菩薩	｜	｜	｜	｜	｜	｜	一	｜	｜	｜	｜	｜	一
66	太陽公	｜	｜	｜	｜	｜	｜	｜	一	｜	｜	｜	｜	一
67	太陰娘娘	｜	｜	｜	｜	｜	｜	｜	一	｜	｜	｜	｜	一
68	節婦孝子	一	｜	｜	｜	｜	｜	｜	｜	｜	｜	｜	｜	一
69	本官公	｜	｜	｜	一	｜	｜	｜	｜	｜	｜	｜	｜	一
70	挖子公	｜	｜	｜	｜	｜	｜	一	｜	｜	｜	｜	｜	一
合計		一三五	一二三	四〇	一四二	四二	六〇	一〇九	一七九	九二	八三	五八	一二五	一、一八八

(己)高雄州寺廟主神調查表 (昭和九年底)

	主神名＼州郡別	高雄市	屏東市	○岡山郡	○鳳山郡	○旗山郡	○屏東郡	○潮州郡	○東港郡	○恆春郡	合計
1	王爺	五	—	二四	一二	二	一	三	二三	二	七二
2	福德正神	六	二	一〇	一五	五	五	一五	八	五	七一
3	天上聖母	四	三	一八	九	四	九	八	一〇	一	六六
4	觀音	—	三	一〇	一五	八	二	一二	九	五	六四
5	玄天上帝	—	—	一〇	六	二	七	五	六	—	三六
6	三山國王	二	一	七	—	二	六	一〇	二	一	三一
7	關帝	四	一	六	七	七	—	三	一	一	三〇
8	保生大帝	六	—	六	六	一	—	二	二	—	二三
9	釋迦	二	—	六	一	三	二	二	二	—	一八
10	神農大帝	—	—	五	一	一	—	六	四	—	一七
11	太子爺	二	—	二	一	—	一	六	二	一	一五
12	清水祖師	一	—	三	三	一	一	—	四	—	一三
13	元帥爺	—	—	三	二	—	—	二	—	—	七
14	有應公	一	—	—	—	—	二	—	二	一	六
15	廣澤尊王	—	—	一	三	—	—	一	—	—	五
16	義民爺	—	—	—	一	—	—	三	一	—	五
17	城隍爺	一	—	二	一	—	—	—	—	—	四
18	法主公	—	—	一	—	二	—	一	—	—	四
19	三奶夫人	一	—	二	一	—	—	—	—	—	四
20	玉皇上帝	—	—	一	一	—	—	—	一	—	三
21	保儀大夫	—	—	三	—	—	—	—	—	—	三
22	三寶佛	—	—	三	—	—	—	—	—	—	三
23	孚佑帝君	一	—	—	一	—	—	一	—	—	三
24	三官大帝	—	一	—	—	—	—	—	一	—	二
25	鄭成功	—	—	—	—	—	一	一	—	—	二
26	大樹公	—	—	一	一	—	—	—	—	—	二
27	境主公	—	—	—	—	—	—	一	一	—	二
28	齊天大聖	—	—	二	—	—	—	—	—	—	二
29	孔子	—	—	—	—	一	一	—	—	—	二
30	開漳聖王	—	—	—	一	—	—	—	一	—	二
31	文昌帝君	—	—	—	—	一	—	—	—	—	一

	主神名＼州郡別	高雄市	屏東市	○岡山郡	○鳳山郡	○旗山郡	○屏東郡	○潮州郡	○東港郡	○恆春郡	合計
32	大眾爺	｜	｜	｜	｜	｜	｜	｜	一	｜	一
33	曹謹	｜	｜	｜	一	｜	｜	｜	｜	｜	一
34	彌勒佛	｜	｜	｜	一	｜	｜	｜	｜	｜	一
35	寧靖王	｜	｜	一	｜	｜	｜	｜	｜	｜	一
36	劉公	｜	｜	｜	｜	一	｜	｜	｜	｜	一
37	三侯公	｜	｜	一	｜	｜	｜	｜	｜	｜	一
38	註生娘娘	｜	｜	一	｜	｜	｜	｜	｜	｜	一
39	九天玄女	｜	｜	一	｜	｜	｜	｜	｜	｜	一
40	太保公	｜	｜	｜	｜	｜	｜	一	｜	｜	一
41	輔順將軍	｜	｜	｜	｜	｜	｜	一	｜	｜	一
42	水流公	｜	｜	｜	｜	一	｜	｜	｜	｜	一
43	衛府先師	｜	｜	｜	一	｜	｜	｜	｜	｜	一
44	大王公	｜	｜	｜	一	｜	｜	｜	｜	｜	一
45	先鋒	｜	｜	｜	一	｜	｜	｜	｜	｜	一
46	阿彌陀佛	｜	｜	｜	｜	｜	一	｜	｜	｜	一
47	五公菩薩	｜	｜	｜	一	｜	｜	｜	｜	｜	一
48	洪夫人	｜	｜	｜	｜	｜	｜	｜	一	｜	一
49	韓文公	｜	｜	｜	｜	｜	｜	一	｜	｜	一
50	蔡阿公	一	｜	｜	｜	｜	｜	｜	｜	｜	一
51	李仙祖	｜	｜	｜	一	｜	｜	｜	｜	｜	一
	合計	三七	一一	一三〇	九五	四二	三九	八五	八二	一七	五三八

續前頁

(庚)三廳寺廟主神調查表

(昭和九年底)

	主神名＼廳別	○澎湖廳	○花蓮港廳	◎臺東廳	合計
1	王爺	四五	｜	｜	四五
2	觀音	一三	二	｜	一五
3	玄天上帝	一四	｜	一	一五
4	關帝	九	二	｜	一一
5	天上聖母	六	｜	三	九
6	福德正神	三	一	三	七
7	太子爺	四	一	｜	五
8	保生大帝	四	｜	｜	四
9	釋迦	一	二	一	四
10	水仙王	四	｜	｜	四
11	城隍爺	二	一	｜	三
12	鄭成功	｜	三	｜	三
13	清水祖師	一	｜	｜	一
14	三山國王	｜	｜	一	一
15	三官大帝	一	｜	｜	一
16	元帥爺	一	｜	｜	一
17	義民爺	一	｜	｜	一
18	慈濟真君	一	｜	｜	一
19	玉皇上帝	｜	一	｜	一
20	玉皇公主	一	｜	｜	一
21	開漳聖王	一	｜	｜	一
22	施將軍	一	｜	｜	一
23	七爺公	一	｜	｜	一
24	文武帝	｜	一	｜	一
25	顯濟靈王	一	｜	｜	一
26	將軍爺	一	｜	｜	一
27	孔子	一	｜	｜	一
28	阿彌陀佛	｜	一	｜	一
	合計	一一七	一五	九	一四一

第二章 以所奉祀的主神為中心的研究

第一節 寺廟主神的史實或傳說

由前章知悉臺灣寺廟主神數約達一百三十一，本節就其全體依序探討史實或傳說。括弧內為所祭祀之神的別名。

一、神德正神 Hok-tok-Chen-sin（土地公、福德爺）

本神俗稱土地公，與臺灣的開拓具有深切的關係如上章所述。雖為守護農業之神，但同時為鎮守土地之神，又是經濟之神，故廣受臺灣人的崇敬。於第四章詳述之。

二、王爺 ong-ia（千歲爺、府千歲、代天巡狩）

類 神：五府千歲、三府王爺、李府王爺。

王爺有如下的數種傳說，同為幽鬼，乃臺灣人畏懼的神；然恐係道士之輩為使其所行的咒術有所本所捏造出來者（參照柴田氏前揭書頁五一以下）。

㈠明初三百六十名進士，參朝歸途遭遇颱風，悉溺死，朝廷深憐之，遂令地方官致祭。

㈡明末三百六十名進士，不願歸順清朝而自盡，其靈昇天，奉玉皇上帝敕封為王，承其命下降下界視察諸人的善惡。故王所居之處稱為代天府，祭日時抬神輿繞境稱為代天巡狩。

㈢明皇時代有道士張天師真人（漢張道陵的後裔累代稱為天師），道行深厚，能知未來過去之事，精通咒法，頗有名聲。明皇欲試之，乃徵天師到京師，先令及第之三百六十名進士在殿中地下室吹笙奏樂，對天師曰：「寡人常被如斯怪異之聲所煩惱。據卿所聞，妖否？怪乎？」天師認為並無怪異，率而答曰：「非妖！」明王更欲試之，問天師有無治法？於是天師在王前行咒法（拔大劍作斬地板狀），其聲乃止。明王奇之，遣侍臣探進士，而三百六十名悉數氣絕身亡。明皇憐其無辜而死，且恐遊魂為厲，賜王爺封號，使天下處處祀之。故王爺有多姓，聞蕭姓居首位。

㈣五府王爺：昔時池、李、朱、刑、金姓五進士（原文如此）擬赴考而途中宿泉州府某驛站。時有疫神數人，商議自某月某日起使瘟疫流行，降苦人間，遂投藥於井中，進士等大驚，對天祈禱願犧牲自己，以救人民災難，五人縱身投有毒之井中而死，使人們不得使用井水而免瘟疫流行。後世祭五人之靈，稱為五府王爺。

㈤三府王爺：昔時有池、李、朱三兄弟，均能樂，神乎其技，皇帝召三人奏樂，彼等天才妙技，驚倒聽眾。帝謂：此非人所為，必為鬼神之作，欲斬之。左右諫而不聽，遂斬之。其靈昇天，由天公封為王，受命降臨下界，監察諸人善惡。所謂三府王爺即祭此者。

㈥李府王爺：姓李。本無職業，作乞丐流浪各地時，被張天師馘首，張天師將其首級放置於箱內流於海，遂為其他乞丐所收得，遠近的乞丐聞而相聚者三百六十人，將其首級捧至臺灣皇帝（？）前，告以大家正饑餓求食。皇帝乃檢視其首級後向乞丐說：應將此首級奉祀為神，且授王爺稱號。

奉祀王爺之廟的神案，通常放置五個土頭鐵身或木頭竹骨者，稱為五營頭 (Go^n-ia^n-thau)，為王爺的從祀。又稱大巡 (Tai-sung) 之神亦奉祀於王爺廟，此神也稱係王爺巡狩中鎮護廟內之神，或原非本廟之神，由他方（或天）巡迴而來，一時逗留於廟者。

我於昭和十一年——西元一九三六年——訪問臺南市新町二之二七號的「天池壇」，主神是天王爺，未見到池王爺。廟之匾聯有：「溢（謚？）稱恭肅，封錫尊王，蹇蹇患名存大宋；糸（系？）出澎城，降溜江（似缺一字），昭昭靈德佑臺民。」「肅恭神人」「天心可鑑，人心可鑑，一點香煙祈萬福；池角生春，廟角生春，千秋顯赫蔭三臺。」

曾景來有關於王爺的研究（參見曾氏著《臺灣宗教迷信と陋習》頁一一九頁以下）。

三、觀音 Koan-in（觀音佛、觀音佛祖）

在臺灣觀音的奉祀，遠超越佛教諸佛。祂被視為對任何祈願均能允准的慈祥女神。這種想法似已滲透於平和的民族性之中。臺灣人對觀音的觀念，大體不出於如下的傳說（「觀音濟度本願經」）：

爾時慈航尊者，在大羅天宮逍遙勝景，座八寶金蓮，受用無疆。慧眼遙觀，見東土眾生，貪迷酒食、財氣、利鎖、名韁。造染罪愆，六道輪迴，轉報不一，醉生夢死，脫骨如山，冤緣相報，皆無了期。尊者不覺慈心悲念曰：吾自混沌分判至於今，為救眾生，託代東土，劫劫度人，功證無上正等正覺。今乃周末之際，人心不變，殺淫滔天，觀此眾生，冤孽何能解消，黑氣盤空，實實駭人。吾觀男子哩亦有知覺三教之理，明善窮原，嗄但視女子，不明天理循環，世所禁戒，有墮落不堪者也，細思塵苦，可悲可嘆。吾不如下世，脫化女身，解此五濁之災，以作後世榜樣，使婦女亦好知非改過，脫離輪迴之苦，免卻地獄諸刑，血河之艱，同登菩提覺路，共享極樂美景，方如吾願。當即啟奏
瑤池金母無極天尊座前……金母曰：爾若定要下世，時下塵苦，不比於前，須當小心，莫落苦海，自悞前程，謹記於心，後日吾命燃燈，指你大道，迴光返照。慈航叩謝洪恩，辭別諸佛菩薩，往東而來（下略）。

諸佛菩薩齊送慈航，來至興林國，霞光照徹宇宙，遍滿乾坤。東嶽、城隍、土地等神，齊

來迎接諸佛菩薩，談論返駕不表。且說伯牙國母夢中恍惚睹一太陽落於身懷，腹中有孕。光陰似箭，日月如梭，不覺十月胎足，娘娘生下公主，報與莊王知道，莊王曰：長女妙音，次女妙元，伊取名妙善，……公主自幼葷乳不食，乃長至五、六歲時，秉性善良，心靈異常（下略）。

上述觀音的傳記，很有趣的出現了三教（佛、儒、道）混淆的現象。即慈航尊者發心為救眾生，尤其是墮落的女子，遂於瑤池金母座前吐心事，懇求金母允許降世，終得其恩准叩謝而別，但瑤池金母本係道教的女神，並為今齋教先天派所祀之神。又慈航尊者降至興林國（當時此國係在妙莊王時代，國母伯牙氏為慈悲仁愛的女性）時，東嶽大帝、城隍爺、土地公等儒教系的（實質上毋寧說是民間信仰）地下之神、土地之神出而迎接，道教與佛儒的聯繫很巧妙地編在一起。

次舉關於觀音之特殊傳說：

㈠觀音佛為廖宗王的三女，名叫廖善，她自幼素食，雖已達適婚年齡，但不應父親的勸婚。說：自己素食，故擬終身不嫁，父大怒而絞殺之。適有無情風（亦稱遠魔風）起而將她身體捲至天上，因此以佛祀之云。

㈡觀音佛為妙莊王的第三女，名稱妙禪，父勸其嫁而不肯。父王大怒屢處以殺刑、火刑、水煮刑等，但均無動於衷，不言任何痛苦，且毫髮無傷。其後獨自到山頂造小屋居住。經年後有叛逆不法之徒作亂，計劃殺戮其父母及家族，她事先預知，暗中告訴父母兄弟，及早避難他處，事後眾人驚其有先見之明，而尊敬之。認為此係她日常信奉釋迦的靈驗所致，於是信者益眾。其後經過數百年，她到所謂地獄世界，目睹惡人被鬼卒責罰所苦之狀，引起惻隱之情，乃向他們開示佛教真意，引導至極樂世界云。

㈢往昔某年年末，謠傳翌年元旦地球必陷混沌之傳聞甚盛，人們大為驚慌，幾無生色。其中並有人認為應趁尚未死之前盡量飽食，而競相屠殺家畜。然而到了元旦，卻無任何變動，於半疑中，大家以為能免除此次混沌，誠為佛祖深恩所賜，從此信佛者日眾。

四、天上聖母 Then-siong-seng-bo（媽祖、馬祖、天后）

奉祀福建省林氏之女。相傳乃其母祈禱求觀音授生的孩子。故聖母廟通常於後殿合祀觀音。祂本來是水神，今已成為萬能之女神，極獲臺灣人信仰，其信仰實質上可視與觀音相同。關於聖母的詳細情形於第五章述之。

五、玄天上帝 Hen-then-Siong-te（上帝爺、上帝公、真武大帝、北極大帝、開天仙帝）

道士們以玄天上帝具有法力而奉祀之。其本質究為星辰，抑或人鬼，尚難以斷定，但據稱天宮守門之神，齊天大聖守南天門，玄天上帝守北天門，且亦有將其廟名稱為北極殿者（例如臺南市本町北極殿）觀之，關於本神所傳之誕生傳說，可能是將北極星予以人格化者（參照柴田氏前揭書頁一一八以下）。

次列其傳說：

㈠玄天上帝為某皇帝之子，名幸元，據傳某日有仙人啟開天門往下看下界，見有寶樹一株，仙人見此喜不自勝、凡心大動，遂降世為皇帝之皇子。元月十五日幸元出外觀賞上元宴會，幸元之師由天上發見之，立即命其脫離俗界去修行，於是捨太子之名，到武當山刻苦修行十八年。業成，天帝命曰：汝修行完畢，可往北極修鍊，因此治理北極。此時海中有無數毒蛇、毒龜，為害甚大，幸元乃予驅伏，除其害，是以世人仰其德奉祀之云云。

㈡玄天上帝係真武淨樂國王之子，三月三日誕生，神人授以寶劍，入湖廣武當山修行得道。後伏龜蛇兩怪物，得玄天上帝封號。一說謂明太祖朱元璋戰敗遁武當山之際，發見已荒廢的一上帝公廟，撥開蜘蛛網，藏身其內，祈求主神庇佑，而已破的蜘蛛網隨即復舊，因而免難，是以太祖即位後，為報其神恩，乃改建其廟，並新雕神像，懸掛題北極殿之匾額，並贈玄天上帝封號云。

（讀書人的傳說）

㈢上帝公原以刣豬（屠豬）為業。性至孝，奉養其母無微不至。母平素嗜豬腎，故有人雖以高價購買也不賣，而必將其奉上其母食用。彼至晚年，憬悟殺生之非，斷然捨屠刀，擬投之大海，然慮萬一有人踏之受傷，熟慮結果，自忖除納之自己腹中外，別無良策，遂將屠刀刺入胸腔中，胃及腸則投於河流。死後至冥府，佛嘉其生前的發心和覺悟，度至西天，成為開心尊者（開心尊者列為十八羅漢之一。後由朝廷贈真武蕩魔天尊的封號）。而原先投入河流的胃變為龜，腸變為蛇，為害世人，上帝公乃收為自己的部下云。上帝公神像兩足踏龜蛇其因在此。由於上帝公前身乃刣豬業者，故至今仍被屠宰業者所崇敬（一般通說）。

㈣曾有一刣豬業者和食菜人（指素食的修道人）同道擬到崑崙山參拜觀音佛祖。至山下，有一大河，不得渡，食菜人先躊躇之。刣豬業者見而一面說：「卿平日食素菜修道，不是自稱定力最深嗎？為何到此猶豫不前？」一面擬縱身投河到達彼岸。然因刣豬業者其身不清淨不被允許進入靈地，乃自己割腹抓出胃腸，投入水中，胃變為龜，腸變為蛇，彼乘此昇天，成為玄天上帝（臺北州新莊郡新莊街傳說）。

㈤玄天上帝原為泉州人，姓張，名不詳。從事屠宰之餘，兼任官衙的密探，常交無賴漢，為不正事，附近住民厭惡如蛇蝎。然住民懼有後患，每來則饗以酒餚，以求免遭毒害。某日他到一農家買豬，農家家人見之大懼，擬抓孵卵中的母雞供其享用，此時他卻昏昏欲睡，睡夢中見母雞化為人出現云：我們母子十一人為了你將被殺，請速救之。俄而醒覺，見農家母雞正要被殺。這一瞬間他頓悟以前之非，決心從此做食菜人，疾走到洛陽橋，割腹將臟腑投入河流，隨仙人而去。而其臟腑乃化為龜蛇，為害世人，後又不知其來自何處而手除其害。後人於武當山建廟奉祀之。

明朱洪武戰爭不利時，曾遁入該廟，敵人遍尋不著而去，洪武認為係此神之庇護，乃修建其廟，以酬神恩。此事傳至四方，亦被一般民眾所信仰（臺北州海山郡板橋街的傳說）。

㈥玄天上帝為屠宰業者，姓名不詳。因有所感而決心成佛，仍停止屠豬，到四方朝山拜神，某日在路途中遇到將生產的一婦女，該婦見附近無人，懇請他助其生產。然因接近不潔之物碍難成佛，斷然拒絕，但婦人再三懇求，於是不得已而應之。事後產婦又請順便代為洗淨污衣，彼又欲拒之，該婦說：此污物，不妨挑以長竿在河中略加漱滌即可，乃不得已而答應之，遂至河邊以竹竿將污物投入流水，此時水面竟出現玄天上帝四個字。心中認為不可思議，洗畢，回到原處，卻不見產婦。心中懷疑，後始悟產婦乃觀音菩薩之顯現，而自己被神明賜告得為玄天上帝，當場割腹，抓出臟腑，成神而去云（臺北州淡水郡三芝庄的傳說）。

以上諸端乃臺灣的玄天上帝之傳說，由此可以了解臺灣人屠宰業者奉祀此神的原由。本來此神的本質不是人鬼，可能是北極星的自然神。即中國人由人界類推天界，認為天界亦如人界有帝王百官，有朝廷，而信仰天界的帝王住北極，而有北極星的信仰。然今臺灣人所有的傳說，傳為係屬人鬼，其中還編入他們的清淨觀，非常有趣。（又臺灣稱好男色者為上帝公，賣男色者稱為龜精【Ku-cheng】或香桂姊【Hiu^{n}-kui-tse】。蓋上帝公之神像左足踏龜，右足踏蛇，而以肛門的隱語為龜【Ku】，以踏龜的上帝公作為好男色者的隱語吧！）

六、關帝 koang-te（關聖帝君、關夫子、協天大帝、武聖君、文衡帝君、帝君爺）

此神乃蜀漢昭烈帝的忠臣關羽，民間對於關羽的信仰有數種，因此作為被供奉的神明的數種名稱，有恰如將關羽的人格，依其屬性予以分門別類之情形者。茲舉這些傳說的大要：

㈠作為武神的關羽：中國自唐朝起祀太公呂尚，比照文廟奉祀四配十二哲之例，在武廟奉祀古時的名將勇士。元世祖忽必烈統一中國之後，文聖人以祭祀孔子為萬世不易之定論。而武聖人則未決定，不無遺憾，乃定關羽為武聖人，編入祀典。後至清朝關羽的尊崇復起，到處的市街村落均建立關帝廟。有忠義神武靈佑仁勇威顯關聖大帝的封號。

㈡作為佛教神明被奉祀的關羽：一說關羽殉節後，於玉泉山顯靈時，依附普靜禪師說法而歸依，其後因關帝崇拜興起，佛教徒認為其義氣足以攝護佛法，乃引之作為「護法之神」。此種傳說被繪為佛畫，為佛教徒所周知。又在天宮，以「關壯繆」之名侍奉上帝，負責監察人間善惡云。

㈢作為儒教神明被奉祀的關羽：稱為「文衡帝君」，列為五文昌之一。有「山東一人作《春秋》；山西一人讀《春秋》」之言，而被稱為山西夫子或關夫子，尊崇為亞聖、亞賢。

㈣作為商業之神的關羽：關羽生前曾執事兵站，擅記帳，設今日一般所行之簿記法（即設原、收、出、存四項，加減求出計算的數目之法），因此被後人認為係記帳計算的高手，從而成為商業之神。另一說以商人最重信義，奉祀忠烈的關羽，以期無悖信義。商人通常稱關帝為關夫子、關

帝爺。（柴田氏前揭書頁七五以下）

七、三山國王 San-sang-kok-ong

廣東人渡臺時奉祀而來者，凡廣東人部落必有此廟。本神乃指廣東省潮州府揭陽縣的獨山、巾山、明山三山神。我曾目睹臺中州彰化郡鹿港街三山國王廟（其後廢止？）安置男神三像，配以夫人像三尊。

一說曰：唐代潮州戰亂時，該三山的神明顯靈，救護官軍，平安後受三山護國王之敕封云。或曰：宋徽宗、欽宗為金人所俘，康王亦蒙塵。康王承隙逃亡，遭金兵追擊。此時忽然出現紅面、白面、黑面三人持矛擊退金兵。康王問其住所、姓名，但僅指居於此三山之麓而去。康王即位後遣使臣往訪，惟未見人家。康王認為自己係三山之神所救，乃賜以封號云。另一說謂宋帝昺被元兵追擊時有上述之奇蹟乃賜封號。粵族對該神的尊崇最為隆重，故而當移住臺灣之時必奉祀國王神位，以祈求保佑平安云。

八、保生大帝 Po-seng-tai-te（吳真人、大道公、花橋—原著「轎」乃筆誤—公）

此神為神醫。臺灣係瘴癘之地，且醫療設施極不完備，所以本神在醫神中廣被信仰。

《臺灣府志》曰：「按真人名夲，泉之同安白礁人。生宋太平興國四年。醫藥如神。景祐二年卒，里人祀之。部使者以廟額為請，敕為慈濟。慶元間敕為忠顯，開禧二年封英惠侯。臺多漳、泉人，以其神醫，建廟獨盛。」（同志卷一八、頁八七）。

按：「吳真人名夲，同安人，由貢舉授御史，仁宗時醫帝后愈。煉丹濟世，景祐間蛻化于漳州白礁，乘鶴昇天，其後屢著神異。」（《同安縣志》）又「宋吳夲，海澄人，母夢吞白龜而孕。學道雲遊，得三五飛步之術，以濟人為念，沒而靈焉，鄉人祠祀之，祠旁有泉，以治病無不愈。」（《漳州府志》）

臺北市大龍峒保安宮以保生大帝為主神，副祀隨從三十六官將，係嘉慶元年創建。聞對治愈疾病有靈驗，信徒頗多。相傳明治三十年（西元一八九七年）左右臺北州新莊街流行霍亂，防疫之策已盡，最後迎請本神，隨著神輿巡狩，霍亂乃止。又聽說臺北州樹林濟安宮大道公作為痘神特別靈驗顯著。關於本神之特殊傳說如次：

㈠保生大帝稱為吳真人，某皇后乳房生腫疱，極為痛苦，命陷危殆，乃聘當時名聞中外的吳真人前來診斷。而皇帝卻懷疑吳真人的能力，令吳真人在皇后居所之別室，將絲線一端縛於物，另端繫於真人之手，偽稱絲線係纏於皇后手脈，命其診斷。吳真人立即答曰：「此線非縛皇后手脈，乃縛於物。」於是皇帝驚異乃信其醫術，遂將絲線縛於皇后之手交與吳真人診斷。真人曰：「皇后的乳房正生腫疱。」立刻調配藥劑奉上，皇后不久病癒，皇帝大驚（喜？），賜保生大帝封號云。

㈡他生於貧家，姓吳。家有一榕樹，某時被大風所吹倒，他大為心痛，持一條紅線，縛在已倒地的樹上，叫姓王的人，請其將樹扶起來，王姓等人認為以一條絲線欲扶起大樹，是何等的痴漢，付之一笑。然吳仍堅持令其扶起大樹，王姓等人不得已為之，奇蹟似的絲線竟未斷而扶起大樹，旁觀者大驚，認為他是聖人，死後奉祀為神云。

㈢保生大帝的姓名係孫思逖（邈），為中國唐朝有名的御醫，據傳說某時龍神化為人，請其診療眼疾。大帝診療後曰：「汝非人，乃龍。此葯與汝，希歸去後服用。」祂辭行離宅後即化為原來的龍體，即刻昇天。大帝著有內外科醫書十三冊，傳於後世，後人尊為神醫，祀之為神。

㈣保生大帝姓吳，名猛。生於武陵縣，七歲而事父母至孝，盛名顯於閭里。及長任南海太守，有道術，渡江河不借舟楫，常以白扇畫水而涉之。觀者無不稱奇。友人之家曾有死者，死後數日，吳猛往弔之，以道術使其復生，世人從此稱吳猛為真人，後乘白鹿寶車昇天，朝廷封為保生大帝。

㈤保生大帝以醫為業。某日有一壯漢來，欲試大帝醫術，偽裝生病，請其診療，大帝診療後曰：「汝無病，但弄醫者不得免死。」果然十數日後該壯漢竟死。鄉人乃傳說此無病之人乃為其所殺，懼甚，遂無人請診，大帝因之窮於衣食，徘徊諸方，在某地見有人被誤認已死將埋葬，大帝由其血液判斷該人未死，而掘出予以治療，竟使其痊癒，由此復得良醫盛名，成為宮中御醫，後辭職返泉州白塔（礁？），化為神。

此外尚有神醫如左：

華陀先師 (Hoa-to-sen-su)：祂是漢朝人，字元化。通經史，究養生術，雖已百歲，尚凌壯者，謝絕出仕，精通藥方，善解剖術。據傳曾為曹操治癒頭痛病，操再患病聘其治之，因厭惡操不忠不予治療，隨為曹操所殺，世人奉祀為醫術之神。

九、釋迦 (Sek-kia)

為釋迦尼佛，似毋庸贅述。

一〇、有應公 Iu-eng-kong（有英公、金斗公）

類　神：萬善同歸、地基主。

有應公乃收祀無後裔的無祀枯骨或神主牌，其名稱係取祀之必應之義。由收祀多數屬於枯骨而言，與後述的大眾爺具有相同性質之神。我在新竹看到奉祀俗稱聖公 (Sia^{n}-kong)、聖媽 (Sia^{n}-ma^{n}) 夫婦二尊的神像。而在臺北附近所見到的大多數並無有應公的神像，唯收祀多數的枯骨。（關於有應公有曾景來氏的研究，同氏前揭書頁八七以下。）

此外有：

萬善同歸 Ban-seng-tong-kui：將械鬥而死亡之許多人予以合葬者，名分清楚者，有的作為義勇公或義塚公奉祀之。

第二圖　有應公及萬善同歸（宜蘭郡礁溪庄，昭和十一年九月撮）

孤魂及地基主 The-ki-tsu：孤魂乃無嗣的無祀靈魂，有不祭則厲的信仰，一般在七月中行普渡（中元節）祭之。又各住家於每月朔望之日稱為作牙，祭土地公之後，謂其家宅先住者無嗣孤魂為地基主，予以祭之（地基乃指住宅用地）。

豬稠公及牛稠公：家畜之神，在豬稱為豬稠公，在牛稱為牛稠公。然本神的神格不清楚，只為了祈求家畜的繁殖與治病而想像出來的，當然不做神像，而其祭祀係在年中各節為之，只在長椅上擺五味菜飯上供而已。

家畜患病時通常祈願前述兩神，倘仍不能達到目的時，進一步祈禱有應公或好兄弟仔（臺灣人稱餓鬼或孤魂為「好兄弟仔」）。

一一、清水祖師 Chhen-tsui-tso-su

類　神：祖師公。

清水祖師為泉州府安溪縣人最尊崇的神明，被尊為潔白公平的祖師。

按：《福建通志》載：

普足，清溪蓬萊山僧也，本永春小姑村人，幼出家大雲院，長事大靜山明禪師，業就辭還，募造橋梁數十所，以度往來，為眾請雨，如期輒應，眾大悅，築室蓬萊山清水巖以居之。普足名重建劍汀漳間，檀施為盛，居巖十八年，造成通泉、谷口、汰口諸橋，砌洋中亭路糜費巨萬，皆出於施者。其徒楊道、周明，於巖阿累石為窣堵二，臨崖距壑若有神像，非人巧所能逮，巖石中日出米，足工匠食，役畢米絕。有公銳者，素不茹葷，堅持梵行，普足常稱為高足，一日屬以後事，說偈端坐而逝，建中靖國元年也。鄉人甃塔刻像事之，分身應供，現影赴齋，稍不虔，輒有雷電迅擊之異，累封昭應廣惠慈濟善和大師。俗傳普足初築室時，有畬鬼穴其中，普足與約以法相勝，鬼置之穴中火薰七日夜不死，普足出曰：汝任吾治，出布懸崖，延鬼偏坐其上，布斷盡墜巖底，逐而穴閉之，今塑遺像黑，鬼之所薰也。後其像為山寇所斲傷鼻，僧人取以傳之，鼻如故，有不愜，輒不見，或得之袍袖中，獲得之胸腹前，其靈異如此。先是，普足嘗指邑之閬山曰：此真佛家鄉也，後數十年吾當現身於此。紹興四年七月十日雷火燒山，自夜達旦，鄉人異之，躋攀崖險至石門，人跡不到處，見白菊一叢，薑三叢，香爐一，普足在焉，遂即其地創祠，號為清水別巖。」（同志卷二六三第三四、五章）

關於清水祖師的特殊傳說如次：

㈠祂是福建省永春府（州）小姑村人，姓陳，名應。自幼出家為僧侶，修行得道。明朝萬曆皇帝在位某年為大旱祈雨，靈驗顯著，自泉州府安溪縣彭內鄉始，在各地被奉祀為神。

㈡祖師之嫂產後無法準備餐食，乃命祖師拾柴。然未見祖師拾柴，而卻已在廚房炊火，嫂疑而竊視之，見祖師竟將兩腳伸入灶中燃燒，以代柴木，乃大驚，馳入廚房欲救之，祖師忽由煙囪出，不知所往，故而祖師神像的臉色均黑云。

㈢祖師原以屠宰為業，某夜媽祖託洗滌污穢物，祖師不拒洗之。被洗物立即變為青色神旗，大驚，叩問媽祖何故，媽祖問祖師曰：「汝有無成神之願望？即使有此願望，然汝以屠宰為業，精神骯污，到底為不可能之事。」說罷而笑。祖師恥甚，立即切腹，洗淨腸胃，以淨其身。媽祖大喜，乃渡之成佛，後人所以崇敬為潔白公正之神予以信仰，係因有如斯之說法故也。

此外，有左列祖師：

祖師公 (Tso-su-kong)：祖師或祖師公有種種的名稱，清水祖師、顯應祖師、照應祖師、三代祖師、蓬萊大祖、普奄祖師等是也。又就臉色可區分為：金面（或文面）祖師、黑面祖師、紅面祖師。綜合各種傳說，這些祖師似完全為同一人而得祖師之號，一說是達摩，然視其神像，與達摩有異，恐乃達摩以外的佛教徒。若依臉色區別，如五谷仙帝神像亦有之，同一人遭遇特殊事件，如服毒，或中敵人魔術，而出現生理變化，並非另有其人（亦有三人乃師兄弟，長者為黑面的清水祖師，次者為紅面的顯應祖師，第三為文面的三代祖師之說）。清水祖師為安溪縣人（閩族）最尊崇者，顯應祖師次之。

顯應祖師：中國唐朝高僧，名孫應，當時泉州府安溪縣彭內山中棲惡鬼，附近住民不得不每年供給男女各一人為犧牲，彼聞之，擬自任犧牲，入山討伐惡鬼，降伏四鬼，其中二鬼即為從祀的林將軍、張將軍云。後來附近住民感懷孫應之德，欲建一座廟宇，由於祂的德行，建築材料及油鹽等乃自山中飛出，或湧出。現祖師廟的柱，稱為浮柱，所茸的屋瓦，稱為飛瓦。又彭內之廟由九十九棟建物而成，若增建一棟，必潰破其中另一棟，咸信增築九十九棟以上，係違反祖師之意云（臺北州新莊街）。

一二、三官大帝(San-koa^{n}-tai-te)（三界公）

三官大帝的尊貴被視為僅次於上帝，一名三界公，即祀天官一品、地官二品、水官三品的三界。咸信本神乃承玉皇上帝之命，降臨下界治理民眾。天官一品（紫微大帝）賜福與人；地官二品（清虛大帝）赦人們的罪；水官三品（洞陰大帝）解人的災厄，各在上元（一月十五日）、中元（七月十五日）、下元（十月十五日）舉行三元之祭，相當熱鬧。此神與玉皇大帝相同，大都僅備爐（稱為三界爐）奉祀，其廟稱為三界壇（例如臺南市幸町一之一〇八）。

茲記傳說之一、二：

㈠昔有張天師區分天、地、水三界，使病者服符水，結果病皆痊癒。稱此為三界神的靈藥，自此人均信之。

㈡後漢末期有張道陵，使有病者自作寫有自己姓名之服罪狀三張，一張上於天、一張埋於地，一張沉於水，祈禱疾病痊癒，結果皆癒。人們認為此乃三界神的靈驗而信仰之。

㈢以上乃將天、地、水作為三官大帝，但亦有將堯帝、舜帝、禹帝合為三官大帝者，即象徵堯帝之至仁感天，舜帝之開墾土地，禹帝之治平洪水。

一三、太子爺 Thai-tsu-ia（中壇元帥、李哪吒、哪吒元帥、哪吒太子、羅車太子、太子元帥）

太子爺為巫術者（童乩、尪姨——即女巫等）的守護神，又被其他人視為神將神兵的總帥，乃鎮壓邪鬼的神。

茲舉最近假借太子爺降壇治病為名，騙取二千餘圓（元）的事件。臺北市日新町一丁目（即一段）殺人竊盜詐欺前科犯黃德濱，年四十一，自宅奉祀太子爺。適有同市有明町劉好者，年五十四，患有婦人病，她到黃宅，請太子爺降壇，云被無主孤魂所祟，以祈禱費以及符咒費名義，三年內二十餘次，每次或五十圓，或一百圓，合計被騙取二千餘圓云云（昭和九年——西元一九三四年——五月三十日《臺灣日日新報》

又太子爺因具有兒童的形貌，被視為愛小孩的神明。太子爺的傳說其大要如次：

㈠本神乃殷商紂王時代任職陳塘關總兵的李靖三男，李靖有三子，長子名金吒；次子名木吒；三子名哪吒。而哪吒為乾元山太乙真人之徒靈珠子的化身，在其母懷胎三年六個月始生，生時為一肉球，父李靖認為此乃怪物拔劍破之，結果竟發出異聲，肉球分為兩半，飛出一個小孩。父母雖驚駭，然見小孩眉目清秀，頗有奇相，乃大喜養育之。哪吒出生之翌日，太乙真人（後為哪吒之師）為了指示其原性本能，乃向李靖請求見其子，並承諾他日收為弟子。哪吒生而聰穎，異於群童，父母甚愛之，七歲之夏某日偕伴出遊，至綠柳濃蔭的九灣河口，哪吒於水中沐浴，因先天具有神骨，加上身帶鎮山法寶，忽現奇蹟，引起大海嘯，震動了龍宮，宮殿幾乎為之傾崩，東海龍王以自己領域被侵犯而怒，遣太子三人圍攻哪吒，但哪吒的仙術優異，龍王的太子竟被抽去龍筋，敗北而歸。此事上聞玉皇上帝，哪吒以不法殺東海龍王太子之罪，將受嚴罰，父母亦將受其連累，因此哪吒為此自疚負其責而自殺身死，骨還父，皮肉還母，嗣後龍王將此情回奏玉皇上帝，而終結其事件。哪吒死後魂魄無依，隨風飄蕩至乾元山，依師太乙真人之指示，託夢其母，請求於翠屏山建以哪吒行宮為名之廟，以享人間香煙，母如其言建廟祭之，不久被認為靈驗顯著，附近住民參拜者日眾。偶然其父李靖巡視地方聞之，以其生前干犯大罪，死後尚立祀為神，誑誘愚民，於理不當，怒而毀其廟，並破壞神像。於是哪吒的魂魄又失其所依，不得已再到乾元山，哀求其師，師乃以蓮花之莖為其造體，使魂魄有所歸依，又授以法術，哪吒乃成就仙體。哪吒自思，既將骨肉還與父母，已無父子之關係，其父尚擅加制附，實不堪忍，乃索性對父開戰且大敗之，父力盡之餘，應允仲裁人之調停，事態乃結束。哪吒於師處，更加磨練武術，其技益進，適周武王伐紂王，奉師命作武王之先鋒，討滅紂王，其後哪吒仍歸乾元山，作仙人云。附帶一提的是，中壇元帥神像所纏的飛帶，據說是奪自東海龍王三太子的龍筋，但飛帶乃為增加神像威風所加，中壇元帥所佩者可能亦是如此，所謂龍筋云者，諒為附會之說。

㈡商朝與周朝交戰之際哪吒年僅七歲，發明風火車，乘之臨軍如疾風（又曰：七歲作周朝一方之大將，遂破商朝），然於此戰殺害東海敖光的太子，內心恐懼乃入華眉山自裁。今試想當時情境，祂至東海龍宮剿討衛兵，殺龍王之子而歸，龍王大怒，夥同東海（南海？）、西海、北海龍王尋李靖報仇，但因懼哪吒之威武，無敢近者。哪吒到其師太乙真人處，報告殺東海龍王子之事，請示當如何善處？師答以除自殺外，別無他途。乃書「死在金鑾殿，葬在太子山」。自裂其肉，以還父母，且擬獻骨於天神而昇天為神。後世稱其武勇，謚「太子爺」祭之。

㈢皇帝（？）李靖三子名李羅車，為人活潑，七歲時獨至海岸，以魚具捉魚戲玩時，到龍宮見到了龍王，因破壞宮中寶物，且行為粗暴，龍王怒而送回，並將情報告其父李靖，其父給予嚴懲，但彼已修成隨機應變之術而嚴懲不成。彼且用其術昇天，得天公之允，獲天門五門（東、西、南、北、中門）的中門指揮權，時南門常存火氣，當時南門指揮者喜玩弄火氣而致頻頻失火，乃復以彼代之，結果得以平安無事云。（附帶一提東門屬木，西門屬金，北門屬水，中門屬土。）

一四、神農大帝 Sin-long-ai-te（五谷仙帝、藥王大帝）

第三圖　神農大帝（宜蘭街巽門五谷廟，昭和十年三月撮）

神農大帝是中國古代的炎帝神農氏。今日臺灣的農民仍奉為五穀豐登之神，醫師、藥舖則尊為藥王奉祀之。

又五谷仙帝（或五谷先帝）本來肚腹玲瓏透徹，但為了嘗試各種藥草，最後食罌子，致透明的肚腹變黑，不再透明云。而其神像有文面、紅面、黑面三色。

有相同關係的神話如下：

太乙真人：（亦稱太乙救苦真人或真人先師）載於《玉皇真經》。使用五谷仙帝所發明的藥劑治療諸病之醫術的第一人，被醫界所尊敬。

一五、開漳聖王 Khai-chong-seng-ong（陳聖王、聖王公、威惠聖王、陳府將軍）

唐文官陳元光乃被封至當時尚未開化而難治之地的閩，排除萬難，驅逐土著番族，建設漳州府的人。漳州人感其恩德，奉為鄉土的開基祖，而深深信仰之。在臺灣凡漳州人的部落，必有本神之廟，又被認為是臺灣陳姓的鼻祖，崇敬最深。關於本神有如次的異說（參照柴田氏前揭書頁一〇八以下）：

㈠陳元光唐朝時生於河南省固始縣，長而出仕，後受則天帝之譴，流放漳州，陷入苦境，唯不屈不撓，熱心開山拓野，為此漳州一帶，日見進步，後人追崇其功，乃建祠祀之。

㈡漳州人和泉州人因田畑（旱田）持分之紛爭而惹起械鬥，陳元光征泉州人有功，漳州人敬佩其武勇，奉開漳聖王名號云（臺北州宜蘭郡頂雙溪）。

㈢陳聖王於唐朝時和沈勇、季義、許大惠、歐伯妃、馬倉仁、陳正等諸將軍征服漳州地區的大部分，但攻擊漳州府漳浦縣娘媽寨之際全軍戰死。其後漳州人感其德建廟祀之（臺北州金山庄）。

一六、鄭成功 Ti^{n}-seng-kong（鄭國聖、開臺聖王、開山聖王、國姓爺、延平郡王）

亦稱開臺聖王 (Khai-tai-seng-ong)，以歷史上的事蹟甚為有名，此處略之。

一七、大眾爺 (Tai-chong-ia)

大眾爺為陰司，即冥鬼中的首長，具有掌管眾多孤魂的職權，就收納多數的枯骨而言，類似有應公。然有應公大概只不過收集無祀的枯骨而已，大眾爺亦有稱為文武大眾爺者，其祠堂大概亦較有應公大，不得不視其神格化的程度較高。然皆為同一系統的神明。

昭和八年（西元一九三三年）我訪新竹市東壇有應公廟時，看到石壁刻有如下的文字：「東壇首之有應公猶南門外之大眾爺廟也。溯其建立雖有先後之殊，然厥神靈實無彼此之異。所以時逢七月，應齊訂赦罪之期，節屆中元，敢獨廢賑孤之事哉。第念甘露門開，三日之需供不少；蘭盆會結，一朝之費用未敷。況且大眾爺之樂助既已有人，而此有應公宮之勸捐現在無任。爰是不憚倡首，鳩集眾善信之金，謹佈同心，贖回陳世慶之業，將出息之租，收為普慶之費，庶大眾爺廟之盛舉有關在先面，有應宮之好施能總於後矣。是為序。（下略）」又《臺灣私法》載：「大眾爺為典禮所謂之厲，俗稱有應公，祀無嗣神主，各縣皆有官設之厲壇，民間亦設小祠，每年清明、中元及過年（年末）祭之。」（同書第二卷上頁二五〇）

檢視在臺灣奉祀大眾爺的由來，有累累無主之公墓，或分類械鬥（臺灣人間的私鬥，福建人與廣東人之間，或同為福建人中泉州人與漳州人之間也會發生）而死之亂屍，因懼其為厲，乃祀祭掌管這些孤魂之職權者，及幽鬼中的首長大眾爺，使其監督群孤。可知此種情形乃因臺灣為移民的社會，徒手單身渡臺不幸而死者甚多，為其基因也。

臺北市萬華（艋舺）的大眾爺廟附近原為墓地，無主的枯骨甚多，乾隆二十三年五月間將之改葬，而有該廟，但今日此地已呈現都會化的模樣，連附近的人們亦忘卻這種沿革。

新莊街大眾廟亦有同樣的沿革，該大眾爺並非單獨奉祀，係併祀於地藏庵，因此該廟正式名稱為地藏庵，係創立於乾隆二十二年。當時，附近為公共墓地，歷經星霜，枯骨暴露於風雨中，甚令人悲嘆，另一方面儘管新莊街興隆達於極點，但無廟宇可祈禱地方的平安，乃奉祀地藏王，並集無主枯骨於旁邊，奉祀大眾爺營建此廟，同時亦奉祀其他諸神（《寺廟臺帳》所載）。其後大眾爺靈驗顯著，終於盛傳至四周。

一八、元帥爺 Goan-soe-ia

類　神：田都元帥、岳元帥（岳飛——即精忠武穆王）、張、許元帥、趙、康、馬、溫元帥，陳府元帥（陳世）、林元帥、劉元帥、謝元帥。

元帥爺概為讚揚昔年有勳功者予以祭祀，並統稱為元帥。因此其傳說亦因地而異。人們相信當匪徒蜂起臨陣應戰，或「隘丁」討伐「蕃人」時，奉元帥爺等神進攻，依恃其靈驗，必定戰無不勝。

元帥爺可區分為田都元帥、陳府元帥、林元帥等等，其他尚有另記諸神，雖亦可歸列為元帥，但為了方便計乃獨立述之（例如太子爺、顯濟靈王）。

㈠田都元帥 Tsan-to-goan-soe（相公爺、相江爺）

唐玄宗皇帝之臣，能歌善舞，被封為昭列侯。奉祀為音樂及演藝人員的始祖。

據傳田都元帥為唐代人，出生下來，父母以為凶，棄於田野，有大蟹，使飲水泡以養育之。

後被里人所拾，習文練武，終為翰林。又善於南方音樂，被玄宗所寵愛，死後玄宗蒙塵時，以靈驗救之，空中出現田都二字，乃賜以田都元帥之名。

據上述可知西秦王爺（玄宗）與田都元帥原有君臣關係，對於音樂與演戲之貢獻，關係密不可分，但在臺灣卻因演員的流派，僅限於奉祀其中之一。蓋臺灣的戲劇可分為北館及南館二大系統。通常所演者乃屬於北館系統的「南談」（「亂彈」）與屬於南館系統白字戲仔轉化的「四評」。所謂南談乃以江南發音所演的戲，戲法比較正規，音樂亦較正確，故為老輩人所喜。所謂四評係以福建、廣東、浙江、江西四省的音聲語言操口白，在臺灣乃以臺灣話演出，據說比南談其藝較為易習。此二派的戲班，南談僅祀西秦王爺。四評僅祀田都元帥。兩派互不關連，或係因生意上的分庭對抗而涇渭分明。

臺灣北部之所謂西皮、福祿兩派，係依其所用樂器名稱不同而分，西皮乃在樂器弔規仔（Tiau-kui-a）張上蛇皮，而以江西省出產的蛇皮最具妙音，特別貴重，故以西皮的名稱之。福祿因樂器提絃（The-hen）的形狀類似葫蘆，其音與吉利的福祿發音相近，乃以文字福祿名之。福祿屬於北館即南談的系統，西皮屬於南館即四評的系統。西皮奉田都元帥，福祿奉西秦王爺相鬥，臺北州下的宜蘭、羅東、基隆諸郡，因為兩派相鬥，往往需要警察予以鎮撫。附帶一提的是布袋戲（掌中班）即人偶戲則奉祀西秦王爺、田都元帥兩神。

(二)田府元帥 Tsan-hu-goan-soe

臺南州新化郡安定庄一二〇號宋公爺廟以此為主神。同廟所傳如次：

宋公狀元及第後，因北蕃做亂被派為元帥，他乃令部下演戲，讓北蕃觀看，演戲晝夜不停，觀戲者因疲勞而入睡，乃乘機將北蕃全部斬殺而平定變亂，威服蕃人。其後帝室發生火災，彼指揮部下迅至現場撲滅。因功賜田府元帥名號云（《寺廟臺帳》所載）。

㈢陳府元帥 Tang-hu-goan-soe

臺南州北門郡將軍庄苓子寮二七七號有本神之廟。生前之名為陳世。聞為同郡學甲庄一六三四號現戶主陳石虎之祖。生前頗為奸惡，多為殺人越貨之事，為世人所唾棄，死後尤懼為祟。

㈣林元帥 Ling-goan-soe

臺南州東石郡朴子街雙溪石媽宮的主神，同地有二、三處分靈。相傳為往昔中國泉州府南安縣官吏，地方民家深感其德望。

一九、義民爺 Gi-ming-ia（義民公、忠勇公）

奉祀於內亂外患之際為義而死的義民之靈，總稱為義民爺。在廣東人部落者多。因各地不同而史實有異。

例如新竹州新埔庄枋寮之褒忠廟清朝時稱為義民廟，奉祀於朱一貴、吳福生之亂義勇殉節的廣東人。又高雄州西勢庄之忠義亭祀下淡水溪流域某庄住民於林爽文之亂倡義殉難的人。此外也有將因分類械鬥而死者以義民公奉祀者，例如員林郡永靖的英烈祠、東港郡佳冬庄茄苳的忠英祠。

二〇、文昌帝君 Bun-chong-te-kun（梓潼帝君）

文昌六星的總稱，或謂北斗星之一。作為守護文教隆盛的神，讀書人尊奉之。二月初三日為此神誕生日，在臺北地方每年二月十七日讀書人及書塾老師等均舉行祭禮云。

依小柳司氣太博士說，文昌星自古出現於中國，有太將、次將、貴將、司祿、司命、司災六星，以司天界法律規則為本職。「文」指禮文制度，並非文學的文。然後世曲解其意，乃尊為文學之神。按文昌星道教稱之為梓潼帝君或文帝，兩者合而為一。（《東京帝大講義》）

魁斗星君：此乃「奎星」的信仰與北斗星的「魁」所混同者。奎星為北方之星，由分野（即古時分封諸侯的疆域）說明，位在孔子之國魯，視為司文章之星。於臺灣可在文廟或各地寺廟見到魁斗星君的像。

五文昌帝君：文昌帝君、魁星爺、文衡聖帝、朱衣神、呂洞賓的總稱。以上諸神均為祈願文章進步，或考試及第所拜之神，人們所以對其崇敬，乃含有避禍邀福之心情，與尊崇文廟孔子的人格、儀範有所不同。

二一、城隍爺 Seng-hong-ia

城隍名稱的由來，乃《易經》：「城復于隍，勿用師。」及《禮記》：「天子大蜡八，水庸居七。」云。

前者的意思是城乃掘隍，將其土盛高而成，故其城逐漸崩潰，土復於隍，示政令紊亂，天下不保，此時即使民心背離，引起叛亂，亦不可出軍討伐之意。後者乃云：「天子歲末大祭——蜡祭八祭中的七祭係關於水（即隍）與庸（即城）。」

城隍之神自吳赤烏時代已見特祀，後遂普及天下。如此古代都城濠水之神，漸漸成為都城的守護神。更結合道教思想，成為司法警察之神。清代以後專為後者之意而尊信之，在臺灣亦然。如同今日的法院給與一定的管轄區域。臺灣各地所設的城隍廟約有三十，其中可能是臺南市清水町的城隍廟神權最高。各地城隍爺如此形成為上下系統，擔當監督管轄區內人民正邪善惡之任務。

城隍爺作為臺灣人代表司法之神，對我們提供法史上極有趣的資料，對於此部分的研究，擬往後另著之。

二二、廣澤尊王 Kong-tek-tsung-ong（郭聖王、聖王公、郭洪福、保安尊王）

此神有各種靈驗，泉州人（尤其是郭姓）、漳州人均祀之。據傳說特別對出外謀生者具有靈驗。臺灣人所祭的神，僅此神安奉於小箱，蓋為渡臺攜帶方便之故。泉州府南安縣鳳山寺為其祖廟。在日本領臺之前，個人或團體每年一次均到泉州府祖廟參拜，已成慣例，可知人們對其信仰至深且廣，然本神僅可說為傳說之神，尋其原由乃來自一少年的木乃伊，在歷史上不能確認其事實（參照柴田氏前揭書頁六九以下）。

㈠廣澤尊王為泉州府南安縣人。姓郭，名洪福。唐汾陽王郭子儀的後裔，性至孝，幼時被別家傭為看牛人，每日往返遠路省其父母。年十六，某日牽牛登山，翌日趺坐古籐之上逝世，母來悲甚，欲抱其體時，而左足垂下，今日尊王神像的左足垂下乃其因云。

㈡廣澤尊王為晉朝人。晉朝廷初賜郭將軍稱號，次賜提伯王，再次賜廣澤尊王封號。清同治帝敕封保安尊王，宣統帝賜救濟真人封號云。

㈢廣澤尊王的靈驗乃某朝（大概是清朝？或為前述同治帝年間也未可知）時，外夷來獻內填炸彈的大蠟燭，朝廷不知其內情，而以為珍品嘉納之，此時忽有一侍臣成童乩（所謂掠生童）喊曰：「我是廣澤尊王，外夷呈獻之大蠟燭裝有炸藥，如在宮中點燃，有危險。」隨引至郊外試驗該蠟燭，果如其言，朝廷為報廣澤尊王的神恩，乃賜封號云。

㈣廣澤尊王既祀於廟後，看中安溪司公（即道士）之女係具有神骨（謂具有為神天賦的性能者，例如天上聖母可成化為神之女子稱有神骨）的處女，欲娶為妻，一日她來到河川洗衣，尊王流放內置鏡、簪、梳子等物的匣子作為定婚禮品讓其拾得。她不解神意，不久乃依父母之命與某男訂定婚約，乘花轎出嫁時，途中大風起，花轎被吹至廣澤尊王廟內。安溪司公認為廣澤尊王妨礙民女出嫁，要讓祂難堪，以道術掀起洪水，擬沖毀其廟，於是廣澤尊王乃化為陶器商販，荷一擔陶器入廟，時水已深至神桌，乃坐案上，丟一個飯碗水深則減去一寸。再三丟碗，水稍微減退，後覺太麻煩，乃打破飯碗，散布碎片，每片威力不遜於一飯碗，洪水遂退，安溪司公見洪水不能毀其廟，遺恨而死，臨終時囑其妻，於棺木四隅置火，此乃等於在廣澤尊王的四隅放火，企圖火燒其廟。廣澤尊王乃化為一老婦，弔問司公之妻，謂於棺內置火，對死者未免太過無情，勸其中止，但其妻為尊重夫之遺言，不聽勸止，尊王乃改勸導僅在一隅放火，最後司公之妻勉強答應僅放一隅，此後鳳山寺雖經過幾次修築，但廟之一隅必失火。依參拜者所談今日亦然。由於如上述的糾紛，紅頭司公迄今仍不祭祀廣澤尊王。

㈤廣澤尊王少年時，因故離開雇主陳富豪之家，到鳳山寺採薪維持生計，某日欲砍竹，但總不能砍斷，終因疲勞而坐於樹根隨之仙化。其後某皇帝罹黑痘瘡受苦時，有名醫治癒其病，自言自己係鳳山寺聖王公而去，因而贈保安尊王的封號，眾人亦崇拜之（臺北州板橋街）。

㈥有強盜一群來襲雇主陳富豪之家，欲殺害主人，強奪財寶，廣澤尊王乃擊退強盜，救了主人，但其本人當場死亡，時十三歲。故今日被奉為避盜難的神祀之（臺北市大龍峒）。

㈦廣澤尊王於臺灣流行瘟疫時，曾以部下五萬替代民眾受難，救濟人民。

㈧廣澤尊王幼時父母均辭世，因貧困難以糊口，受僱為當地陳富豪的牧童，以飼羊為業，據說在飼育上特具靈能，無論出賣多少頭羊，翌日必恢復原來頭數。這時主人陳富豪欲選定祖先墓地，聘一位地理師（一名風水先生）尋找龍眠吉地。然陳富豪性情慳吝，對待地理師甚為刻薄，地理師已發現上吉的墓地乃在富豪自宅的羊欄裏，為欲試富豪的心術，並不言明，仍滯留其家，廣澤尊王時為富豪的牧童，在其家與地理師一同起居，朝夕相處，且誠懇相待，故而地理師隨著對主人無禮對待憤怒的加深，亦加眷愛牧童，如此日復一日，某日慳吝的主人竟然難得地招待地理師最喜好的羊肉菜餚，地理師心喜而食之，事後並對牧童言及此事。牧童聽後露出同情之表情，照實告知此羊乃當日溺死於廁所者。於是風水先生對主人的心術不良而大怒，認為如斯慳吝之人，實無以好事相報的必要，好事應給親切的牧童，轉問牧童已否安葬父母？答以擬行安葬，因一貧如洗，尚未達成願望，至感遺憾。風水先生曰：欲吉葬不需一切費用亦得為之。問牧童希望作一代天子？或享受萬世香煙不絕之神？經再三詰之，牧童乃回答希望享受萬世香煙。風水先生乃命其於某日某時將父母遺骨燒成粉末帶來。牧童從其言，依時持骨灰而至，風水先生將其移至盛水的面桶（面盆），毫無顧慮地散布於羊欄附近。牧童見父母遺骨散布於讓動物蹂躪之地，既驚且怪，乃問其故？風水先生曰：「你不必憂慮，此地為龍眠吉地，在此為墓必成為一代天子或享萬世香煙不絕之神明。唯此地將黑蜂群生，螫人致死，故你須遠遁至有銅笠、牛騎人、魚上木之處趺坐，若然你可即成神。」不久果如其言，黑蜂群生，螫死慳吝的主人一家，牧童立即馳出，途中遇大驟雨，時附近有喪禮，見一僧以銅鐃為笠遮雨，又一牧童為避雨而躲在水牛腹下，又有一漁夫將所釣之魚懸在釣竿踞於樹上。少年見此，悟先前地理師所言之地乃此處也，適有磐石，乃於其上趺坐，遂化為神云云。

我在昭和十一年（西元一九三六年）訪問臺南市永樂町三丁目之廟時，曾看到門板刻有「鳳山寺玉敕忠應侯惠威成武英烈保安廣澤郭行臺」，覺得非常有趣。

廣澤尊王之妻稱為聖王媽。相傳曾在夜間聽到廟內有孩兒的哭聲，翌朝到廟看到神桌前的舖石隆起，以為此乃廣澤尊王之夫妻生子云。廣澤尊王有夫妻及兒子，在中國皇帝之子稱為太子，王之子稱為太保。將聖王媽配給廣澤尊王，以廟內舖石隆起時，視為生子，第一面隆起時，採其土雕塑神像稱為大太保，第二面以後，各以二太保、三太保稱之，今已有四太保。對於廣澤尊王的信仰擴張，致此等太保亦在神明會祭祀之。

二三、玉皇上帝 Giok-hong-siong-te（天公、元始天尊）

玉皇上帝俗稱天公（Ti-kong），尊為萬神之王而禮拜，最被敬畏。若是對祂有所不敬者，將受天罰的信念，連無學問者亦為深信。將於第三章稍為詳述之。

司命灶君（護宅天尊、灶君公、灶公）：在臺灣作為灶神，各家懸掛畫像祀之。又為監察人家善惡之神，咸信每三天或年末昇天對玉皇上帝奏居家各員的心事及言行，尤其婦女最畏懼此神，而謹慎其言行。認為敲打灶仔係對本神最大的不敬。一說此神為玉皇上帝之子，甚有權威，祀之必有靈驗，眾人乃虔誠奉祀之。但安奉於灶上難免污漬，故安奉於廳堂桌案上云。甚少建廟奉祀。

二四、阿彌陀佛 O-mi-to-hut

西方淨土的佛之名號，有無量壽佛、無量光佛，無碍光師，盡十方無碍光如來等別號。本佛與隨侍左右的觀音、勢至三尊稱為阿彌陀三尊。

二五、法主公 Hoat-tsu-kong（張公法主、都天盛君）

道士們以法主公為法力甚大之神特別奉祀。其傳說有數種(參照柴田氏前揭書頁一二八以下)。

㈠法主公為軍師，事主忠實，臨民親愛，大受人民的尊敬，福州某河橋下有深淵，深數千尺，傳說自古在此河底有一廟，每隔三千年開一次門，若詣此廟，將被授與神通，可遂任何難事。某日有一鱷魚由河底將頭舉至水上做求食狀，然因人們畏懼鱷魚而不敢給食，鱷魚待數十日，法主公聞之，給予一犬，鱷魚乃頭沒水中，舉起記有「如山大法院」五字的尾巴於水中離去。至此人們才明瞭此鱷魚乃廟的使者，廟名為如山大法院。而法主公由此廟獲得神通法力，法力宏大，成為神而被祭祀。

㈡法主公名不詳，姓張（或謂係祀張天師之弟），生於宋代，曾任官，但因對待遇不滿而辭職，隨踞漳州府牛頭山為山賊，危害行人，後悟其非，擬從山上絕壁跳下自殺。天上之神憐之，使之任法主之神。「法主」乃承神之命於下界懲處惡人，並使善人昇天為神之職務，一個月返天庭二次，報告下界狀況云。

㈢法主公為宋代的有名軍師，有兄弟三人，當時福建省泉州府壯秦社石牛洞內有一條久年的大蛇，為害附近住民。法主公兄弟憂之，次兄先單身入洞，擬予捕殺，卻被毒氣燒焦顏面，幾近於死。於是長兄與三弟乃攜狀似臭蟲之昆蟲，施以法術，終於消滅大蛇，並救得次兄。然自此三兄弟如煙消失，逕從九龍潭底成為神昇天。後人感其義勇，在洞內建廟祀之。

㈣法主公有結拜兄弟三人。當時石牛洞有一條怪蛇，已有數千年道行，吸受日月精華得到神通力，能變化成種種形狀，且行妖術，使附近住民甚為恐懼不安，若不每年一次獻人為其食物，則或生蟲害，或起風水為害，住民計窮無奈，遂哀求法主公予以消滅。因此第二法主公單身入洞挑戰大蛇，但法力不及，後由第一法主公入洞，不戰而降服大蛇，收為自己之部下，人民從此乃得安心生活，後追念其德，在洞內建廟祀之。是以法主公神像手握一蛇。

㈤昔石牛洞有妖蛇吞人，被害者不計其數。時有一塗（土?）水司阜（水泥匠）聞之，櫛風沐雨，深入山中，備嘗艱難捕之，但蛇亦能鬥，終至人蛇均斃。時人懷其功，建廟祀之。

二六、孔子 Kuon-tau

領臺前在臺灣以國幣建立的孔子廟——即文廟如次：

臺南府文廟　康熙二十四年（西元一六八一年）建立　臺南

安平縣文廟	康熙二十三年（西元一六八四年）建立	臺南
鳳山縣文廟	康熙二十三年建立	舊城
嘉義縣文廟	乾隆十一年（西元一七四六年）建立	嘉義
臺灣府文廟	光緒十五年（西元一八八九年）建立	臺中
彰化縣文廟	雍正四年（西元一七二六年）建立	彰化
新竹縣文廟	嘉慶二十二年（西元一八一七年）建立	新竹
臺北府文廟	光緒六年（西元一八八〇年）建立	臺北
宜蘭縣文廟	光緒二年（西元一八七六年）建立	宜蘭

由此可見，臺灣歷來曾舉行頗為盛大的祭孔儀式，但日本領臺後因所需費用無所出，且由於文物典章一新，人心歸向轉變，乃廢祭典，今安平縣、鳳山縣、嘉義縣、臺灣府、臺北府文廟等已不再舉行，其中僅臺南府文廟，因有鉅額樂局租的財產，且為學者薈萃之地，雖已簡略，至今仍繼續舉行祭典。然因近年慨嘆倫理道義頹廢，臺北宣揚儒教的士紳相謀於數年前再建明治四十二年（西元一九〇九年）所拆除的臺北府文廟，而於大龍峒建成宏壯的廟宇。

現一窺最大的臺南孔子廟所奉祀的神明：

大成殿中正面安置「至聖先師孔子神位」，東配「復聖顏子神位」、「述聖子思神位」，西配「宗聖曾子神位」、「亞聖孟子神位」，又兩側配十二哲（東側為閔子損、冉子雍、端木子賜、仲子由、

卜子商、有子若。西側為冉子耕、宰子予、冉子求、言子偃、顓孫子師、朱子熹）的神位。此外，

東西兩廡配置六十餘賢的牌位，即：

東廡：蘧瑗、澹臺滅明、原憲、南宮适、商瞿、漆雕開、司馬耕、梁鱣、冉孺、伯虔、冉季、漆雕徒父、漆雕哆、公西赤、任不齊、公良孺、公肩定、鄡單、罕父黑、榮旂、左人郢、鄭國、原亢、廉潔、叔仲會、公西輿如、邽巽、陳亢、琴張、步叔乘、秦非、顏噲、顏何、縣亶、樂正克、萬章、周敦頤、程顥、邵雍、公羊高、伏勝、后蒼、董仲舒、杜子春、諸葛亮、王通、陸贄、范仲淹、歐陽修、呂祖謙、黃道周、湯斌、蔡沈、陸淳、魏了翁、王柏、許謙、胡居仁、揚時、羅從彥、李侗、趙復、吳澄、王守仁、羅欽順。

西廡：林放、宓不齊、公冶長、公晳哀、高柴、樊須、商澤、巫馬施、顏辛、曹卹、公孫龍、秦商、顏高、壤駟赤、石作蜀、公夏首、后處、奚容蒧、顏祖、句井疆、秦祖、縣成、公祖句茲、燕伋、樂欬、狄黑、孔忠、公西蒧、顏之僕、施之常、申棖、左邱明、秦冉、牧皮、公都子、公孫丑、張載、程頤、穀梁赤、孔安國、毛萇、高堂生、鄭康成、范甯、韓愈、胡瑗、司馬光、胡安國、尹焞、張栻、黃幹、真德秀、何基、薛瑄、呂坤、劉宗州（周）、陸隴其、陸九淵、許衡、金履祥、陳澔、陳獻章、蔡清。

後堂有崇聖祠，奉祀左列神位：

正面：昌聖王伯夏公、裕聖王祈父公、肇聖王木金父公、詒聖王防叔公、啟聖王叔梁紀公。

右側：先賢顏無繇、先儒張迪、先儒蔡元定、先賢孔鯉、先儒周輔成。

左側：先賢曾點、先賢孟孫氏、先儒程珣、先儒朱松。

以上諸神之中，孔子、顏子（顏淵）、子思子、曾子、孟子、朱子熹（朱夫子、紫陽夫子）、程顥（明道先生、程夫子）、程頤（伊川先生）、韓愈（韓退之、韓文公、昌黎伯）、諸葛亮（孔明先師、諸葛武侯）等其史實已周知，茲不贅。

制字先師（倉頡聖人或倉頡先師）：聞係見鳥獸之足跡，創字之人。神像為三眼無鬚老人。

沮誦聖人：助倉頡成事之人，其名向來不大為世人所知，同治年間始調查其功，與倉頡一同配祀於文廟。

二七、三寶佛 San-po-hut

佛、法、僧三寶的神。大都指阿彌陀佛、釋迦、藥師佛三者。

二八、孚佑帝君 Hu-iu-te-kun（呂洞賓、妙道天尊、純陽夫子、文尼真君）

孚佑帝君被奉祀為儒、佛、道各教的神，因此有數種名稱：

儒教：純陽夫子或孚佑帝君……五文昌之一

佛教：文尼真佛……………………菩薩之一

道教：妙道天尊……………………八仙之一

今日理髮業間，尊為理髮之神，稱為呂先祖，被奉祀為行業之神，在臺灣舊式理髮店仍可以看到寫著「小小功夫遊天下；輕輕手藝見君王」的門聯。蓋：

㈠呂先祖曾於明太祖朱元璋為「臭頭」（頭髮之病）（癩痢頭）所苦時，在其睡眠中，以法術替太祖剃頭，使其能生美髮。

㈡依與上異曲同工的傳說：明太祖洪武皇帝頭上生腫瘡，任何理髮師為之理髮均不免剃破腫瘡而流血，故而每次理髮，理髮師均以無禮被斬首，因此同業者無不戰戰兢兢。某日，天上聖人（？）憐之，降為理髮師，為皇帝理髮，腫瘡無恙，亦無流血而痊癒，皇帝大為褒賞，與以金銀，但不受，乞一面紅旗懸掛於理髮業者之店頭。紅旗在當時非舉人以上不能懸掛，但從此之後，理髮者亦得懸掛。

呂洞賓的實際經歷係唐朝的進士，亦稱呂巖，乃八仙之一。為一學者，善詩文，遠俗塵，超然如仙生活於深山幽谷之中云（參照柴田氏，前揭書頁一八〇）。

又呂洞賓以「孚佑帝君」被奉祀於仙壇或仙公廟時，嘗被雕成戴角鬼頭「柳星君」所背負的形象。所謂柳星君者乃昔有老柳樹精，作祟於人，某日孚佑帝君與之鬥法，老柳樹精終因力有不及而屈之，乃作孚佑帝君的弟子。上述乃由此傳說而生者。

二九、地藏王 Te-tsong-ong

地藏或地藏王菩薩作為幽冥教主，統裁冥府「酆都」的十殿閻羅（第一殿秦廣王、第二殿楚江王、第三殿宋帝王、第四殿五官王、第五殿閻羅王、第六殿卞城王、第七殿泰山王、第八殿都市王、第九殿平等王、第十殿轉輪王）地藏王是地府最高的佛陀。檢查人在生前的善惡，忠孝節義貞烈的靈魂度至西天，橫死的靈魂宥赦之，使其超生，奸惡梟險的死魂予以墮落地獄受苦，寸毫不謬。是以臺灣人冀望生前積善行，死後由此教主超拔至西天極樂，以脫離苦海。又罹疾病而有困惑時，問卜者、道士之「搬時」（所謂搬時，乃依發病的時刻，判斷病源），詢乩童罹病的原因，若稱「沖犯陰公作祟」所致時，即祈願地藏王，請其釋放病者魂魄或厭勝。

地藏王佛像坐在怪獸獍之上，獍為靈獸，又稱地獍，其耳極為聰敏，具有聽世界所有音響話聲的靈能，因此又名諦聽。地藏王依獍的報告洞察萬事。

次附加一、二傳說：

㈠地藏王執行檢察善惡的職務乃依玉皇上帝的聖旨，地藏王曾對玉皇上帝誓約，若非將冥府靈魂悉數度至西天，絕不繳旨（交差），但因人間的罪惡日趨增加，迄今仍無法繳旨云（觀音佛祖亦如地藏王，曾向玉皇上帝誓約要將陽間眾生度至佛界，但眾生日益沉淪，因此尚不能繳旨）。（臺北市萬華）

㈡地藏王於佛沒後一千五百年，誕生於新羅國，姓金，號喬覺。唐永徽四年，二十四歲時，航海至江南池州府東，清陽縣九華，端坐九子峰頭七十五載，開元十六年七月三十日夜成道。年已九十九歲云（臺北州新莊街）。

在臺灣尚常見到大眾爺廟（前述）之側建立地藏王廟。此乃因為一年之中，於七月開鬼門讓孤魂享受「普渡」的供饌，而啟開鬼門不能由大眾爺單獨決定，必須經幽冥教主的地藏王允許的緣故。溺死人多時，為供養水中的水鬼，建立地藏庵也是同樣的意思。

三〇、大樹公 Tai-chhiu-kong（樹王公、松王公）

類　神：羨仔王。

大樹公以榕樹（俗稱臺灣松）最多，有樹王公（Chhiu-ong-kong）之名。茲舉一二例：

昭和十年（西元一九三五年）三月巡遊寺廟途中，我在臺北州宜蘭街字乾門城隍廟門前左側大榕樹下發現題福松廟的小土地公廟。其左右聯為：「福澤普施宜邑；松蔭遍護蘭民。」內壁亦書松樹公廟。又訪問宜蘭街字坤門的大樹公廟（列記於前第一章表內之廟乃此），其由來係距今約四、五十年前有一大榕樹從根部腐朽，被暴風吹倒，乃於燒棄之地建廟云。廟內奉置大樹公之像，每年定農曆元月二十一日為祭祀日。廟入口對聯曰：「大顯神威光四境；樹崇聖德護千鄉。」及（橫披云）「堪為大樹風聲」。

又昭和十一年（西元一九三六年）一月，我在臺南市開山町清水寺前榕樹下，看到松樹公廟。但並無神像（不知是否被人擅自持去？）

次舉關於想（相）思樹的一傳說：

距今二百餘年前，某庄內有一棵大想（相）思樹（參照《慣習記事》第四卷頁八三一）。凡走過此樹下的人常起恐怖之心而患疾病。於是眾口傳說：樹有靈，不可不奉祀，否則將蒙受災厄。初由羅病者於神木之下焚燒銀紙，供奉供品，祈求病癒，甚有靈驗，自此獲得里人的崇敬。更奇者，雖無風，但由神木內部發出鳴聲，一連數日，里人奇而委請「法官」（即法師）探問何故？法官請出山王公神輿，於誦咒文時，不可思議的神輿竟自己動起來，似在暗示某事。法官仔細瞻視其動作，每次震動刻在地面的文字，乃是令合祀於三官大地廟的暗語，於是擬議合祀於三官大帝（廟），而大帝亦有合祀的神（乩）示，故庄民刻木像為樹王公同祀，從此神木不再發出鳴聲，人們經過樹下亦平安無事，且庄內平安，農作豐收連年，庄民均歸諸樹王公的靈驗，從此更獲一般人的崇敬。

樣仔王：臺南州嘉義郡民雄庄菁埔有樣仔王廟。傳於該廟的傳說如次：

大約一百數十年前，某人為了埋葬死童，到庄入口處的樣仔樹下，因忘帶鋤頭，乃先將屍體夾置樣仔樹的枝間，回家取鋤頭來時，不料兒童竟已回生。是夜其父夢見樣仔王現身曰：余助兒童回生，宜刻余像，立廟永祀之，乃建本廟（參照《寺廟臺帳》）。

三一、五顯大帝 Go^{n}-hen-tai-te（五顯靈官、靈官大帝、白顯大帝、五行大帝）

本神為巫覡之徒請降下的神，被認為會作祟害人，所以都很畏懼。有一、二傳說：

㈠五顯帝乃距今三百餘年前明朝任工部大臣之職者，聰明且具發明之才能，精通器具製造或商賈等社會百般之事。聞乞丐所攜帶的杖亦為本神所創作云（臺北市大稻埕）。

㈡靈官大帝生於天上，十五、六歲左右死亡，被稱為華光。其事蹟詳如《南遊書》（？）云（臺北州金山庄）。

㈢姓王，名善。鳳嘴銀牙，容貌甚為雄偉。玉皇上帝賜一條金鞭，使其輔助關聖帝君，護國安民，懲罰世之凶惡及不忠不孝者。

昭和十一年（西元一九三六年）一月，我訪問臺南市末廣町二丁目的五帝廟。該處原為五帝廟街。廟內懸掛「帝德廣運」、「福國佑民」、「西南得明」匾額。中央安置五顯大帝，左從祀火將軍，右從祀風將軍，前者紅臉冠圓帽，後者青臉手持旗。詢問廟祝，五顯帝係何種神明？承復：由奉獻匾額的人們之名推測，大概為軍神吧！

按：《孔子家話（語？）》（卷六、五帝第二十四）載：

昔丘也聞諸老聃曰：「天有五行，水、火、木、金、土。分時化育，以成萬物，其神謂之五帝。」

即所謂五行之帝，其名稱為太皞、炎帝、黃帝，少皞、顓頊。或配中央及四方，或配伏羲、神農、軒轅、金天、高陽人帝，致稱五天帝、五人帝。因此可知所謂五帝本來是五行之帝，五方之帝，乃各司天的一方之神。

三二、水仙王 Tsui-sen-ong（水仙尊王）

為海上保護及避免其他一切水災之神，被航海業者、貿易商、沿海地方人所尊奉。可能係祭祀夏禹，此乃因禹王治水有大功故也。

郁永河的《渡海輿記》（張十九、二十）載：

> 水仙王者洋中之神，莫詳姓氏。或曰：帝禹、伍相、三閭大夫，又逸其二；帝禹平成水土，功在萬世。伍相浮鴟夷，屈子懷石自沉。宜為水神，靈爽不泯。划水仙者，洋中危急，不得近岸之所為也。海舶在大洋中，不啻一粟，惟藉檣舵繩椗堅固，庶幾乘波御風，乃有倚賴。忽遇颶風，駭浪如山，舵折、檣傾、繩斷、底裂，智力皆窮，斷時，唯有叩天求神而已，爰有水神拯救之異。余於臺郡遣二船赴雞籠淡水，大風折舵，舶復中裂，王君云：淼自分必死。舟師告曰：惟有划水仙可免。遂披髮與舟人共蹲舷間，以空手做撥棹勢，眾口

假為鉦鼓聲，如五日競渡狀，頃刻抵岸。眾喜幸生，水仙之力也。余初不信曰：偶然耳。顧君敷公曰：余曩居臺灣，偶從澎湖歸，中流舟敗，業已半沉，共划水仙，舟復浮出，直入鹿耳門。有紅毛覆舟在焉，竟度舟底，少之有小舟來救，此舟乃沉。若有人暗中持之者，非神之力乎？迨八月初六日，有陳君一舶自省中來，半渡遭風，舟底已裂，水入艎中，鷁首欲俯，而舵又中折，輾轉巨浪中，死亡之勢，不可頃刻待，有言划水仙者，徒手撥之，沉者忽浮，破浪穿風，疾飛如矢，頃刻抵南崁白沙墩，眾皆登岸，得飯一盂，稽首沙岸，神未嘗不歆也。陳君謂當時雖十帆竝張，不足喻其疾，神之靈應如此。

一說：水仙王除禹之外，配以五員、屈平、王勃、李白。禹為治九州之水的賢人，史乘明載其事；伍員即伍子胥，諫吳王不聽，賜劍自殺，其屍被投湖中；屈平即屈原，乃投汨羅江而死的人；王勃到交趾省親，渡海溺死；李白相傳騎鯨仙而去。以上各人雖事蹟各異，但均與水有關，因此被奉祀為水神。

昭和十一年（西元一九三六年）一月，訪臺南市永樂町三之一七號水仙宮。內懸有「砥波敷福」匾額。旅館一臺灣少年語余曰：「原來水仙宮例於歲末除夕演戲酬神，看戲時間，債務人得免除債權人的催促，惟現已無此風氣云。」

三三、保儀大夫 Po-gi-tai-hu（汪公、尪公、許元帥）

類　神：保儀尊王。

指唐代高宗的武將許遠。保儀大夫是否與保儀尊王為同一神雖有異說，但前表依同一神說。

依傳說，許遠率河南省光州固始縣人民（一說僅率高、林、張三姓）移住福建省泉州府安溪縣時，保護人民，鎮平土匪，人民感其德，死後在同縣大平（大坪）社建廟奉祀（可能是這些人移住臺灣時，奉迎來臺）。

依《新唐書》（頁一九二忠義傳）載：許遠與張巡並稱為忠臣，天寶十四年安祿山叛亂時，被玄宗派為睢陽（河南省商邱縣，現之歸德府）的太守，與張巡共同抵禦叛軍達十個月，因援兵不至，糧盡城陷而被執，後被殺於洛陽云。

臺北地方時常迎請保儀大夫繞境庄內，祈禱驅逐害（蝗）蟲。其法乃請五營神將駐在庄的東、西、南、北、中央。同時造紙船（內放蝗蟲二、三隻）繳廟，然後送至神明所指示的方向（大部分為溪或水溝方向）。

三四、輔順將軍 Po-sun-chong-kung（馬舍公、馬公、馬使爺）

宋朝人馬恩。楊文廣的部下，入閩攻陷敵陣，死於馬背，然其屍不倒，尚能追敵，後人念其忠勇，乃奉祀之。後被封為輔順將軍。

三五、將軍爺 Chong-kung-ia（大將公）

類　神：李將軍、助順將軍、將爺公。

與元帥為同類的神，以生前功勳被贈封為將軍者之總稱，各神傳說不同。又前後所述的諸神中應列入此名稱者不少，權宜上另行處理。

(一)李將軍 Li-chong-kun

各地雖有同稱李將軍之廟，但應注意各有不同。

臺北州淡水郡八里庄的李府將軍廟之主神，據稱乃奉祀唐末英雄李順春，相傳該神對於惡疫流行、水火災等不時之禍，尤有靈驗（《寺廟臺帳》所載）。

茲述我對宜蘭郡頭圍庄新興三十八番地（即號）廟宇所調查的結果：該廟為建坪只有十二坪左右的小廟。其前面乃一片旱田。雖稱天神廟 Then-sin-bio，但以俗稱之將軍廟 (Chong-kun-bio) 較為一般人所週知。廟中央安奉主神將軍爺 (Chong-kun-ia) 之像，其左安置飛天王，又安置上帝公（玄天上帝）之像。主神為木雕神像，但異於普通人體，其耳目如貓。神龕對聯分別為「將帥威風安邦定國；軍機掌握掃穢除氛」及「將令森嚴恩沾赤子；軍威浩蕩澤被蒼生」，可知乃迴避公開稱貓，而稱之將軍。即門聯亦有「將令威嚴驅妖逐恠（怪）；軍兵掌握誅暴安良」。匾額亦有「李將軍」及「神而稱將軍威廣著」的文字，均稱為（李）將軍讚仰其威德。

第四圖　李將軍（猫？）
（宜蘭郡頭圍庄天神廟主神，昭和十一年七月撮）

廟似無專置顧廟（Ko-bio）——即廟祝，我訪居於離廟不遠的廟管理人吳端（七十一歲），聽取廟的由來。據云：本廟原建於福德坑（今之頭圍庄福成），但為土匪所燒毀，此乃日本治臺前之事，爾後無廟，至明治三十四年（西元一九〇一年）左右，始遷現址再建。在福德坑創立的理由乃當時住於福德坑之李某所飼養的貓，某日被庄民所殺，其亡靈屢屢出現，或殺家畜，或作祟人們使之患病，甚者發貓聲或做貓的動作，住民大懼，託乩童請示，據答：若將其奉為神祭祀，或可不再為禍，於是建此廟祭祀，其後果未再有被害情事云。

祭日為每年農曆八月十四日，祭日道士讀祝文，庄民各自參拜，供品有生魚、生豬肉、生雞、水果之類，遊境依庄的方便而為，有時出巡，有時即否，並無定例，然除有流行病、凶年等外，大都不出巡云。

本廟自遷移後不太靈驗，現已顯出頹廢之相，廟管理人幫手似少。廟內自古禁忌言貓，在廟外亦有此種傾向。實際上與筆者談話的吳端之言亦有許多吞吐不清之處，而且不曾自動向我說些什麼（昭和十一年調查）。

㈡助順將軍 Tso-sun-chong-kun

以本將軍為主神的廟有二，均在臺北州。其一為在臺北市濱町三之八號的「晉德宮」。

關於本廟主神的傳說如次：甲、昔日中國某皇帝，於日夜戰亂苦戰中猶不忘治國，但苦無功效。於是聽從某名臣建言，到位於「老石」地方的將軍廟祈願戰勝。從此，廟神時常現身戰陣，屢戰屢勝，終於平定國亂。帝乃為廟命名為助順將軍廟。而後亦獲該地方民眾的尊信。乙、道光十九年（西元一八三九年）前後，以航海為業的某一中國人，由該廟攜帶主神分身授與將軍廟街（今之臺北市濱町附近）王某，告以神德顯著。適有罹患重病瀕死的名望富豪王某聞知此事，偕親戚一同到廟祈願，立即顯效病癒。於是風聞四方，後由王某首倡，得眾人協助乃建立廟宇。

㈢將爺公 Chong-ia-kong

臺南州嘉義郡民雄庄的將蓊奉祀將爺公，僅知為元帥爺的部下，其他不明。

三六、三奶夫人 San-nai-hu-jin

類　神：臨水夫人。

三奶夫人即靖姑（臨水夫人）與其結拜姊妹（類似義結兄弟，茲含師弟之誼）林紗娘、李三娘之總稱。以三奶夫人為祖師的道教之一派稱為三奶教，乃臨水夫人由閭山真人傳授的法術。其教不度死，專門辦理度生之事，尤其以法術驅邪壓煞為主。道士行法時以紅布繫頭請三奶夫人降臨。緣此乃稱呼「紅頭司公」云。

昭和十一年（西元一九三六年）一月我訪臺南市開山町三丁目的夫人媽廟。正面安奉陳夫人，左右分別安置林、李夫人，合計安置三尊女神像，此外，尚看到左壁祀花公、花媽（生產之神）。

臨水夫人：以救婦人難產之神聞名，亦稱「順天聖母」。據說建寧陳清叟的媳婦懷孕經十七個月尚未生產，此時臨水夫人顯靈予以治療，竟產蛇數千，其女乃得平安。又福州古田縣臨水鄉有「白蛇洞」，巨蛇居其中，吐毒氣，為厲至甚。一日有朱衣人攜劍斬巨蛇，旁人問其名，言「江南下渡陳昌之女」後倏然不見人影。自此里人於洞上建廟祀之，從此有臨水夫人之名。鄉人有所祈願，必有靈應云。

重纂《福建通志》：臨水夫人，古田人，唐大歷二年生，歸劉杞，夙慕元修，年二十四卒。邑臨水有白蛇，常吐氣為疫癘。一日，朱衣人執劍索蛇斬之。鄉人詰其姓名，曰：我江南下渡陳昌女也，遂不見。乃知其神，立廟洞上，凡禱暘雨，驅疫，求嗣，無不靈應。宋淳祐間封崇福昭惠慈濟夫人，賜額順懿，八閩多祀之。

《西洋宮碑記》：夫人唐大歷中巡檢黃公之配，姓陳，名靖姑，閩縣下渡人，少而靈異，一日與人言曰：吾已試劍於太平石，藏書於鼓角巖，不日將還造化矣！既歿，立廟黃氏祖居之旁，是西洋宮所自始也。宋淳祐間封順懿，元延祐間追封淑靖，我朝雍正七年皇后宣封天仙聖母云。

按《世傳靖姑事異羅志》載，其學法閭山，其夫為南灣巡檢黃演。《閩都記》云：靖姑閩縣人，其兄牧牛山中，靖姑餉遇餒嫗，以所餉食之。嫗授以神籙，嫁劉杞，生一子而卒，年二十有四。《古田志》云：閩王封為順懿夫人，賜宮女三十六人為女弟子，以其子為舍人，建第於古田臨水。《崇禎舊志》載：其墓在重下里西洋嶺，墓形六角，鎮以龜，小碑在焉。但大歷距閩王氏百有餘年，南灣巡檢至宋始見，前後殊不相及，姑錄之以備覽（《通志》卷二百六十三之一九）。

池頭夫人：為（人間以外的）他界觀念中的產物，歷史上無此事實。綜合民間婦女傳說，此乃看守冥府血池之女神。蓋臺灣人相信女子生產死亡，會墮落血池受苦。故必須將死者的靈魂由血池救出，乃祈願池頭夫人，請其救助。此外，遇產婦難產，或產後危篤時，產婦和家人涕泣在神前，哀求勿使其墮落血池者亦不少。

三七、九天玄女 Khiu-then-hen-lu（女媧娘娘）

聞九天玄女乃後世的人對女媧娘娘（女媧氏）的尊稱。不過雖為同一神，在臺灣以女媧娘娘的名奉祀者有傘店、棉絲店；以九天玄女的名奉祀者則有道士（紅頭及烏頭）和線香製造業者（參照柴田氏，前揭書頁一二二）。

傳聞女媧氏係蛇身人首之王，作笙簧樂器。女媧氏末年諸侯中共工氏有威勢，與祝融氏戰而不勝，共工怒而以頭觸不周山，山崩，天柱乃折，地維為之缺，致天地渾沌，女媧氏乃鍊五色石以補天，並斷稱為鼇的大龜之足，以立四極；集蘆灰，止滔水，以濟冀州（今直隸省之一部和山西省），地平天成，始得復舊觀云。上述傳說中的「補天」，民間認為乃以巨大的傘形構造支撐穹窿，以修復天，故傘店稱為女媧娘娘，尊為製造傘的始祖而祭祀之。又棉絲店亦奉為行業神祭祀，但其緣由尚不清楚。

又有如次的傳說：九天玄女為俗稱仙娘的勸善懲惡之神。一唱咒、施仙術，則千百鬼將、百萬神兵立即下降，征伐妖魔云（臺北州士林）。此種信仰想或為道士等輩因實際所需想像出來的。

三八、石頭公 Cho-thau-kog

類　神（?）：石將軍、石府將軍、大伯公。

羅東郡冬山庄的大伯公乃祀自然石。

聞其由來：據今約一百年前有一位農夫，欲耕此地，將上述之石推落於公埔池，然翌日視之，不可思議地該石仍在原處未動，再次將其投入池中，而又復歸原處，如斯反覆三次，於是認為其石有神靈，乃予以禮拜。祈求生產平安及疾病痊癒者尤多。

又亦有廟宇相傳此為助順將軍。

三九、大使公 Tai-sai-kong（大使爺）

大使公為郭子儀的長子。郭子儀（汾陽王）生於中國華州鄭縣，唐玄宗天寶十四年安祿山叛變時，因討伐立大功，賜諡號忠武。大使公亦為郭姓人士奉為祖先祭祀。

又曰：安祿山叛變時，張巡、許遠、雷萬春三人奉命討伐，不克戰死。皇帝嘉其德，贈三人以大使爺之名。

四〇、楊府大師 Yung-hu-tai-su（大德禪師、楊五使）

唐將楊業之五子，出家修行，後為大德禪師。

四一、境主公 Keng-teu-kong

與城隍爺同類的神，或為無城牆的鄉下市街所奉祀。

四二、水流公 Tsui-lau-kong（水化仙公）

類　神：仙姑娘、鄭夫人媽、陳姑娘。

埋葬河流或海上飄來的屍體，類同有應公，但若發生某些傳聞，相信有靈驗，愚民即尊為水流公（或媽），並雲集參拜。於奉獻的小型平安旗上書有「水化仙公」「水德流公」等文字，可謂頗具心思。又神像於洪水中漂來者亦稱水流公。

昭和四年（西元一九二九年）六月，我從臺北州三芝庄赴金山庄，沿著海岸的一條路上，忽然看到一位老婦向路旁的石塊上香祈禱。靠近看到石面刻有「保世祐赤」字樣。我問其因，答以數日前她的幼兒咳嗽生病而心憂。此乃崇拜漂流的屍體墓地者，並無主神或主佛，僅集一些石頭，然似常有人前來參拜。當然無經典、建物、所屬財產或一定的祭日、特定的建物（前揭表中臺北州部分乃此也）。

聽聽關於此水流公的傳說吧！據今約六十年前，當地阿里蓍的林光盛，於九月中旬的黎明徜徉於附近海濱搜尋流木時，發見年過四十的臺灣人無名屍體飄到岩石之間，立即洽庄民醵金，將屍體埋葬於現在的位置。埋葬後時常有人看到其墓地有青火，人們以此為神，相傳有靈驗，於是有人參拜。問有何靈驗，據稱對於疾病痊癒、願望成就，尤其是對腐骨、被毒蛇咬傷著有靈驗，因此有人或將在其墓前所焚的香灰或將其周圍的雜草拿回，塗在患部，又當地各處漁民漁獲欠佳亦有向其祈禱幫助他們漁獲豐收。這時使用「筶」，求神指示吉凶，或對照竹籤、籤紙在該墓前判斷自己運氣者也很多，每天有二十人，農曆正月每日有一百人左右，不只當地，還有人遠自臺北州屬之士林、淡水、基隆或宜蘭方面前來上香焚燒銀紙，或供奉豬肉、雞肉、糕點等於墓前參拜（《寺廟臺帳》所載）。

㈠仙姑娘 Sen-ko-niu^n

臺南州嘉義郡中埔庄的仙姑娘廟，據說乃昔有一少女溺水而死祭祀其靈者。安置木牌。

廟之兩側有一古楊仔樹。曾有一庄民折樹枝，立即患病，以後無人敢折枝云。

(二)鄭夫人媽 Ti^n-hu-jin-ma^n

臺中州彰化郡保（線？）西庄的漁民在附近溪流捕魚時，有牌位流來，而不離身邊，覺得不可思議，乃拾而奉祀之。

(三)陳姑娘 Tang-ko-niu^n

依高雄州潮州郡本廟傳說，蘇萬能之妻久病，迎請東港街的王爺（治病）。王爺指示：若祭祀陳姑娘其病可痊癒，乃祀之。陳姑娘乃潮州過溪仔附近某人之養女，不堪被虐待而投附近之河自殺者。蘇萬能之妻於出嫁時，渡過陳女溺死之處，被其所祟而病云。

四三、李仙祖 Li-sen-tso

中國八仙之一，係三國時代書塾老師的李鐵拐，聞為泉州人。

某日其靈魂出竅升天，留下身體睡於書塾的床上，囑學生一人看顧之。恰巧該學生得報其母重病乃回家，不意隨後發生火災，身體連同書塾都被燒毀。待其靈魂由天上回來時找不到自己的身體，恰好路上有乞丐的屍體，乃入其體內，然該乞丐的一隻腳已被狗啃食而成獨腳，雖經仙人以紙為之作腳，但反成為跛腳者。後同仙人去崑崙山（參照《寺廟臺帳》）。

八仙為呂洞賓、何仙姑、漢鍾離、韓湘子、曹國舅、張果老、李鐵拐、藍采和八人的總稱。

皆為多福多壽的仙人。寺廟齋堂及民家有慶典時均懸掛畫有以上八人，稱「八仙彩」(Poe-sen-tsai) 的橫彩布為裝飾。關於八人的歷史事實或傳說有：《藍關寶卷》、《何仙姑寶卷》等個人傳記，這些書齋教先天派信徒頗為愛讀云。蓋或先天派相近於道教思想故也。

四四、西秦王爺 Sai-chin-ong-ia

即唐玄宗皇帝。安祿山之亂，由陝西蒙塵於蜀，遂駐輦其地，不久讓出帝位，成為太上皇後，以其所居之地屬西秦地方，乃被稱為西秦王爺。今日被演員祀為戲劇之神。因玄宗平日喜好風流文雅之事，尤醉心詩歌、音曲，嘗在宮廷後苑築戲臺，普集天下藝人，以歌舞音曲為樂，結果斯道大開，故被尊為演劇之始祖。後世演員相信崇祀本神技藝必能進步，又傳說飲敬獻本神之茶，初上舞臺亦不會怯場云。

今臺灣的戲劇於起鼓（開幕）時演「排八仙」（略稱「辦仙」），息鼓（閉幕）時演「拜天地」（俗稱「團圓」或「戲虎」，所謂「戲虎」，謂若戲已演至本齣戲碼則表示戲終，觀眾宛如被虎所追散，故名）為慣例。所謂「排八仙」即白：「王子去求仙，丹成入九天，山中方七日，世上幾千年。」表示慶賀之意，亦是敬奉神明觀戲的儀式。拜天地乃由下列的玄宗故事而來。

玄宗皇帝在梨園築戲臺，聘當時稱為天下第一名角、兩眼失明的樂人雷海清至宮內，並使藝人扮裝古代的英豪風貌奏樂舞蹈，與朝臣共歡。皇帝既而厭倦藝人的演出，某日使朝臣化妝演戲，首先令宰相狄仁傑舞蹈，狄仁傑羞之，乃戴假面具表演當朝一品，其涵意係在大事讚美當代盛境，此戲稱為「跳加冠」。次由狀元鍾景期及其夫人葛明霞二人表演「團圓」之戲，舞顯達者新婚時拜天地、謝幸福歡樂之狀。此兩戲碼留至今，為戲劇完美而必須演出。狄仁傑為正義剛直之士，相傳邪妃則天武后每見仁傑，常頭痛。「團圓之戲」在今日一般人相信可辟邪，就此意義來說亦作為完結劇來演。

又玄宗皇帝、狄仁傑以及武則天生存年代稍有不同。不可以史實視之，需要再稽考（以上參照柴田氏，前揭書頁九四以下）。

四五、節婦孝子

類　神：辜夫人媽。

祭祀有貞操的婦人或有孝行的人，以端正風化為清代的政策。各地所遺的節孝祠即是也（前後所述的諸神中亦有就實質上觀之可稱為節婦孝子者，但為了製作祭神表的方便起見，若有特定之名稱者，即另行單獨處理）。

辜夫人媽 Ko-hu-jin-ma^{n}：祀於臺南市清水町二丁目。有「辜孝女廟」之額。亦並祀黃寶夫人之像。黃寶由於男方迎親途中聘金被盜，而辭婚。雙親擬予他嫁不從，投水而亡云。

四六、廣惠尊王 Kong-hui-tsung-ong

姓謝，名不詳。聞楊姓的祖先曾受其恩惠，故楊姓者為感恩而祀此神。據云，本神由福建省漳州府平和縣奉來。

依臺中州大甲郡大肚庄廣興宮（王公廟）所傳則云：本神為楊姓的遠祖，為無敵的英雄。又云祈禱本神病會痊癒。

四七、伽藍尊王 Kia-lan-tsung-ong（伽藍爺？）

依臺灣的傳說，在村有境主公；在小都市有伽藍爺；在大都會有城隍爺，監察人間的善惡。伽藍一詞原係梵語，其意為「寺」。故在臺灣的寺院亦稱關帝為伽藍爺。因此伽藍尊王或指關公。

四八、東嶽大帝 Tang-gak-tai-te（泰山府君）

東嶽大帝為中國五嶽之一的泰山的神，為玉皇上帝之孫。被稱為獎善罰惡，司人間生死的神。在臺灣人來說本神乃管轄幽明兩界之神。敬畏為雖在現世（即陽間）犯惡事未被發現的人，在死後幽界（即陰界）亡魂仍會被捕，報告於玉皇上帝（混合佛教思想者，謂報告地藏王轉奏玉皇上帝）。

四九、齊天大聖 Tse-then-tai-seng

齊天大聖即《西遊記》中的孫悟空，本為猴子的妖怪，受觀音菩薩的化導及玄奘三藏的教化，歸依佛教，幫助三藏西遊取經。在臺灣相傳玄天上帝守北天門；孫悟空守南天門，甚受一般人的敬畏。

五〇、七星娘娘 Chhit-ti(?)-niu^n-niu^n

為天上的七仙女，即七星牽牛星（織女星?），相傳祭祀此神，子女會健康成長。

第五圖　七娘廟（臺南市，昭和七年八月李撮）

五一、張天師 Tiu^n-taen-su

後漢的張道陵，相傳為張良八世孫。今日道教，尤其是廣傳於華南、臺灣的天師派乃出自他之一脈。相傳他登鶴鳴山研究道術，由老子傳授密籙，廣行符咒之術，漢章帝、和帝頻頻召之而不應。後遍遊名山，抵東方興安的雲錦溪，登高望曰：

「此處有異境。」遂溯流到雲錦洞，有仙巖。練丹三年，青龍白虎旋繞其上，時年六十歲。又得秘籍，通神變化，驅除妖鬼。後在蜀的雲臺峰升天，所遺經籙、符章及印劍授子孫。

其徒輩尊敬張道陵，遂稱為天師。從此漸立道教的基礎。道陵的子孫皆襲法，置本部於江西省的龍虎山，大力提倡其道。

相傳天師的子孫懼其祖業為他人所奪，自古行同姓結婚。而繼承天師的方法，不由族人推舉，而於一族聚集後，面對放置先代天師遺骸的轎，各人依序呼：「進！」以屍轎應聲前進者，繼承「天師」名號。

五二、吳鳳 Go-hong

吳鳳字元輝，清康熙三十八年，生於漳州府平和縣，幼隨父母來諸羅西堡美街居住。及長，隨父出入臺灣原住民之地，交易物資，到諸羅出售，終於精通原住民語言與民情。康熙年間，二十餘歲時，被選為阿里山蕃通事。

《雲林縣採訪冊》（打貓東北堡布東嶼西堡葉七）載：「吳鳳，打貓東堡蕃仔潭庄人，少讀書，知大義，能通蕃語。康熙初臺灣內附，從靖海侯施琅議設官置戍，招撫生蕃，募通蕃語者為通事，掌各社貿易事。然蕃性嗜殺，通事畏其兇，每買遊民以應。及鳳充通事，蕃眾向之索人，鳳思革弊無術，又不忍買命媚蕃，藉詞緩之，屢爽其約。歲戊戌年（康熙五十七年）蕃索人急，鳳度事決裂，乃豫戒家人作紙人，持刀躍馬，手提蕃首狀如己。定期與蕃議，先一日謂其眷屬曰：兇蕃之性難馴久矣。我思制之無術，又不忍置人於死，今當責以大義，幸而聽，蕃必我從，否則必為所殺。我死勿哭，速焚所製紙人，更喝吳鳳入山，我死有靈，當除此患，家人泣諫不聽。次日蕃至，鳳服朱衣紅巾，以出諭蕃眾，以殺人抵命王法具在，爾等既受撫，當從約束，何得妄殺人？蕃不聽殺鳳以去，家屬如其戒。社蕃每見鳳乘馬持刀入山，見則病，多有死者，相與畏懼，無以為計。會社蕃有女嫁山下居民，能通漢語，習聞鳳言歸告，其黨益懼。乃於石前立誓，永於嘉義縣界不殺人，其厲乃止。居民感其惠立祠祀之。至今上四社蕃猶守其誓，為不敢擾打貓等堡。」

五三、靈安尊王 Leng-an-tsung-ong（青山王）

關於靈安尊王究為何神？自來有知縣與城隍爺二說。

㈠知縣之說：青山王本廟在福建省泉州府惠安縣青山。王乃往昔惠安縣的知縣張某。任中施行仁政，努力普及衛生思想，外修武備，推廣練武風氣，治績大舉，受世人崇敬為活神仙。朝廷嘉其功，特敘照（昭？）應侯之位。死後大漢乙卯年，有志者相謀建廟於青山，祀為武德之神和防止惡疫之神。宋朝征外夷時，屢顯靈驗，頗建武功，乃追封王爵，於是有青山廟（王？）之稱，後崇信益深，其聲名遠播臺灣。

㈡城隍爺之說：青山王為惠安縣城隍爺，以驅邪除疫聞名。距今一百二十餘年前出巡臺灣時，各地皆喜而留之，並「燒金」，此乃為其出現臺灣之始。

以上雖傳說有二，但大體似以前說為正確。青山王雖無論由其神像姿態觀之，或就其祭儀的形式觀之，或由其信仰的實質觀之，殆與城隍爺相同，但一般人和廟宇關係者，似乎都不認青山王就是城隍爺。僅認為與城隍爺有類似兄弟般的關係，但另以青山王而信仰奉祀。

又《福建續志》言青山王為三國吳將張悃：「青山靈應廟（在泉州惠安縣二十六都）祀三國吳將張悃，悃嘗禦寇是山，人為立廟。宋建炎中，采石之戰，空中大旗題神名，虞允文訊青山人，從軍者得神蹟，上聞詔封靈惠，入祀典，妻葉氏封昭順夫人。景炎元年加封靈安王，夫人加顯慶妃。」（《福建續志》卷十五，葉二十五）

五四、五公菩薩 Go^{n}-kong-bo-sat

其由來不詳。

五五、盤古公 Poan-ko-kong

關於中國太初盤古氏開天闢地神話向來膾炙人口。試就《述異記》中引用之：

昔盤古氏之死也，頭為四岳，目為日月，脂膏為江海，毛髮為草木。秦漢間俗說盤古氏頭為東岳，腹為中岳，左臂為南岳，右臂為北岳，足為西岳。先儒說盤古氏泣為江河，氣為風，聲為雷，目瞳為電。古說盤古氏喜為晴，怒為陰。吳楚間說盤古氏夫妻，陰陽之始也。今南海有盤古氏墓，亙三百餘里，俗云後人追葬盤古之魂也。桂林有盤古氏廟，今人祝祀。

（梁任昉著《述異記》上葉一）。

五六、子龍爺 Tsu-liong-ia

漢代生於常山縣的趙雲。子龍為其別名。《關聖帝君聖蹟圖志全集》載：「趙雲字子龍，常山人，少讀書，通韜略，有智謀，勇力絕眾。」（同書義部卷二，葉三十二）。

五七、孫大尉 Sun-tai-ui

約兩百年前傳聞竹圍庄民變亂，奉旨來討伐的大將即孫大尉。後詳查民情，獲知變亂不實，經其斡旋朝廷，終得無事。孫死後，民感其德，廟祀之。

五八、良岡尊王 Liong-kong-tsung-ong

新營郡白河庄廟所祀之神，相傳乃嘉慶年間，北勢寮的林姓人從福建省泉州府良岡山分靈而來。且由從祀「日將」、「月將」觀之，或為良岡山之神。

五九、王天君 Ong-then-kun（靈官王天君、豁落靈官）

司天上雷部，為誅惡訓諭之神。依《封神演義》（卷十二，第九十九回頁二十），王天君為雷部二十四員之一，係九天應元雷聲普化天尊聞仲（聞太師）的部下，姓王，名奕（又稱善）。

六〇、定光佛 Teng-kong-hut（定光古佛）

定光古佛之本廟在汀州府武平縣巖前城。相傳古佛在岩前洞窟中入寂化身昇天。主要為汀州人所信奉。在臺北州乃淡水郡阿里蓍沿岸一帶的汀州人部落祀之。淡水有同州人所建的鄞山寺。其神像披法衣，戴五佛冠，完全是僧人模樣。然依照《封神演義》說，定光佛乃在過去久遠劫已成道的西方佛祖，名燃燈道人，釋迦係後來的弟子。曾於武王伐紂，各派分擾之際，與元始天尊合力予以平定，後得定光古佛的尊號。而其神格，幾乎與元始天尊相同云。然現今臺灣的佛教徒並不承認為佛。僅依《封神演義》（卷六等）說其出處。奉祀此佛的汀州人亦多不知其由來。

據《福建通志》（卷二百六十三）載：

自巖本姓鄭，泉州同安人，沙門家所稱定光佛是也。年十一出家得佛法，振錫於長汀獅子巖。十七游豫章，除蛟患，呪徙梅州黃楊峽溪，流於數里外。乾德二年隱於武平縣南巖，攝衣趺坐，大蟒猛虎蟠伏，鄉人神之，為構庵以居。有虎傷牛，自巖削木書偈，厥明虎斃。巖院例輸布於官，自巖內手批布中，郡守歐陽程追之問狀，自巖不語，程怒命火焚其衲帽，火盡而帽如故，疑為左道，厭以狗血蒜辛，再命焚之，衲縷愈潔。迺謝之。歸，泛舟往南康，江有槎椿害船，手撫之去焉。盤古山井無水，薄暮舉杖三敲，詰旦水湧。終三年復還南巖，郡守趙遂良結庵郡齋，延之居，庵前舊有枯池，自巖投偈水溢，是為金乳泉。城南龍潭為民害，遂良復請治之，一偈龍殄，沙壅成洲，遂良以聞，賜南安均慶院額。真宗廟因赴御齋，謁真宗，問所從來，答曰：早自汀。問汀守為誰？曰：屯田胡咸秩。齋罷，真宗令持食賜咸秩。至郡尚懊，咸秩驚竦表謝。淳化八年坐逝，年八十二，賜號定應。紹定中，磔寇圍州城，顯靈禦賊，州人列狀，奏請賜額曰定光院。

六一、太保公 Thai-po-kong

由來未詳。

六二、藥師佛 Yok-su-hut（藥師如來）

東方淨琉璃世界的教主，發十二誓願救眾生病患，給與治無明舊痾之法藥云。

六三、大王公 Tai-on-kong

由來不明，或為後述的順正府大王公。

六四、住世祖師 Tsu-se-tso-su

齋教金幢派第二代祖師，姓董，名應亮，次次節述之。

六五、太陽公 Thai-iong-kong（太陽星君）

將太陽祀為神，一為謝四時之恩，一係出於對天體的崇拜！以每年三月十九日為誕生日祀之。臺灣專建祭祀「日」及「月」的廟宇雖少，但隨處可見併祀於其他神佛之廟內。

據傳太陽公生來即為醜男，不喜其臉為人所見，若人視之，立投以針。直視太陽會目眩乃此故也。反之其夫人太陰娘娘，被稱為嫦娥，顏容美麗，故不掩其面。

六六、伏羲仙帝 Hok-hi-sen-te

中國古代的伏羲氏，亦為卜卦師的守護神。

據《幼學瓊林》的歷代帝王紀之五帝紀（卷首葉一）載：「太昊伏羲氏，以木德王故風姓，有聖德，象日月之明，在位百十五年。」此帝時尚未穿衣，僅以樹葉蔽體。帝所發明者頗多。依同書之制作（同書卷四，葉五）記載：「龍馬負圖，伏羲因畫八卦」、「伏羲氏造網罟，教佃漁，以瞻（贍？）民用」、「造琴瑟，教嫁娶，乃是伏羲氏」等等。

六七、慈濟真君 Tsu-tse-chin-kun

晉朝人，姓許，名遜。自幼好學，被推舉為孝廉（即舉人）任升陽縣（？）宰。後來看破世情，辭職學醫，在世中廣行善事，人們感謝其德而祀之。唐朝勅封為「慈濟真君」。

六八、五雷元帥 Go^{n}-lui-goan-soe（雷公、雷神爺）

五雷元帥俗稱雷公，為雷神。其神像手持小斧與鑿子，聞為撲殺惡人故。又云不珍惜五穀者會受神罰而遭雷打。與上述王天君屬同類性質的神，但與該神的關係不明。

雷公夫人稱為「閃那婆」，閃那乃電光之意，婆為年老女性的敬稱。雷神爺年老，視力衰退，難辨黑白，有時會發生落雷的對象錯誤震死善人，是以閃那婆雙手捧持雙鏡，幫助雷神爺得以識別善惡。（參照第六圖）

六九、輔信將軍 Po-sin-chong-kung

唐朝人，姓李，名百苗，乃陳元光（開漳聖王）的部將，追擊廣東崖山之賊進入漳州。當時漳州未開，乃輔佐陳氏開山闢野。唐朝敕封為輔信將軍，頗精於地理之術，亦被崇奉為地理神。

昭和十一年（西元一九三六年）一月二十三日，我訪臺南市東門町聖公廟。適農曆除夕廟門深鎖，但看到門聯云：「輔謂扶扶助鄭公心耿耿；信云合合符臺島聽巍巍」，橫披為：「扶相藩王寸衷自信」。

七〇、雷大將 Lui-tai-chong（雷府天尊、騎虎王）

為唐張巡、許遠之將的雷萬春，其廟在臺南州北門郡佳里興，俗稱大將廟。相傳他在睢陽守城與敵人苦戰，糧盡，身受重傷而死，但仍立而不倒，挨援軍到達方仆，終獲戰勝云。

依《新唐書》（列傳一一七忠義中）載：「萬春立城上與潮語，伏弩發六矢著面，萬春不動，潮疑刻木人，諜得其實乃大驚。」

七一、三王公 San-ong-kong（古公三王）

柳、葉、英三人結盟為兄弟，起義師擬救宋帝之難，為事不成而歿。

七二、太陰娘娘 Thai-in-nin^{n}-nin^{n}

太陰月亮也。月的誕辰日為八月十五日。相傳所謂仲秋乃月的祭日。也塑神像奉祀，尤其是病弱兒祈禱者眾。

七三、青龍爺 Chcen-liong-ia

祭祀青龍，司雨之神，旱天時祀者多。

七四、註生娘娘 Tsu-sin-nin^{n}-nin^{n}

與臨水夫人相似，司婦人生產之神，但較臨水夫人人們對其信仰根柢深而普及（尤其是華南地區）。大寺廟受寄託奉祀其神像者不少。本神不但司懷孕、生產，亦為保護幼兒之神。主要為已婚夫婦們所崇奉。民間多不知本神的由來。三月二十日係其壽誕日，是日信徒扛牲禮供於廟內，執香、燒金，行三跪九叩禮。

依《封神演義》，註生娘娘名雲霄，自幼與其胞妹瓊霄、碧霄共為神通廣大的龜靈聖母之弟子，深究法術，尤其雲霄集千隻產盆（生產時所用如盆的桶，在臺灣稱分娩為臨盆），取其精氣，並攝天地靈氣及日月精華，鍛鍊成稱為混元金斗的法寶，以此法寶助紂。周武王大軍大為困惱，但終被元始天尊及太上老君所破，姊妹皆死。後當姜子牙封神時，給予註生娘娘的封號，司人間生產，兼有保育嬰兒的任務云。註生娘娘的部下配以子、丑等十二地支的十二名婆姐（Po-chia），掌管嬰兒生死之事。

建祀註生娘娘為主神的廟，通常奉祀前記三姊妹的神像，但配祀其他廟宇時，神像只安置大姊雲霄一人而已（參照柴田氏，前揭書頁一四〇以下）。

痘娘：司小孩天花的神。安置在臺北市龍山寺註生娘娘室內，其由來出自《封神演義》。乃指主痘神碧霞元君的夫人金氏衛房聖母元君。

七五、陳夫人媽 Tang-hu-jin-na^{n}

未詳。

七六、朱熹 Tsu-hi（朱文公）

宋朝有名儒（理）學家，字元晦，安徽省人。

七七、巧聖仙師 Khau-seng-sen-su（魯班公）

本神乃發明農家所用風鼓（即扇出稻穀的機器）者。據《歷代神仙傳》載：姓黃，名初起，號魯班，丹溪人，其弟黃初平號石松子。或謂船舶的櫓亦為魯班公所發明。又木匠們以器具為魯班所創造，奉祀為木匠之祖。

日本領臺之前，臺灣全島均以「魯班尺」、「魯班曲尺」為度器，皆稱一尺，但依日人尺寸，前者是九寸八分三厘，後者是九寸七分五厘。

荷葉先師：魯班公的弟子，發明泥匠器具之人云。泥匠之神。

七八、玉皇公主 Giok-hon-kong-tsu

玉皇上帝五位女兒總稱為玉皇公主，以此為主神者僅澎湖島有一廟。此廟原來為土地公廟。某時廟上出現五個火球，附近之人怪之並問乩童，乩童答謂玉皇的五位小姐，爾來乃祀之云。

七九、大皇公 Tai-hong-kong

云為玉皇上帝的長子。其廟在臺中州彰化郡芬園庄社口。

八〇、南斗天神 Lan-thau-then-sin（南斗星君、南極老人）

大概是起源於南極星的信仰，亦稱老人星，大人星、壽星，成為吉慶之星。

八一、三忠公 San-tiong-kong

本神在基隆郡雙溪庄頂雙溪一三一號「三忠廟」被奉祀為主神，合祀三代祖師。

本神乃合祀宋末忠臣文天祥、張世傑、陸秀夫三人，故稱「三忠」。文天祥為宋末的名臣，元兵至皐亭山時，募兵勤王，被任為右丞相。後兵敗繫獄，四年不屈，南面再拜就死。張世傑亦為同時之名宦，元兵至皐亭山，遣使勸降，世傑斬其使者，護帝駐崖山，對元軍之勸降，執義不屈，後舟覆而死。陸秀夫時亦為左丞相。崖山之戰負帝投水，雖如斯三忠合力圖宋朝的復興，但事未成，宋遂亡，三忠殉難，後人乃以廟祀。

八二、施將軍 Si-chong-kung

清水師提督施琅，福建人。康熙二十二年於澎湖攻鄭軍克之。納鄭克塽之降，將臺灣收為清的版圖，因功被封為靖海侯。

八三、七爺公 Chhit-ia-kong

為取締惡人之神，奉祀為城隍爺或東獄大帝等之部下。姓謝，名必安。以謝將軍或躼爺聞名於世。似無史實記載。

八四、程伊川 Ten-i-tsoan（伊川先生）

宋代儒者（理學家），洛陽人，受佛教，尤其是華嚴宗的影響甚大云。

八五、包公 Pau-kong

臺中縣豐原郡神岡庄文興祠的主神，傳為三百六十進士之一（王爺之一），然或為宋名臣包拯亦未可知。

八六、曹謹 Tso-kin

字德樸，河南縣河內人，清道光十七年正月任鳳山知縣，任內開鑿曹公圳，造福鄉里。咸豐十年追慕其德而建廟。

八七、文武帝 Bun-bu-te

文昌帝君和武帝（關帝）的合稱。為不常使用的名稱。

八八、彌勒佛 Mi-lit-hut

被稱將於未來出現的佛。為南天竺（印度）的波羅門，上座於兜率天，爾來在其內院修行。云將於釋迦牟尼滅後五十七億六千萬年後降生世間，在華林園內的龍華樹下成佛。依三會（龍華三會）的說法，將濟度未遇釋迦牟尼說法之眾生云。

八九、寧靖王 Leng-cheng-ong

王名術桂，字天球，號一元子，明太祖九代孫，遼王之後，長陽郡王的次子。初授輔國將軍。崇禎十五年流寇陷荊州，與惠王及藩臣宗室共避湖中，十七年京城陷敵，莊烈帝崩，福王立，進其為鎮國將軍，防衛浙江寧海縣。明永曆三年浙西都邑悉為朔外胡賊清軍所陷，長陽王乃送眷入閩，術桂獨留寧海。鄭遵謙由紹興迎魯王為監國，傳說長陽王生死不明，監國乃封術桂為長陽王。鄭芝龍據閩，尊唐王為帝，術桂奉表稱賀，唐王亦一如監國所封封之。後聞其兄尚存且已襲封遼王，乃上疏請將長陽之號讓與兄之次子。唐王不允，改封為寧靖王。仍依監國，督方國安軍抗敵，明隆武元年五月清軍渡錢塘江，浙東均降，王涉曹娥江奔寧海，求一艇出石浦，至舟山，更南下，既而鄭芝龍降清北上，其子成功慨然於孔子廟前焚燒儒服，在旗幟上染書「殺父報國」四字，王亦率兵以赴。及成功攻略臺灣，永曆十七年十月渡臺，率近臣三十餘名，卜鳳山竹滬之地，以待回天之機。康熙二十二年六月，澎湖一戰失利，鄭氏敗降，王覺天運既已去「明」，以鄭氏齎降表出鹿耳門之日為「永訣之日」，大書曰：「自壬午流賊陷荊州，攜家南下，甲辰避亂閩海，總為幾莖頭髮，保全遺體，遠潛外國，今四十餘年，已六十有六歲，時逢大難，全髮冠裳而死，不負高皇，不負父母，生事畢矣無愧無怍。」翌日自殺而死（參照杉山氏《臺灣名勝舊蹟志》頁五〇以下）。

九〇、周倉將軍 Chu-chan-chong-kun

三國時代生於河東，黃巾之亂時入山，後投劉備為其部將，與關羽同死，以忠臣被永祀之。

九一、劉公 Liu-kong

所傳不明，或為五營的西營劉公。

九二、顯濟靈王 Hen-tse-leng-ong（謝府元帥、護國尊王）

依澎湖廳湖西庄顯濟殿之傳說，係晉朝名臣武將謝安云。

九三、三侯公 San-ho-kong

本神係洪姓人，自對岸福建省晉江縣奉迎而來，不知為何神。

九四、真人公 Chin-jin-kong

真人乃對道教道士的稱號，如吳真人、瞿真人。單稱真人公，不知何人？有待他日調查。

九五、通天王 Tong-then-ong

由來不明。

九六、陰陽公 In-iong-kong

臺南市花園町三丁目有陰陽公廟（昭和十一年——西元一九三六年——一月調查）。以陰陽公為主神，從祀盧清爺、韓德爺、馬使爺，同祀臨水夫人、註生娘娘、葉府王爺。定期祭祀日為十月初一日。廟內懸有「陰陽總都管」、「恩威浩蕩」之匾，並有對聯如下：「陰府法律森嚴究竟善人是佑；陽間姦淫罪孽須知天網誰逃」，此乃說明陰陽公的屬性。從前祭典時信徒持以扈從神輿之數種仿造刑具，則吊在塵埃堆裡。

九七、倪聖公 Ge-seng-kong（輔義將軍）

奉祀在臺南市大宮町的總趕宮，為鄭成功武將之輔義將軍。倪乃其姓，傳聞得吉夢而廟祀云。

九八、六將爺 Lok-chong-ia（六將軍）

此神稱為陰府的六將爺，管轄陰陽兩界之神。凡在陽間行惡未被發覺時，罰其患疾病或使其陷於噩運，終其一生不順；若神偵查不週，罪未被發覺前而死亡時，雖死後仍繼續追查捕其亡魂送至地獄受罰，故為人們所敬畏，因之信仰者甚多。其為何六神？謂乃大爺、二爺、牛爺、馬爺、枷爺、鎖爺的六神（通常為城隍爺的從祀神）之總稱云。

九九、五妃娘 Go^{n}-hui-ni^{n}

指明寧靖王的妃妾五人：袁氏、王氏、秀姑、梅姐、荷姐。康熙二十二年施琅征臺，寧靖王於六月二十二日自殺之前，先召五妃囑從其所便，五妃毅然告曰：從王死。遂全縊死中堂。乃予合葬，後人且在墓前建祠。

一〇〇、風神爺 Hong-sin-ia（風伯）

主風之神，臺南市之有此廟，乃當時古都臺南與對岸交通最頻繁，可能為了祈禱臺灣海峽的風浪平靜。《福建續志》（臺灣府祠祀）所載「祀風伯」乃此（同書卷十六、頁十二）。

一〇一、順正大王公 Sun-chen-tai-ong-kong（武惠尊王、護國武惠順正大王）

臺南市元園町的王公宮廟亦祀本神。依該廟傳聞，本神與宋代的姜府王爺、大巡爺共稱為三勇將，使宋朝無敵敵犯之人。

舉傳說之一、二（參照柴田氏，前揭書頁一一三）：

㈠姓黃，名不詳，泉州府晉江縣南門五店市鄉人。天性忠厚，主人有命，不辭水火以赴之。某日依主人所命釀酒，至深夜薪盡，無計可施之下，將自己的雙腳插入灶中，作為燃料，火力乃徹宵不息，至翌日乃蒸溜出純良之酒。鄉人感其忠義，死後立祠祀之。故靈威顯著，護國救難，由朝廷封為護國武惠順正大王云。

㈡大王公姓彭，名不詳，謂唐明皇時被捕冤死的三百六十進士之一，後恐其冤靈害人，由明皇賜順正封號云。

㈢武惠尊王生於漳州長泰縣藍口宮，姓黃，名武惠，自幼家貧，受傭於人，對主人盡忠，為鄉黨所敬重，死後人感其德，立祠祀之。

一〇二、紫衣爺 Chi-i-ia

未詳。

一〇三、瞿真人 Ku-chin-jin

臺北市建成町有瞿真人廟。相傳為明代四川省人。出生貧寒，採薪維生，事盲母至孝，為閭里所稱揚，長而素食，深通《易經》，對未來的推斷甚有靈驗，鄉人皆聽從之，其母死至為哀痛，乃堆薪為圓形，中置桌，座其上擬燃火自焚，時由天上忽降黑雲，包裹其身，隨昇天為神，從此人們尊信益深，終於建廟祭祀云。

一〇四、衛府先師 Ui-hu-seng-su

據高雄州鳳山郡大樹庄永雲公廟所傳，先師姓名為孫賓，幼而賢，十三歲時往雲望山，就聖人王禪老祖學道六年，學成下山至齊國，當時以六國紛亂，擬予解救，待六國講和，乃赴天臺山修道云。

一〇五、太虛祖師 Tai-hi-tso-su（王祖師）

為齋教金幢派開基祖王左塘，太虛係其號，容次次節述之。

一〇六、先鋒 Seng-hong

不明。

一〇七、閻君爺 Yan-kun-is

普通指十殿閻羅，在地藏王統率之下。關於十殿閻羅的名稱記於地藏王條（參照拙作《臺灣本島人的宗教》頁五八）。

一〇八、山神爺 San-sin-ia

相對於平地的土地公，山上有山神爺，前者穿文官服，後者常披戰甲，持武器。普通多奉祀於寺廟的十八羅漢山。

一〇九、薫（董?）公真仙 H(T?)un-kong-chin-sen

董伯華，原為屠夫，遇到仙人後修道，服氣練形，最精五雷之術。據《福建通史》（志?）載：「宋董伯華，服氣練形，談徵應輒驗，能於人手中作字，開拳有雷聲震起，後尸解北山紫極宮，人即其真身塑像祀焉。祈雨多應。」（《方外》頁九右同史（志?）卷六十）。

一一〇、開山侯 Khai-sang-ho（開山聖侯）

為春秋時代晉文公的臣子介子推。從文公出亡十有八年，某年途中為飢餓所迫，他曾割股啖公，救文公奄奄一息之命。歸國後不仕乃與其母隱居綿山，雖文公親訪，猶不肯出山，文公怒而燒山，母子抱樹而被燒死，時為五月初五日（三月初三日?）。晉人悼之，以所抱之木作牌位立廟祀之。在臺灣本廟亦俗稱祖公爺廟。

一一一、開聖大帝 Khai-seng-tai-te

由來不明。

一一二、本官公 Pun-p(k?)oa^n-kong

名本，生於農家，長而受雇於製酒家，於釀酒時，將腳伸入灶中被燒死云，詳情無人知，泉州府晉江縣白頭埔有祖廟云。

一一三、武安尊王 Bu-an-tsung-ong

不明何神，或為關帝亦未可知。

據《關聖帝君聖蹟圖志全集》，關帝於宋大觀二年被封為武安王（仁部卷一、葉一右），又同玉泉顯烈廟（禮部卷三、葉五右）載：「廟後岡上起正殿三間，名曰武安廟，冠服之制，並用王儀」，又同潞河率龍神救客船（同前靈應考葉四十六左）「築石為坊，題曰義勇武安王祠」，同徐州洪建顯仁廟（同前葉五十六左）有「前殿奉三元，後殿奉武安王」。由此推測，似可斷定武安尊王乃關帝也。

一一四、軍大王 Kun-tai-ong

新竹州新竹郡關西庄有軍大王廟，同治六年六月創建。蓋此地開拓時，屢受原住民襲擊，戰死者甚多，乃立廟祀戰死者之靈，以永記其功，並祈冥福（參照杉山靖惠《臺灣名勝舊蹟志》頁四七八）。

一一五、韓文公 Han-bun-kong

唐儒學者韓愈，字退之。茲不贅述。

一一六、敵天大帝 Tek-then-tai-te（大師公、大帝爺）

臺南州嘉義郡民雄庄的敵天大帝廟乃乾隆年間，有林某者移居臺灣時，為祈海上平安，自漳州府平和縣奉迎來臺者，大帝為林姓之祖云。

本神之名「敵天」，含對敵上天，有不遜之意義，故咸豐年間經某地理師改為竹天（德天？），但不數年又復原名云。（《寺廟臺帳》所載）

一一七、水德星君 Tsui-tek-seng-kun

可能起源於對星辰之崇拜。為水神，人們平素信仰即可免除水災云。

一一八、蔡阿公 Taoa-a–kong

齋教金幢派第三代祖師蔡文舉，次次節述之。

一一九、鍾永伯 Chong-ien-pek

依臺中州豐原郡內埔庄后里鍾永伯廟所傳，距今一百年前有稱為鍾永伯的老人到后里庄來，居住很短時間即死。因生前正直、勤勉、無慾，具有德望，庄民乃埋葬於今廟的附近。其後數年，同庄吳河貴為開牛車路僱人堀其埋葬地，立即腹痛。於是認為有靈驗而參拜者眾，終於建廟。

一二〇、金夫娘娘 Kin-hu-nin^{n}-nin^{n}

一二一、福嬌娘娘 Hok-kiau-nin^{n}-nin^{n}

一二二、洪夫人 An-hu-jin

一二三、林媽 Lin-ma^{n}

一二四、陳仙媽 Tang-sen-ma^{n}

一二五、黃狀元 N-chong-goan

一二六、三一教主 San-i-kau-tsu

均不詳。

一二七、英濟夫人 Ieng-tse-hu-jin

張氏。咸豐三年泉州人與漳州人械鬥時，出現騎馬的張姓少女，擊退泉州人，而獲得平安，庄民感其德，由張姓人士發起建廟，塑馬上的女神像祀之，時為道光二十九年（西元一八四九年，按：清代年代，道光在前，上述有誤）。臺南州嘉義郡水上庄的張氏姑婆廟即此也。

一二八、武德英侯 Bu-tek-ieng-ho

是神為臺南州東石郡六腳庄鳳山宮所祀，相傳武德英侯生前到鄉下盜竊，正要盜取物品時，因狗吠而被捕，他說：「我若為神，必食狗肉。」所以每年祭祀時供奉狗肉，乃因有上述說法之故云（參照《寺廟臺帳》）

一二九、黃結先生 N-kiat-seng-si^{n}

新竹州苗栗郡銅鑼庄黃結廟所祭祀的神。廣東人，嘉慶年間渡臺，居住於今之臺中州彰化地方，以醫為業。仁術頗精，獨身經營其業，並建置資產。附近住民慕其如父，某日為盜賊殺害，乃埋葬於附近。時有劉某擬盜甘蔗藏身於附近，忽有人喊盜者之名，回身一看，見有一穿黃衣的老人站立而教曰：你將來如欲竊盜，可在我墓前豎旗一面，必有顯應，旋即不見其影，後來傳說此為黃結先生，遂祀此人。

一三〇、挖子公 Kia-tsu-kong

臺南州新營郡有本廟，據說咸豐年間有牛賊將所竊之牛牽到廟內，失主追到時，一看神霧籠罩，牛變為美麗的他物。如斯之事屢屢發生，其後被稱為牛賊之神，一名賊王爺（參照《寺廟臺帳》）。

一三一、林先生 Lin-seng-si^n

尊為水利之神，奉祀於臺中州員林郡二水。完成八堡圳的人，另說謂此乃想像的人物。

第二節　所供奉之神的配屬和傳承一斑

在臺灣奉祀多數神佛於寺廟時，就中奉祀一神為主神。只祀一神者，除某些土地公祠外，幾乎絕無僅有。一般廟宇配置或合祀多數神佛。各處的神廟，無論前殿、後殿或左、右兩廂，幾乎無處不雜亂的安置神像，乃此故也。然寺廟奉祀的主神與配、寄神有何關係？從所祭祀的神之性能和由來看，其間幾無聯繫，諸神不過是偶然同居於一室而已。故其配置選擇依何而行？外來者乍見不易瞭解。

所供奉的神配屬的樣態
- 分身
- 配偶
- 挾侍
- 從祀
- 寄祀

一、主神的分身

此乃雕塑與主神同一神像，併置於神龕內，且有大小新舊的區別，俗稱軟身(Nung-sin)（似為「分身」之誤），又有將媽祖臉塗紅或黑者，前者稱為紅面媽祖，後者稱為烏面媽祖，此即分身也。分身多時，賦以大王、二王、三王（女神時稱為大媽、二媽等）的稱呼，而其主神則稱為鎮殿王（若女神即稱鎮殿媽）。除鎮殿王外，分身可應信者之請出差。例如某街庄有某事時，如祈禱該地繁榮或祈請消除疫癘時，請三王或四王神像外出巡迴祭祀。或信徒之家有病人時，請一神像到家供奉祈求痊癒，病癒即還給廟宇。當然此種分身並非任何廟皆有，因係應信徒的需要而增塑者。比如北港朝天宮（媽祖廟）分身很多，很少一起留於廟內。又在臺南市所見到的情形來說，東嶽殿有九尊，府城隍廟有五尊，陰陽公廟有二尊，某土地公廟有二、三尊分身安置其內。而有趣的是同一分身像亦以靈驗的多少，從而產生神務的繁簡，總之，愈靈驗之神像，愈受人們之崇拜，可以說是表示神像崇拜的好例子。

二、所供奉之神的配偶

對於所供奉的神，靈驗顯著者，信徒的信仰深厚，而神未持齋者，往往雕刻夫人配之，以慰神意。又既配婦人，以其間當然會生子，乃添加王子或公子的神像。而關於配偶除右述以外，尚有由祭神之傳說所產生以及由自然物相互的對照而想像構成的配偶。茲將為慰神意所作出的配偶姑且稱為獻上的配偶，非此者，稱為傳說的配偶，舉例如次：

(一)獻上的配偶

城隍爺夫人。城隍爺靈驗最為顯著，故為了慰其神意，大抵其廟之後殿通常配祀城隍夫人。聞在泉州城隍廟之後面安置二婦人，標以城隍大夫人、城隍二夫人云。但雖以城隍爺之尊，信奉不深者亦孤影煢然，別無配偶。

就臺北大稻城隍爺來說，光緒十九年，當時的管理人何仙舍，以城隍爺雖向來靈驗顯著，但尚無夫人，若娶一夫人獻上必定欣喜，乃雕刻一夫人像奉配云。其側有神用之寢室，置有桌子及家具類。基隆的城隍廟有夫人及公子。又新竹市有對城隍爺之公子以市內樹林頭某廟神之女為配偶奉獻之例。

土地媽。土地公為人們最敬愛的神，有時配以土地媽，不過因為傳說中的土地媽為人所厭惡，故原則上多不配祀。僅特別同情土地公者配祀之。

西秦王媽。為西秦王爺之妃，並添加公子。演員等祈禱能娶賢妻，又祈求生子。不過西秦王爺乃史上人物，生前有妃係屬事實，與假設的夫人並不相同。然出諸奉祀之意，乃屬於獻上的配偶，故列於此。

(二)傳說的配偶

聖王媽。廣澤尊王（一名聖王公）的夫人。

尫媽。保儀尊王的夫人。傳說保儀尊王甚愛夫人，祭典行列，若將夫人之神轎配置後方，尊王必不安心，信徒隨打破男尊女卑的習慣，使夫人的神轎前行云。

第六圖　雷神及電神（臺南市大正町開隆宮，昭和十一年一月撮）

太陰娘娘。太陽公的夫人。

閃那婆。雷神爺的夫人。

盤古媽。盤古公的夫人。

嘗云：天地開闢之神盤古公記憶頗差，一不留心即忘記自己的姓名。盤古媽乃想出一策，使公背負大鼓，囑若忘自己姓名即敲背後大鼓。以「古」與「鼓」相通，教以依觀念聯合喚起記憶，公唯唯從之，但卻忘記背有大鼓就寢臥之，大鼓乃被壓扁，公僅執意其扁平。某日有人問公之姓名，公本應答為盤古，但僅想起大鼓已變為扁平。乃答「盤扁」云。今日竟有不說盤古開天以來，而戲謔說盤扁開天以來者。

太陽公配以太陰娘娘乃好事者依中華民族固有思想陰陽說所想出者，城隍夫人乃原來城隍爺在陰間執行現世的知府、知縣的職務，知府、知縣既擁有妻妾，城隍爺亦不得無妻妾的理論想出的，但如廣澤尊王的聖王媽乃神自動娶的。西秦王爺（唐玄宗皇帝）夫人究竟是否祭祀玄宗生前的后妃並不清楚（此外，在臺灣所祭祀的神以配偶合祀的可舉王爺夫人、有應媽、大眾爺媽、開漳聖王夫人、三山國王夫人等）。

三、所供奉之神的挾侍（日人之稱呼，其意乃謂在神明左右側伺候主神之小神）

無論自然神、人格神均有階級如前述，因此挾侍亦異其種類。其種類如次：

㈠皇帝格之神｛劍監、印監｝（例）關公

㈡王階級之神｛劍童、印童｝（例）開漳聖王

㈢元帥級之神｛神馬、馬丁｝

㈣觀音｛善才、良女｝

㈤地藏王：左佛童、右佛童

㈥祖師：左道童、右道童

㈦婦人像之神（妃以上）：左宮娥、右宮娥　（例）天上聖母

㈧婦人像之神：
- 司香（提粉、提花）——玉女
- 司花（提匣、提鏡）——婢

我想用祂們作為所供奉的神之挾侍，服侍其左右，乃為了彰顯所供奉的神之尊嚴而製作出來的。

四、主神的從祀神

所供奉的神與從祀的神的關係可分為二種：

㈠與所供奉的神之神務有關係者

1. 城隍爺的從祀　城隍爺為掌管陰、陽間的神，為了完成其神務必須有許多部下，所屬的職

員如次（但因係以神像中心的信仰，故除左列之外，有時亦以各種名目，增置神像）：

(1)文判官、武判官……二判官。(2)馬爺、牛爺……二爺。(3)延壽司、速報司、糾察司（陰陽司）、獎善司、罰惡司、增祿司……六司。(4)謝將軍、范將軍……二將軍。(5)除上列外，祭典時有八將、三十六天罡、七十二地煞等神將神兵扈從。

(1)文判官：如在法院的書記，負責調查人志行的善惡及壽夭，作成判決書，或檢查紀錄。

武判官：對於已判明罪犯者執行其刑。

(2)馬爺、牛爺：本來為閻羅王的部下，乃站於陰間奈何橋兩側的衛兵。若惡人行來，即推落橋下。今日成為城隍爺的從祀，可能係因民間信仰與佛教混合之故。

(3)延壽司以及增祿司等之六神：普通稱為六神爺，其職務如名稱所示，不一定為六司，或為十二司、十六司、或十八司。

(4)謝將軍、范將軍：在六神爺之次，前者稱「七爺」，後者稱「八爺」，謝名必安，范名無救，又稱「躼爺」、「矮爺」。均為檢舉惡人押送至刑庭；常立於城隍廟門的兩側。謝將軍係載三尺餘的大烏帽子，伸出舌頭，眉毛長，身高丈餘的神像，范將軍為黑臉，上半身稍前屈的短身神像。

2. 靈安尊神的從祀　同城隍爺。

3. 王爺的從祀　有從祀六位司官者。可能係比照中國行政六部而設，即吏、戶、禮、兵、刑、工各部之制也。

4. 大眾爺的從祀　幾乎與城隍爺相同。只因為屬於陰司故祭典時無神將神兵，平素祭祀有「董牌爺」神像，這一點與城隍爺有異；董牌爺之職務，如警察機構的刑事，掌偵探工作。

5. 福德正神的從祀　從祀虎爺。

6. 註生娘娘的從祀　從祀配十二地支的婆姐十二人。神像各抱孩兒。

(二)與所供奉的神之歷史事實或傳說有關而從祀者

1. 天上聖母的從祀　從祀千里眼及順風耳。其傳說有數種（後述）。

2. 關帝的從祀　從祀關平太子及周倉將軍。關平為關羽的義子，周倉為關羽的股肱。周倉為後漢河東人與關羽共殉節義，受有昭武烈侯的封號。

3. 開漳聖王的從祀　從祀輔順將軍及輔信將軍，輔順將軍姓李，名百苗，為開漳聖王的左翼將軍，隨王討伐蠻洞猺匪，依其功由宋仁宗皇帝封為輔順將軍，輔信將軍姓沈，名毅，為開漳聖王的右翼將軍，其事蹟與前者同。

4. 西秦王爺的從祀　從祀田都元師及雷海清。

5. 福德正神的從祀　有從祀文武兩狀元於左右者。

6. 佛的從祀

(1)韋馱：南方的天王八將之一。聰明而離塵慾，守護佛教，佛舍利被魔王所奪，乃追而奪回之。

(2)護法：護法具有令人敬畏之相，經常於戰場奮鬥，堅持信念後歸依觀音，為討伐紊亂佛法者。後世以關帝為護法。

(3)伽藍：伽藍為某叢林負責記帳者，即任會計主任而有功勞的人。

(4)監齋：前述叢林的伙夫，亦有大功勞，與伽藍相同為叢林所必祀。現今雖非叢林的寺廟亦有祀此二人者。又監齋今已成為烹調之神，為廚師所崇信。

(5)十八羅漢：彌勒尊者（布袋和尚）　達摩祖師　志公禪師　降龍尊者（戲龍尊者）　目蓮尊者　飛杖尊者　開心尊者　進花尊者　進香尊者　梁武帝君　獅子尊者　長眉祖師　伏虎尊者　洗耳尊者　弄鈸尊者　戲笠尊者　進燈尊者　進菓尊者

(三)神將神兵(sin-chong sin-peng)

臺灣人有神明之下必附著神將神兵的觀念（類大眾爺的幽冥神則無），所以各神常從屬有無數的得力部下，即神將神兵，宛如現世的帝王擁有軍隊一般。只是神將神兵並無神像，與其他從祀者不同，自較不易為外來觀察者所看見。但置於主神左右的花瓶樣圓筒內必豎三角形的黃、綠、藏青（依實況言乃白）、紅、黑五彩的令旗(Leng-ki)及刀劍。此乃神的部下——神將所執，除了莊嚴神威外，並展示為了保護人們，有神將神兵駐紮。所以舉行祭典，神像乘神轎出巡遶境時，原則上令旗和刀劍，均與神像同置於轎內。

第七圖　五營頭（神將）（新竹市南門外青山王廟，昭和八年九月撮）

既有神將神兵則必須要有編制及統率，自不待言。在中國如作五行、五方、五常等事物之分類或編制時，使用五的數目乃古來的慣例。此種神軍編制亦不例外，將全軍分為東、西、南、北及中營，各營均置神將（東營：張公—法主公，西營：劉公，南營：蕭公，北營：連公，中營：中壇元帥）。此乃有「五營神將」名之緣由也。而中壇元帥除作為中營的大將軍外，同時居於統率其餘諸營的地位。五營神將又俗稱五營頭（Go^{n}-ia-thau），其神像為鎗身人首，安置在廟內之一隅，其構造和形象宛如日本端午節室內的「幟立」（日本人於五月五日男兒節裝置於室內之旗幟）。

神將神兵信仰的觀念現在仍然非常鮮明為信徒所最崇信。譬如有流行病疫侵入某部落的附近，此部落馬上人心不安，部落居民乃協議向平素崇敬的神佛祈求平安。例如臺北州羅東郡於昭和十年（西元一九三五年）初流行性腦膜炎蔓延，於是同郡五結庄居民乃對平素信仰的靈惠廟（開漳聖王廟）祈求平安。此種儀式稱為放軍（Pang-kung）。蓋所謂放軍乃出自受部落民祈求的神佛，自是日放出部下即神將神兵鎮壓五方惡靈，祓除不祥，防止惡疫的入侵，以保護一境的平安。所以若行放軍，通常在部落的東、西、南、北及中央豎立二尺左右的竹棒，頭部用白棉布或紙纏著，上書神名代表神將。已行放軍，其後舊曆每月初一、十五日或初二、十六日兩日，各戶備供饌，拿到一定的場所，供奉神將神兵，稱為犒軍 (Kho-kun)，是犒慰神軍勞苦的意思。在農村的廣場，純朴的農夫各自挑自己供饌的籠子聚集後，將供饌擺好，供神軍享用，農人乃吸著長煙桿作等待的模樣，情景如繪，又市街各商店，為了向自家所供奉的神，祈求生意興隆，也舉行犒軍。此乃自己家供奉的神，也自有神將神兵之故。又以觀音及其他與佛教有關係的諸神為主佛的寺廟，中元普度時，也供整隻煮熟的豬、羊，認為佛也有附隨神將神兵，即便諸佛素食，但為了犒勞其部下也必須如此。如斯每月行二次犒軍，平安無事到了年末，於農曆十一月或十二月，為了慰勞一整年的辛勞，並且感謝神恩，便供奉盛大的菜餚，舉行祭儀。此謂收軍 (Siu-kun)，乃使神將神兵復員。若適逢其時有祭典者，收軍亦一併舉行之。

以上所述者乃疾病發生之例，又有土匪蜂起侵襲某部落時，媽祖曾派其神將神兵保衛的傳說，這種傳說在臺南州北港朝天宮以及其他各地的媽祖廟流傳著，如第五章所述。

五、寄祀

在臺灣寺廟主神有選擇寄神配祀者，此乃如左述情節複合交錯而形成的。

㈠寺廟建立的情形　在臺灣建立寺廟，當然首先要選定所奉祀的主神，惟對於主神以外寄祀之神，似不太重視。等廟宇竣工後為了填補空室虛龕，才考慮寄祀的問題。因此對於寄祀並無特定的希望或預期，故而有寄祀的空間，及選擇寄祀的自由，為其根本要件。

㈡寺廟關係者的出身籍貫　如前述臺灣的寺廟雖有供奉寄神的空間及選擇寄祀的自由，但非毫無限制。其選擇，尚受限於寺廟信徒出身的籍貫（對岸華南的故鄉）。蓋在臺灣依出身籍貫的異同，歷史上其供奉的神亦有異同，所以當選擇寄祀時，其部落住民的出身籍貫如何？自然決定寄祀的種類。此亦不得不謂選擇寄祀的根本要件之一。

㈢寺廟有關地方的生業　有時依寺廟有關地方的生業寄祀其生業之神。例如在農村寄祀五谷仙帝，漁村寄祀媽祖，讀書人寄祀文昌帝君者是。

㈣參拜的方便　奉祀於遠地的神佛，每年往返進香，勞神傷財，不堪負荷，故有分其香火於鄰近處以寄祀之，例如各地寺廟寄祀天上聖母者是。

㈤宗教團體所供奉的神之寄祀　在寺廟所在地居於特殊地位，或有業務之團體，有時亦將其他位或業務上所供奉的神寄祀於寺廟。例如：多數讀書人所居之地、寄祀文昌帝君；生意人多的地方寄祀關帝；貿易商或船員多數的地方寄祀天上聖母等，寄祀各團體所要供奉的神。

㈥廟祝或住持所供奉的神　有時寺廟的廟祝或住持，將自己所信仰的神佛順便擺在神桌，委由一般人參拜。

㈦寄祀其他寺廟所供奉的神明　有時他廟毀棄，其供奉的神偶然移來寄祀。例如臺南市市區重劃的結果此例頗多。

㈧解散的宗教團體所供奉的神　有時供奉神明的團體解散時，將其供奉的神，安置於附近的寺廟。

㈨漂流的神像之寄祀　有時因洪水泛濫，不知何處所祀的神像漂來，亦稱之為水流公，寄祀於附近的寺廟。

以上各項中㈠至㈣項乃自由選擇寄祀者，㈤至㈨項則非純然寄祀關係的寄祀。然無論何種情形，寺廟主神與寄祀神之關係，就有如斯極為複雜的複合與交錯情形，而主神以下的神像，依其分身，又各有數尊，所以一寺廟往往有多數的神像，紛然雜居，此事乃屬必然。寺廟的主神與寄祀在信仰上或儀禮上並無關係，完全因其外部關係之偶然結合，亦與配偶、挾侍或從祀的情形有異，故欲瞭解信仰的實際狀況及民情，則必須從多方面調查，始能收效。

第三節　齋教和其所供奉之神

一、齋教 (Tsai-kau) 的起源

在臺灣的佛教信徒中，有一種齋教徒俗謂食菜人 (Chia-tsai-lang) 者。稱於在俗中守佛戒，因

不食葷肉，乃有此名稱。其入教的動機大多係由於治病，於祈求佛祖治病時，立誓病治好後，願為食菜人。而這些食菜人中，信心堅固者進而學習讀經，過半僧半俗的生活，同信者互稱齋友，齋友為奉祀佛教，相謀建立佛堂，稱為齋堂。

按齋教又名「在家佛教」，在中國本土出自禪宗的臨濟宗，乃為佛教的一派。依傳說，自教主釋迦牟尼佛傳此於大迦葉，二十八代傳至菩提達摩，始為禪宗之祖。六祖慧能大師以「菩堤本無樹，明鏡亦非臺，本來無一物，何處惹塵埃」的一偈，半夜受傳五祖之衣缽，為避神秀之難而南走，藏於漁家四年，其間一面以俗裝營行商，一面從事傳教，後落髮住寶林寺，大為發揚禪風，受世人的崇敬。馬道一傳其衣缽，成為七代祖以來，士庶、僧道歸依者日眾，於是法燈六祖之真風，不在僧侶之手，乃在於居家持戒者——優婆塞、優婆夷，現在的齋教徒據稱乃傳承六祖於行商中自化化人的大乘佛教精神者。

二、龍華派（Liong-hua-pai）

齋教有三派，即龍華派、先天派、金幢派也。龍華派之祖稱羅祖師，明英宗正統七年（西元一四四二年）十二月一日生於山東省萊州府即墨縣豬毛城，二十八歲歸依臨濟宗，信佛持齋戒，據說在洞內苦修多年，五十二歲成道，以後以俗裝遊歷諸州教化民眾。十六祖普禱時，傳至臺灣，在臺南創立德善堂，距今約一百年前。

羅祖師 (Lo-tso-su)：為龍華教主，現今仍為齋教徒所供奉。姓羅，諱因，又號孟鴻或清庵。明正德年間初敕封為「齊天大德護國真人金鑾殿上說法」，並許其題明言十八句於經首，頒發文武百官，後至霧靈山建堂。歿於嘉靖六年（西元一五二七年）一月二十九日。在世八十年，經文五部六冊乃洞中之作。次列有關該祖師的傳說：

幼而伶俐，信仰阿彌陀佛，遂為僧。時有紅毛撻子（可能是英國）來十萬大兵，攻北京皇城。明軍將敗時，軍師曰：有羅普仁者德高，若使此人出陣，必可勝利。乃召其出陣，羅答以自己係僧人，不知兵法，經再三敦請終予答應，乃設一壇，壇上備弓箭，祈禱為國攘賊，以臻安泰，向天空射三支弓箭，忽起五色怪雲，風雨猛烈交加，紅毛撻子知敵有名將，不可敵，立即收兵歸國。後軍師將情報告皇帝，皇帝恐天下落入其掌中，竟處以死刑。劊子手正揮刀砍下時，竟折為三，欲取一折刺之而頓然身體痲痺，無能為力，不得已處以十三年徒刑。羅在獄中著述經典，臨出獄時囑獄卒獻於皇帝，而皇帝卻命近侍予以焚毀。近侍則以名經私藏之。羅出獄之翌年，紅毛撻子帶僧侶七人，擕重達三百斤的銅佛像，告正德皇帝曰：此次不用兵，約以辯論決定輸贏，輸的一方應讓國。皇帝乃召大臣，問何人可擔此重任。大臣答曰：辯論之卓越莫過於曩出獄的羅普仁。皇帝乃再召羅委任其事，羅告以前曾盡力為國，卻被處刑獄，為慮重演其事乃予以拒絕。後經皇帝再三說明，羅無可推辭而諾之。乃決定置佛像於壇上公然辯論，經彼此大力爭論，紅毛撻子終敗而謝罪匆匆歸國，國家獲得安泰，皇帝感其德，敕封羅道人云。此傳說中羅普仁乃羅因的別稱。

殷祖師（in-tso-su）：龍華派的第二祖。姓殷（一作「應」同音之字），諱繼南，法號普能。開基祖羅因滅後十五年，明嘉靖十九年（西元一五四〇年）二月二十八日，生於浙江省處州府縉雲縣虎頭山。三歲喪母，七歲失怙，孤苦無依，為叔母所留，一面被雇為收童，一面幫助家事，其性異於常兒，頗好讀書，談話中亦屢屢引用聖人之語，叔母不顧貧苦，使之就學。不幸叔母不久去世，隨中途輟學。其後隨叔父出家金沙寺，師事主持道人本空，時僅十一歲。不久為住持所惡，被逐出寺，彷徨於途，無處寄身。他自思「至今無託身之處，生於世間何益，莫如死之。」此時適有永康里經營金銀加工業的丁予，半途見繼南雖沮喪，但容貌非凡，仔細詢問後帶回，使從事金銀加工，丁予為法號普慎的龍華派信徒，繼南亦屢屢隨丁予聽其師盧本師的說教。嘉靖三十三年七月十五日繼南年十五，歸依龍華派，由盧為其舉行受戒儀式，潛心修道，被視為羅因再生，而博得信徒的信賴，成為龍華派的指導者，大力宣教。但當時官憲視為一種邪教，極盡禁遏之能事。萬曆四年（西元一五七六年）他率弟子欲登「天臺山」，為官憲所探知，欲緝捕之，他逃過危險回到縉雲。但信念毫未動搖，猶大力集眾宣傳其教，聽眾達三千七百人，官憲大驚，以其妖言惑眾，捕送處州府。監禁六年，萬曆十年（西元一五八二年）八月四日被處死刑，時年四十三。依《三祖行腳因由寶卷》，臨死宣如次之偈云：

將頭臨白刃，猶是斬春風；

智不對愚訴，如刀劈水聲。

姚祖師（Tio(?)-tso-su）：龍華派的第三祖，姓姚，諱文（或文宇），入教後號普善。二祖殷祖師入滅前四年，明神宗萬曆六年（西元一五七八年）三月十九日，生於浙江省處州府慶元縣。五歲，尚未出一言，二祖入滅後始開口云（此乃後世以他為二祖再生之原因也）。一說他在胎內即不食肉腥，生來即有善根。家貧以放鴨為業，每日見鴨食蟲而傷心曰：「蠢動蜎飛皆有佛性，不忍見其殺生。」乃求別業，途中在準提閣寺休憩所休息，偶然與對面休息的某道者相識，依其勸歸依龍華派，法名普善，道號鏡山，其後經營饅頭店三年，夜就師參禪，豁然有大悟，爾後遍訪道友，自稱為殷祖再生，刻苦努力宣教，在各地設置道場，發揚教勢。龍華派傳來臺灣亦其在世時。崇禎末年，明清之爭波及浙江省，楊鼎鄉者沒收龍華本山的資產，慘殺姚文，時為明唐王隆武元年（西元一六四六年）五月二十九日。

姚文與羅、殷兩祖師均奉祀於今日臺灣的龍華派齋堂。

三、金幢派（Kin-tong-pai）

金幢派以明朝之王左塘為祖。王左塘，道號太虛，又號普明。大虛祖師、王祖師、王老爺乃係敬稱。明世宗嘉靖十七年（西元一五三八年）十二月生於直隸省永平府石佛口，歸依齋教，嘉靖三十九年到該省鎮定府通州創設道場。萬曆六年心地開悟，覺三迴九轉之理，著寶經十二部及九蓮經一部。萬歷二十六年神宗皇帝信之，乃建八十一處齋堂，得法弟直隸省永平府人董應亮（住世祖師），宗風大揚，其徒王祖亮亦善繼其法，被稱為老師。崇禎十年，連坐白蓮教事件被處刑。其徒蔡文舉，從事漁業，為齋友（齋教徒），於天啟二年，在福建省蕭田縣設樹德堂，繼渡臺灣，在臺南創設慎德堂。這是在臺灣金幢派的開基祖，稱為「蔡阿公」。

四、先天派（Sen-then-pai）

先天派稱徐吉南（道號還無）、楊守一（還虛）為祖師，於清乾隆年間在四川省建西華堂，宣傳吃菜（素食）之教義。嗣法之徒林金元派下黃昌成，於咸豐十一年（西元一八六一年）到臺南，在安平築一草堂，後遷移改建，名為報恩堂，此乃先天派在臺灣之始也。

五、齋教的教義

以上的齋教三派，在守戒、法式、經典、祭祀等方面多大同小異，均以戒律為本位，一名「持齋教」。最嚴守五戒十善，尤其注重殺生戒與素食，故俗稱食菜人。齋友不穿法衣，不剃髮，在市井經營家業，守佛戒與出家之僧侶有異，不食肉、魚、不吸鴉片、不嚼檳榔、不賭博、不燒金亦與一般人民不同。尤其是龍華派有過公場的修行，時常在各齋堂鑽研法式教義，同時進法階，龍華派發達的原因蓋在此也。觀齋教所禮拜的神佛像多以觀音、釋迦為主佛，此外，龍華派以阿彌陀、三寶佛、關帝；金幢派以阿彌陀、彌勒佛為主佛者亦有之。從祀於主佛者有：三官大帝、太子爺、媽祖、註生娘娘等。其課誦的經典，三派均朝誦金剛經；晚誦阿彌陀經。實質視之，齋教乃以三教調和思想為中心所開創的一種新宗教運動，例如龍華派的經典「科儀」中云：「紫竹黃根白筍芽，道冠儒履釋袈裟，紅蓮白藕青荷葉，三教原來共一家。」可以推知三教同備的情形，唯金幢教似比較偏重道教思想，先天派則多混合儒教思想。

研究臺灣的齋教最感困難者，三派不但均受密教的影響，自古被視邪教，尤以清朝以此為異端而禁教義的宣揚，故其教史、教理、教儀等，三派各以極為隱密的方式傳授，非本派齋友無法獲知，且記錄及參考文獻幾近全無。關於龍華派的開基，除《羅祖五部經記》、《羅祖行腳十字妙頌》、《三祖行腳因由寶卷》、《羅祖五部經苦功悟道卷》、《許太空手抄》、《補註開心法要》等外，似無其他記錄。

第四節　祖靈崇拜和祖廟

一、祖靈崇拜的各種形態

依照臺灣人的想法，一般來說：人的軀體雖死，其靈仍存在於陰間，且有意識，所以倘若子孫絕嗣，祖先之靈即變成可憐的無祀的孤魂，故子孫之不孝以無後為大。為了使祖先於陰間生活安易和樂，子孫應對祖先祭祀和獻奉供品為其一大義務，為了不使對祖先的祭祀斷絕，必需謀家族的繁盛和永續。後來華南一帶甚至存有視子為一種財產的看法，此風氣移植至臺灣，現在金紙（參拜神佛時燒的紙）之上畫有財、子、壽之神像，財神立於中央，子神、壽神侍立於左右，子神在壽神的上位。

又臺灣人結婚的目的乃是為了不使對祖先的祭祀斷絕而傳宗接代。此目的一方面與農業社會需勞動力增加相結合，故而婚配最急生子，聞昔日有到處買子者，又有本夫自願認領姦婦所生之子的傾向，從而社會上容忍蓄妾，不但不排斥且認蓄妾為富者的榮耀之一。

臺灣人的祖靈崇拜，與其他農業國民的情形相同，乃由於居住在一定土地上，沐先人開墾及其他勤勞的餘澤而產生，又從主觀視之，可能認為現世人一切福澤均來自祖先靈魂的庇護。這種崇祖的思想，自古成為家族凝固的原動力，並與來自自然崇拜的敬天的思想相結合，形成漢民族難於被同化，而永續不朽的砥柱。臺灣人的民族精神因具有保守性，加上其民族精神頗為悠久及強烈的祖靈崇拜的二個強化要素，其保守性極端堅定，其堅定之程度，在世界上令人驚異。

為求永續祭祀祖先之法，乃建立家廟（祖廟），或行「祭祀公業」制度、組織祖公會，又葬儀及墓地的處理頗為慎重，另一面為了使奉養父母無後顧之憂，有贍養之制。祭祀祖先乃於各家之正廳安置歷代神主（牌位），早晚燒香禮拜，視神主為活的靈，子孫之奉祀，甚為虔誠恭敬。

祭祀公業之設定係作為祭祀祖先之資金為目的，當鬮分（分配）父祖的財產時，就其財產抽出一部分，作為公業，為最普通的方法。但子孫由各自所屬財產中或土地，或金錢捐出，作為父祖的祭祀基金，設定公業者亦復不少。為了使其他親族或他人之靈能繼續獲得祭祀，由一人或數人捐獻財產，作為公業，或老而無嗣者留下遺言，將財產委託其他人作為自己及祖先的祭祀公業之例雖有，但不多見。

祖公會係以祭祀祖先為目的，由同姓或同宗者所組織的團體，起初由會員醵款買田園或厝屋作為共有，年年提供祭祀祖先的費用（間或有無財產者），而依會員出資之多寡，定其股分（持分），在不違反祖公會規約之下，得賣買或出典。總言之，祖公會承認股份，但祭祀公業並不承認。

就墓地之選定觀之，認為墓地的方位與構造如何，關係著子孫的禍福盛衰，所以對其選定與設計都加以最慎重的考慮，先使地理師（風水先生）占卜，然後再依其指示不厭地之遠隔，亦不計地價高昂，在選中處築墓，並依慣例祭祀禮拜不懈。墓地以高而乾躁且展望良好的場所為其一要件。

二、同姓的團結和祖廟

臺灣人同宗者感情頗為濃厚，不管籍貫何處，同姓者相交，稱同輩為同仔(Tong-e)，稱長輩

為堂兄 (Tong-hiaⁿ) 或堂叔 (Tong-chek)，請帖的尺牘不書受文者的姓而書「家某」，蓋「同仔」的「同」表示同姓之意，「仔」似為表示親愛的輔助音，又「堂」(Tong) 及「家」(Ka) 均包含住於同一家之意，相近於日語的「内の」(家的)，我想此種同姓相親的傾向，一方面是由於中國政府保護力薄弱的結果，致使同姓相倚成為社會上管理的一勢力，具有如斯之社會意識，一旦移居於外部管理薄弱的新開墾地(臺灣)，必同姓相助，謀求自衛。臺灣的中南部地方有吳厝庄、謝厝庄等地名，皆如斯傳統的實現，同一姓氏相聚為集團，以構成村落者不少。(大正九年——西元一九二〇年，臺灣地方制度修改的結果，原臺中廳貓羅吳厝庄，編入如今的臺中州大屯郡霧峰吳厝庄一樣的大字名者很多。)

臺灣冠姓大字戶主姓氏分布表 (昭和五年十月一日為準)

行政區劃(大字別)	戶數	姓氏數	性別戶數與總戶數之百分比(一〇位以下略)
一 臺中州大甲郡清水街楊厝寮	二〇七	二三	蔡(一四・〇)許(一四・〇)黃(一〇・四)楊(九・七)陳(七・八)王(六・八)林(六・三)吳(五・〇)曾(五・〇)葉(四・三)
二 同 州同 郡同 街吳 厝	一九四	二一	王(四二・八)蔡(一八・六)吳(一二・九)李(六・二)許(二・六)陳(二・六)黃(二・一)白(二・一)宋(一・五)周(一・〇)
三 同 州員林郡社頭庄張頭厝	八二	一七	張(四三・九)蕭(一四・六)邱(一四・六)陳(六・一)石(四・九)康(二・四)
四 同 州同 郡同 庄許厝寮	三一三	二二	陳(五四・〇)蕭(二七・五)康(四・二)石(二・九)張(一・九)劉(一・二)周(一・二)蕭(一・〇)邱(一・〇)謝(一・〇)
五 同 州同 郡大村庄黃厝	三三三	三八	黃(二〇・一)賴(一四・七)李(一〇・五)汪(一〇・二)石(五・七)盧(五・四)張(三・三)游(二・四)

六	同　州大屯郡霧峯庄吳厝	二六〇	四四	林（二七・三）黃（七・三）何（五・〇）劉（五・〇）吳（四・六）王（四・六）賴（四・二）曾（四・二）楊（三・五）戴（二・七）
七	臺南州北港郡四湖庄林厝寮	三二七	一八	林（七六・五）黃（五・五）蔡（四・三）陳（三・一）吳（二・四）王（一・五）呂（一・五）丁（一・二）
八	同　州新化郡安定庄蘇厝	四四二	二六	王（二八・一）梁（一三・六）蘇（一二・〇）林（八・八）張（七・五）詹（六・八）趙（四・一）陳（三・四）黃（二・〇）楊（一・八）
九	同　州同　郡同　庄胡厝寮	三四六	三九	胡（三六・八）陳（一七・九）羅（六・一）林（二・六）王（二・六）李（二・三）謝（一・七）吳（一・七）黃（一・七）蘇（一・四）
一〇	同　州曾文郡麻豆街謝厝寮	四〇一	二一	謝（四八・六）方（二三・九）王（六・〇）李（五・二）陳（四・二）江（四・〇）林（四・〇）黃（一・〇）
一一	同　州北門郡西港庄劉厝	三九九	一九	郭（四八・一）劉（三一・一）黃（七・〇）王（五・〇）邱（一・五）侯（一・三）許（一・三）

註一：由富田氏左列論文轉載。
註二：許厝寮許姓僅有一戶。

依富田教授的調查（富田芳郎〈臺灣本島人姓名的分布與居住型〉《臺灣地理學記事》四卷四號、五號）在臺灣姓氏的分布狀態，都市與農村有顯著的差異。即在都市，就其中一區劃觀之，各姓氏分布呈平均狀態。在三一〇三戶姓的總計（姓氏種類一九三）之各姓百分比是陳（百分之十二）、林（百分之十一點五）、張（百分之六點一）、王（百分之五點六）、黃（百分之五點四）、李（百分之四點七）、吳（百分之四）、蔡（百分之三點五）、劉（百分之三點二）、郭（百分之三點一）、其他。反之，在農村同姓宗族或同鄉者多住同區，可看出少有如都市之移動性。似乎特在

「大字」（乃日治時期之地段）名冠姓氏者，約占有百分之四十，此種冠姓大字在臺灣中部以南特別多。在此種大字，大體上以大字名所示的姓氏居優勢，有時達一半以上。故若以「小字」單位為標準，可以找到幾乎純粹之同姓部落。例如臺南州北門郡西港庄劉厝七三番地（即「號」）至三○○番地姓郭、六○○番地至八○○番地姓劉，劉厝可謂郭姓與劉姓二個同姓部落的結合。又同教授指出「陳、林、李、蔡天下占一半」的俚諺在臺灣的統計價值甚高。

如以上同姓團結的關係，似多隨著建立寺廟而成立，亦以此為中心。由同姓團結關係所建的廟，依其所供奉的神得分為二：雖有㈠同姓人集團移住同一地方共同奉祀祖先以外的神，但㈡最主要的還是為奉祀祖靈而募款建廟。

屬於前者例如：真武廟（臺北市龍山寺町，所供奉的神為玄天上帝）、集應廟（文山郡木柵，奉祀保儀尊王及夫人）、廣安宮（基隆郡金山庄，奉祀開漳聖王）、保和宮（臺北州新莊郡鷺州庄，奉祀保生大帝）等在臺北州內。後者即為奉祀祖靈由同姓者募款建廟者，乃所謂祖廟（Tso-bio）或家廟（Ka-bio）。

家廟乃同宗全體為了祭祀祖靈所建立者，於每年祥忌集合宗族舉行盛大的祭祀。而為籌集支付費用之財源，有祭祀公業之制。所謂同姓者其散布範圍甚廣，亦多不知互相之血緣關係。尤其是如林、陳為大姓，其住所廣及全島，在此類家廟中所行之祭禮與一般宗教的祭禮略同。

臺灣全島祖廟數表　（昭和九年末為準）

州廳	市郡	廟數	合計
臺北州	臺北市	八	一六
	基隆市	—	
	七星郡	—	
	淡水郡	—	
	基隆郡	二	
	宜蘭郡	三	
	羅東郡	一	
	蘇澳郡	—	
	文山郡	—	
	海山郡	二	
	新莊郡	—	
新竹州	新竹市	—	一〇
	新竹郡	—	
	中壢郡	三	
	桃園郡	二	
	大溪郡	二	
	竹東郡	二	
	竹南郡	一	
	苗栗郡	—	
	大湖郡	—	
臺中州	臺中市	一	二一
	大屯郡	—	
	豐原郡	二	
	南投郡	七	
	大甲郡	二	
	員林郡	五	
	竹山郡	三	
	新高郡	一	
	能高郡	—	
	北斗郡	—	
	彰化市	—	
	彰化郡	—	
	東勢郡	—	
臺南州	臺南市	—	一六
	嘉義市	三	
	新豐郡	—	
	曾文郡	一	
	新化郡	—	
	北門郡	四	
	新營郡	一	
	嘉義郡	一	
	斗六郡	四	
	虎尾郡	—	
	北港郡	二	
	東石郡	—	
高雄州	高雄市	—	三
	屏東市	一	
	屏東郡	一	
	岡山郡	—	
	旗山郡	—	
	東港郡	一	
	恆春郡	—	
	鳳山郡	—	
三廳	臺東廳	—	五四
	花蓮港廳	—	
	澎湖廳	五四	
			一二〇

（參照《南瀛佛教》第十三、十四、十五卷）

如表全島家廟數約有一百二十，以家廟為中心擴大團結同姓者有：臺中市老松町林氏家廟，臺北州宜蘭街追遠堂。

臺中市林氏宗廟以林氏祖先之林比干公為主神，配祀林泉公、林祿公、林九牧公。本廟稱為臺灣全島林氏的祖廟，宗（信）徒有三百八十餘名。問其沿革，答以：始於林祿公迎請自古祭祀於中國的分身，在大里杙（今之大里）建祠。其後因廟宇頹廢，道光年間，林振葉、林奪魁、林

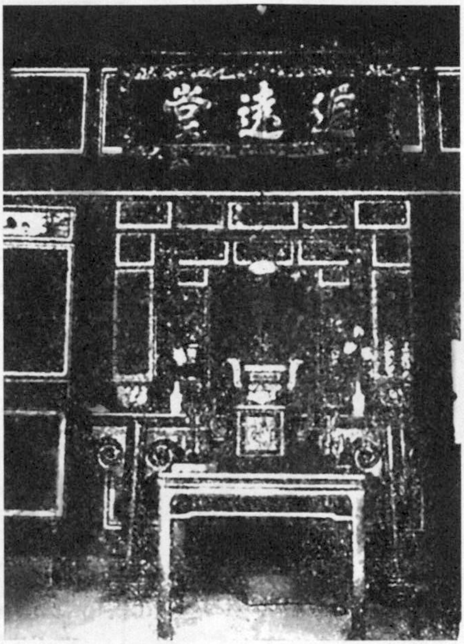

第八圖　林氏宗廟追遠堂（宜蘭街坤門八〇，昭和十年三月撮）

大梁、林梅等，相謀建祠於旱溪後，遷祠於其地，光緒年間因廟宇頹廢再遷移至大平庄之林鴻鳴宅。大正六年（西元一九一七年）以林獻堂、林耀亭為主，建現在的廟宇，大正十三年完成，廟址近四千坪，為本島屈指可數之家廟。

宜蘭縣的追遠堂，中央供奉追遠堂歷代支派孝妣宗親神位，其左安置晉安郡閩林肇基祖考世蔭公之神位，右安置敕封夫人閩林肇基祖妣孔夫人之神位。

第二編　與農民關係密切的神明之研究

本編先就與臺灣農民關係密切的諸神明中，選擇具代表性的三位神詳述之，以探討農民信仰的實相。

前列一百數十的神明之中，若選與農民或與農業有關係的可能有過半之多；又若選僅與農業或農民有關係者，將難於選擇，因為臺灣人原本就具有農業社會之性格故也。

於是我就農村信仰的現狀觀察，而且著眼於農業的本質，選出天、地、水三神為代表。第一是天之神、天公（玉皇上帝），第二是地之神、土地公（福德正神），第三是水之神、媽祖（天上聖母）。農民們的宗教乃以此三神為信仰中心的多神多靈教。茲先就此三神的廟祀情形、靈驗等作實證的調查，在那裡可以發現農民信仰實質的縮影。

第三章 關於天之神、天公（玉皇上帝）

玉皇上帝（Giok-hong-siong-te）俗稱天公（Ti-kong），奉為萬神之王，人們抱著無上的信仰禮拜之，當人們祈禱他神而不獲顯應時，最後則向天公求之。臺灣人甚為敬畏本神，若作不敬之事，相信必遭天譴。但以此神為主神之廟，卻比想像中少，茲先述主要的若干廟。

第一節 臺灣天公廟之沿革

一、彰化市 元清觀

在該市北門（昭和四年——西元一九二九年元月及九年——一九三四年七月調查），本廟後殿安置玉皇上帝的大木像，配祀玄天上帝、張天師、太子爺等道教系統諸神，又同祀觀音、十八羅漢。正月初九日及十五日為每年定期祭祀日。廟內懸掛「穹窿主宰」、「尊王無極」、「德尊三界」、「得一以清」等匾額。本廟的由來，乃中國泉州府的天公為該地人民所虔厚崇敬，且靈驗顯著，因此移住於彰化的同府晉江、南安、同安、安溪諸縣人慕其神德，於乾隆二十八年（西元一七六三年）由黃添註、張國良、阮昌等發起，各縣人分擔費用所建立。相傳對於生意昌榮、五穀豐登、疾病痊癒頗有靈驗，故祈禱風調雨順、平安息災、消除病難者甚多。道光二十八年（西元一八四八年）廟門和戲臺因震火損毀。同治五年（西元一八六六年）蔡德芳、陳元吉等發起，籌募款項予以修建，於光緒十三年（西元一八八七年）落成，即現存者。但自日本治臺後似已衰落；現道路貫串本殿前面，可能是重劃市區的結果。

道教廟之大者，相對於佛寺，稱為道觀。在大陸相對於佛教的大叢林，道觀亦有結構極為廣大者，但在臺灣，連唯一冠觀（Koan）的元清觀也只是普通廟宇的中型程度（該觀的廟宇土地六百坪，建坪三二三坪）而已。而且上帝的大像也任其閒置於塵埃堆裡，賽者甚少，連臺中州當局的官員亦不大知曉有此廟的存在。該廟的組織和臺灣大多數的寺廟相同，未置出家修行者，有廟祝（清掃夫）一名，其任免權歸屬於廟的管理人（在家人），廟祝僅獲准自由在廟內居住，其工作也只有朝夕在神前供香燭和打掃廟內外而已。

二、臺南市　玉皇宮

在該市老松町一丁目一八〇號（昭和十一年——西元一九三六年一月調查），安置玉皇上帝的木像，此外，奉祀三官大帝、三公主娘（玉皇上帝之第三女）、四太子爺（玉皇上帝第四子）、虎爺；右廂奉祀天師爺、王天君、普化天尊、馬使爺；左廂奉祀註生娘娘。正月初九日、同月十五日、三月二十二日、五月初二日、六月十一日、九月初六日、九月初九日為每年固定祭祀日。嘉慶五年（西元一八〇〇年）居住於總爺街（日治時期之老松町附近）的福建人所創立。最近於昭和九年（西元一九三四年）修建。廟內有「有皇上帝」（昭和乙亥年春三月、新興製糖株式會社長陳敬峰拜贈）及「南星聚曜運同行旋轉；北斗橫天昌合保循環」、「東方欲明諸星而燦爛；西澤繞瑞列宿以光輝」等匾聯。

三、臺南市　天公壇

在該市錦町一之二六號（昭和十一年—西元一九三六年調查）。安置玉皇上帝的木牌。此外，奉祀呂先（仙？）祖、太乙真人、文衡聖帝（關帝）、司命灶君（灶君公）、天醫真人、王天君、三官大帝、太上老君（老子）、通天教主、雷聲普化天尊、觀音佛祖、太陽公、太陰娘娘、月老公、土地公及南斗星君（祀後殿）。有「道崇無極」、「化青（當作育）萬生」等匾額。以正月初九日、九月初九日為祭祀日。創立於咸豐五年（西元一八五五年），後殿可能是咸豐八年創建。一說係由前述玉皇宮分香所建。比玉皇宮規模大，參拜人也多，祈禱疾病痊癒、生意昌榮。日治前屬於官廟，正月祭日曾有官吏前來宣講善書。

筆者訪問當日是農曆十二月二十七日，臺南市內的廟宇以紅紙封門，表示歲末送神中，但本廟並不如此，蓋當然也。又一般他廟印發畫有神像之符紙，本廟則無。一向喜歡神像的臺灣人也通常不作玉皇上帝的神像，蓋借物質形容其尊嚴可謂冒瀆神威故也。普通慣例如後述，僅備香爐上香禮拜。

第二節　天公崇敬的各種形態

一、天公的威靈

玉皇上帝，所謂天公的信仰深植於一般民眾腦海。不妨造訪寺廟或民宅，其可說是會客室的正廳頂棚，必定吊著一個香爐，稱為天公爐。每天早、晚上香對天公表示敬意。連信奉佛教的齋友也相信他們在生存中受天公的支配與庇護，死後乃受西天之佛的拔度，所以除了奉祀西天教主（即阿彌陀佛）外，也敬拜天公，因此安奉佛陀之齋堂，也必吊著天公爐 (Ti-kon-lo)。又臺灣人最敬畏信服不已的城隍爺遶境行列時，必有人捧持「迴避」「代天巡狩」之牌隨行。此外，也可看到農家的前院也有豎立竹竿備杯盞祭祀天公者。

臺灣人中屬於福建漳州人多數的地方，以三界爐代天公爐。三界爐乃上香三官上帝的香爐之謂也。亦有視為與天公爐相同者，或以天公不能如此輕易禮拜，所以禮拜尊貴次於天公之屬下三官大帝。

第九圖　天公臺
（竹南郡南庄大屋坑一農家庭前，昭和十一年十一月撮）

如此，天公即玉皇上帝，乃將天人格化為最高之神，立於諸神之上，相信其乃判決人間禍福吉凶之主宰，臺灣人甚為敬畏，因此只有本神絕無被巫覡利用為乩示的手段。

大正十四年（西元一九二五年）《臺灣新聞》刊載：「火災為不能怨恨的天公所為——高雄州岡山郡彌陀庄蚵子寮陳蔭處失火，除陳家外，十七戶被燒；附近住民云：火災數日前二隻狗爬上屋頂吠叫，之後發生火災，此乃天公所為，故絲毫不埋怨肇事者。」

農曆正月初九日稱為天公生（Ti-kong-si^n），謂乃玉皇上帝的聖誕日，供奉五牲（參照本書頁三〇四）、甜粿、紅龜等供品，並燃放鞭炮，上香祈禱平安。其時所燒的金乃稱頂極金、大極金，為特上等的禮拜金紙。

二、送神及接神的儀式

臺灣人咸信所有神明均為天公所派遣。這些神於每年農曆十二月二十四日（準確說即二十三日夜子時），為了向天公報告凡間所發生的善惡諸事而升天，同時刻各地的廟宇以紅紙封閉廟門；此乃表示神明不在。這些神明於翌春正月初三日子時自天下降返廟，一如上年掌理神務。升天稱為送神（Sang-sin），下降稱為接神（Chi-sin），又稱迎神（Gia-sin）。而這些神不在廟時，天公則另派其他天神巡邏下界，視察廟神不在期間的諸事呈報。這些神明於十二月二十四日子時下降，正月初四日子時回去，所以十二月二十三日子時起一晝夜缺少神明的監視。送神和接神時放爆竹、供牲醴焚香祭之。

我想玉皇上帝轄下諸神，可能多係道士想像而編成的。

三、天公的傳承

關於天公的傳承，依文獻觀之，乃天地未分，陰陽尚混沌時，一元氣神化而成，即天地之精。此時虛空只如大笠的天形，稱之為大羅天，經數劫地始成，自生大元玉女。天尊其時在玉京山，與之通氣結精，始生天皇氏，地皇、人皇次之，次第至伏羲、神農、黃帝開發國土，繁殖人民云。

然而亦有作為人間神的傳說云：上古有稱為光嚴妙樂之國。國王稱淨德時王，后稱寶月光，老而無嗣，以社稷九（宗）廟無人委付為憂。某夜夢中見天神有一子，王后大喜請授之，天神嘉許后之品行乃與之。王后雀躍而夢醒，立即懷孕，經過一年生太子。太子聰明，長而輔佐國王，整頓國政，愛護人民，分配財寶以拯救貧窮，行慈悲。國王駕崩後皇位讓與大臣，自己入山中修道，功成閱歷八百劫，以藥救治眾生。但因而犧牲身命。宋真宗時代封為玉皇大天帝，號「太上開天執符御歷含真體道昊天至尊玉皇天帝」。據《玉皇經》戴：「往昔有國，名號光嚴妙樂，其國王者名曰淨德，時王有后名寶月光。其王無嗣，嘗因一日作是思維，我今將老而無太子，身或崩歿，社稷宗廟委付何人，作是念已，即便敕下詔諸道眾，於諸宮殿，依諸科教，懸諸旛蓋，清淨嚴廣陳供養，六時行道，遍禱真聖，已經半載，不退初心。忽從一夜，寶月光皇后夢太上道君與諸至真，金姿玉質，清淨之儔，駕五色龍輿，擁耀景旌，蔭明霞蓋，是時太上道君安坐龍輿抱一嬰兒，身諸毛孔放百億光，照諸宮殿，作百寶色，幢節前導，浮空而來，是時皇后心生歡喜，恭敬禮接長跪道前，白道君言：『今王無嗣，願乞此子為社稷主，伏願慈悲哀愍聽許。』爾時道君答皇后言：『願特賜汝。』是時皇后禮謝道君而乃收之，皇后收已便從夢歸，覺而有娠，懷胎一年，於丙年歲正月九日午時誕王宮。當生之時，身寶光燄充滿王國，色相妙好，觀者無厭。幼而敏慧，長而慈仁，於其國中所有庫藏一切財寶，盡將散施窮乏困苦、鰥寡孤獨無所依怙、饑饉癃殘一切眾生，仁愛和遜，歌謠有道化及遐方，天下仰從歸仁，太子父王加慶。」

第四章 關於地之神、土地公（福德正神）

臺灣人，特別和農民生活有關係，對神德正神（Hok-tek-chen-sin），即俗謂土地公（Tho-ti-kong）——亦單書土地——信仰最普及，今日臺灣的街庄林野到處有土地公廟（又稱福德祠），其數超過七百，合計無名未登錄者，可能有數千之多。有「田頭田尾土地公」之諺語中可見一斑。臺灣人的社會，尤其是農村生活，可謂始自土地公的崇拜，其信仰不但是福建人、廣東人❶且及於平埔族❷。

加以土地公不單是農業之神，並視為能給與人們福德的財神，也受商家，礦業者、漁民所崇敬。

❶中壢庄伯公廟（後述四九）、南投街土地公廟（七七）、草屯庄福德祠（七九）、里港庄土地公廟（一一六）。

❷板橋街福德祠（後述二九、三〇）、舊港庄采田福地（四五）、東勢庄福德祠（八〇）、東勢庄土地公廟（八一）。

第一節　臺灣各地土地公廟之沿革

茲就臺灣全島的土地公廟中，將其沿革及緣由，認為具有典型極有特色者，舉約一百三十廟，一一探索，以明土地公奉祀的實情。

以下記載根據《臺灣總督府寺廟臺帳》記載為基礎，加上筆者實地調查所得（約二十廟）以及《臺南州寺廟祭神調查票》（昭和九年——西元一九三四年）所補充者，但《寺廟臺帳》乃以大正四、五年（西元一九一五、六年）左右的調查為基礎，故其後至今日之修建、改建，廟宇土地坪數及建坪之變更不明者不少，這一點應予注意。

其一　臺北州

一、臺北市日新町　福德廟　在該町一號之二五九。廟宇土地、建坪均八坪。光緒十九年（西元一八九三年）四月十一日創立。其緣由乃祈求附近民眾的身體、財產之安全為目的，由廖足國發起，以所募捐款二百一十元建立。明治四十三年（西元一九一〇年）因市區重劃，移建於現址。除附近民眾外，並無外地人信仰。

二、臺北市大平町　福聚宮　在該町一號之四九。奉祀主神土地公及文武狀元。同治四年（西元一八六五年）前後創立。乃北門街之附近民眾所奉祀，做為街之守護神。曾數度為水災流失，明治三十一年（西元一八九八年）市區重劃，因廟地在街道中心而被拆除，大正三年（西元一九一四年）復建於現址。

三、臺北市太平町　和德祀土地公廟　在該町二號之一〇一。廟宇土地、建坪均為十一坪。土地公外，尚祀土地媽及虎爺。於光緒十一年（西元一八八五年）創立。廟祝雖無報酬，但可無償住在廟內，並可在廟之一隅賣金紙及香等。

四、以上三廟之外，臺北市內尚七廟　福德宮（入船町一號之一九）、福德祠（大龍峒四一三）、福德廟（同一六三）、同上（宮前町四九八）、同上（西新庄子一〇二）、同上（中崙二九七）、同上（馬場町三一）是也。

五、七星郡汐止街　土地公廟　在該街社後字社後頂一八三號。未祀神像而僅安置石碑神位，格外引人注目。清雍正時大加蚋堡艋舺街（今之臺北市萬華）黃神知關墾該社，他與佃農協議後，為祀求土地平安，作物豐收，在其自己所有土地上建廟，廟的財產有田畑四甲餘，死後由其子黃螺代管。其後大正初年，關於土地的管理，關係人發生糾紛至今。以二月初二日及八月十五日為定期祭祀日，是二日雇道士、爐主一人、頭家九人，計十人，攜雞肉供於神前，道士跪拜後讀疏文，連同金紙焚燒。次年度之爐主以擲筶定之。祭事費各二十元左右，由所有土地收益支出。信徒多為漳州人。我於昭和十年（西元一九三五年）三月十七日訪問該廟。門聯曰「福居仁神自安宅；德有土民此有神」。詢管理人黃條木老人，但他除說土地為土地公所有及土地公為老翁外，餘全然不知。又說該廟並無前來祈禱疾病痊癒者，有是項祈求者要到臺北的城隍廟祈求之。

六、七星郡汐止街　土地公廟　在該街社後字社後下一五九號。廟宇土地十坪，建坪一坪。與前相同，黃神知在同時代與他人協議所建。大正初年，廟之土地管理有爭議。

七、七星郡汐止街　土地公廟　在該街樟樹灣字樟樹灣四七九號之二。廟宇土地九坪，建坪一坪。雍正前後創立。樟樹灣之地當時為廣東人所占有，乃向其買地開墾，建本廟共同祭祀。昭和十年（西元一九三五年）三月十七日訪向該廟，但並無值得特別一提者，又同日亦訪汐止街之福興宮（土地公廟）。

八、七星郡北投庄　福德祠　在該庄唭哰別。廟宇土地二十八坪，建坪十三坪。乾隆十六年（西元一八五一年）創立，咸豐十年（西元一八六〇年）四月遇大旱，稻田龜裂，稻將枯死時，庄民憂之，經數晝夜祈求本神降雨，果有靈驗。光緒末年廟因暴風雨倒壞時，由陳紅記等改建。

九、七星郡北投庄　土地公廟　在該庄石牌三〇一號。廟宇土地五百坪，建坪約十八坪。嘉慶二十年（西元一八一五年）創立。為了祈求五穀豐收和家運長久，志願者鳩資，得平埔族潘正環捐獻廟地而建立。

十、七星郡松山庄　土地公廟　在該庄三張犁。廟宇土地約二坪。咸豐前後創立。為了祈求道路開通和五穀豐饒而建。

十一、淡水郡淡水街　福德宮　在該街字米市。廟宇土地十八坪，建坪四坪。咸豐年間，淡水街土名米市街生意興盛。然米市街位於高地，土名東興街、新厝街一帶則在低地。住民想水由高流低，當地位於高處，故財富亦可能移至他處，乃建土地公廟，俾永久保持財富，時為咸豐三年（西元一八五三年）。

十二、基隆郡金山庄　福德廟　在該庄中角字萬里阿突二〇四號。一坪。光緒年間創立。為祈禱信徒相互幸福和五穀豐收而建。

十三、基隆郡金山庄　土地公廟　在該庄中角字萬里阿突。廟宇土地三坪。光緒初年創立。為祈禱五穀豐收、幸福開通、闔家興盛而建。相傳鬼均住於山，因有鬼住，故五穀不長，迭出凶事，若奉祀土地公即可逐鬼，凶事絕跡，一切就會安泰，五穀豐饒，幸福開通，故信仰土地公為土地的保護神云。

十四、基隆郡金山庄　土地公廟　在該庄中角字跳石。為祈求信徒的幸福安泰而創立。

十五、基隆郡金山庄　土地公廟　在該庄中角字瀆水一一四號。光緒六年（西元一八八〇年）創立。在該瀆水地的瀆水橋常因漲水而生危險，故為祈求此橋的安全及通行平安而創立。

十六、基隆郡七堵庄　土地公廟　在該庄友蚋字樟空湖。廟宇土地五坪。道光七年（西元一八二七年）創立。乃為了祈求農作物免於災害而建。

十七、基隆市八斗子　土地公廟　廟宇土地七十五坪，建坪二十四坪。同治十年（西元一八七一年）四月為防該地官業炭坑坑夫廔廔病死而建。由鄭英傑首倡，以官費五百元竣工。日治前由官業炭坑支付費用，日治後由八斗仔庄（今之八斗子）民維持。

十八、基隆市掘川町　平安宮　在該町七二號。廟宇土地五十四坪，建坪二十八坪。嘉慶二十三年（西元一八一八年）創立，亦祀土地媽。當時與臺北間之交通不便，貨物的運搬主要利用艀船，獅球嶺庄（在今之基隆市內）有港仔口的渡船場，用以裝卸貨物。於是為了祈求神力保護而建。相傳中法戰爭時，土地公變為白髮老人，立於嶺上，每當法兵通過即以杖指之，法兵不久即死云。

十九、文山郡新店庄　土地公廟　在該庄直潭字直潭一一三九號。亦祀三官大帝，建坪六坪。道光七年（西元一八二七年）前後，馮金完、許蒼、廖敬、陳上達四人開墾直潭庄的土地時奉祀之。

二十、文山郡石碇庄　福德宮　在該庄松柏崎字松柏崎四六號。建坪半坪。乃渡臺以來在該地開墾居住者，為祈求土地平安與五穀豐收，於光緒八年（西元一八八二年）建之。

二一、新庄郡新庄街　福德祠　在該街中港厝。建坪四坪。乾隆二十七年（西元一七六二年）一月，以中港厝是時無守護之神，由郭宗嘏首倡，自己捐獻廟地，由附近住民募金，購神像祀之。

二二、新庄郡新庄街　土地公廟　在該街坱角字項坱角四四號。廟宇土地十五坪，建坪一坪。嘉慶初年前後，林某在附近有田地，為祈求五穀豐收和福壽長久而建立。

二三、海山郡鶯歌庄　樹德宮　在該庄彭福字樹林八號。配祀土地媽。廟宇土地五十一坪，建坪五坪。乾隆三十一年（西元一七六六年）張沛世開墾樹林地方時，為祈求地方平安，庇護財富，於是祭祀福德正神為一村共同供奉的神。最初僅祀一石，明治三十六年（西元一九〇三年）黃仙水、陳石為發起人，由所屬區域內募祀四百二十一圓建立，本神被信為土地之神，有庇護農商業發達之靈驗，住民祈求家運平安、商業繁榮、農作物豐收，六畜興旺。

二四、海山郡鶯歌庄　福德祠　在該庄兎子寮一四四號。廟宇土地一百零一坪，建坪一坪。創立於乾隆年間。來臺開墾的漳州移民等為祈求五穀豐收，初僅祀一石，其後庄內志願者捐款建立廟宇。

二五、海山郡鶯歌庄　福德祠　在該庄石灰坑字石灰坑一三八號。廟宇土地九十坪弱，建坪一坪。乾隆六十年（西元一七九五年）居民開墾石灰坑土地時，為祈求人畜平安、五穀豐收，祭祀本神。本廟所屬財產的土地，道光二十四年因住民邱開山、徐德義引起土地紛爭未解決，後依公人之仲裁，奉獻為本廟的基本財產，充作祭祀費。

二六、海山郡鶯歌庄　永興宮　在該庄坡內坑一〇二號。廟宇土地三十八坪，建坪一坪。乾隆年間陳英方等多數從事開墾者，為祈求農作物豐收，人畜興旺而祀。所屬財產是於開墾之初，由各佃農為供來日祭祀花費之用，特遺留原野山林，將之貸與他人開墾或建築房屋，以其收益充為祭祀費。

二七、海山郡三峽庄　福安宮　在該庄三峽字一號。廟宇土地十六坪半，建坪十六坪。乾隆五十年（西元一七八五年）八月創立。開墾三角湧當時，經住民張好、曾郎發起，由附近住民募銀二百元建立。本神建立以來，對於住民的疾病和其他祈求者有靈驗，信仰者頗多，嘉慶年間漳州人與泉州人械鬥時，助泉州人，對陣中使乩童宣告：明日本神將出陣云。果然翌日看見有二十一名鬥士騙旗突入漳州人陣中將之驅逐至四處竄逃，而被認為乃本神的靈驗，至今尚存口碑。

二八、海山郡土城庄　土地公廟　在該庄員林字貨饒四八號。廟宇土地五十八坪，建坪半坪。原貨饒居民七十六人農民相謀於嘉慶八年（西元一八〇三年）創立。為祈求五穀豐收和土地平安而建。該七十六人俗稱七十六佃。

二九、海山郡板橋街　福德祠　在該街港仔嘴二九九號。本廟在土地公像旁祀一塊石。而背後之壁中央以紅紙大書「神」，其上橫書「祖本源祠」左右兩側載「祖德流方遠；祠堂世澤長」對聯。該廟今祀之這塊石，被視為居住當地之平埔族勝灣社人的祖先。按：乾隆五十三年（西元一七八八年）其他原住民社人逃往山中，僅該社歸化清國政府居住現地迄今。咸豐三年（西元一八五三年）前後，泉州人、漳州人分類械鬥時，泉州人王松率人駛三舟於港仔嘴河，由舟中放大炮，砲彈擊中附近的一樹，枝幹折而枯死，在樹下發見一塊石頭。戰後五十二名平埔族協議，我們原住民愚鈍，不知祖先，清國行政官張姓來時，其年生者即姓張，陳姓官史來時，其年生者即姓陳，並不統一，如此日子一久，即有忘卻同祖關係之虞，乃決定將該石作為祖先，後奉祀於該廟。該廟於光緒十五年（西元一八八九年）興工，一個多月即竣工，係由平埔族頭目潘漳興所創立。後因遭暴風倒塌，於明治三十一年（西元一八九八年）以李蔭為主改建。創立及改建費用不足部分，由平埔族關係者支出。定期祭祀日為農曆八月十五日。一月十五日則為小祭日。此乃土地公崇拜與祖先崇拜結合之例，非常有趣。這一點與後續述新港庄采田福地（四五）的沿革有相似之處。昭和九年（西元一九三四年）五月我訪關該廟及其管理人李某，此人已有相當的年齡，知識亦豐富，言辭亦明確（使用閩南語）。又說收藏有《武勝灣社應收通土口糧並應支應減應裁各項用款項程清冊》（一冊）、《設改章程總冊》（一冊）、《通臺奏遵案件冊》（一冊）。

三〇、海山郡板橋街　福德廟　在該街一二八號。廟宇土地四坪半。嘉慶元年（西元一七九六年）創立。除土地公外，奉祀土地媽。昭和九年（西元一九三四年）五月訪問該廟，此亦在平埔族部落之中。文狀元安置於土地公神像之右（面對廟門來說即在左），武狀元安置於左（面對廟門來說即在右）。如此情形在臺南市內土地公廟時有所見。但似將左右倒置。

三一、蘇澳郡蘇澳庄　土地公廟　在該庄大南澳浪速。廟宇土地六十二坪，建坪一坪。該地並無臺灣人特別崇拜的廟。大正十四年（西元一九二五年）以臺北州開墾移民前來居住為契機，部落民眾醵金八十六圓建廟，十五年（西元一九二六年）八月竣工，安置神像以來，前往參拜者日增，尤其對移民來說，祈求來日的成功者居多。

三二、宜蘭郡員山庄　進福祠　在該庄四鬮字四鬮一號之八九。廟宇土地三十三坪半，建坪二十坪。道光二十二年（西元一八四二年）創立。以庄民的移居開墾成功乃建廟宇，作為鎮守之神。

三三、宜蘭郡員山庄　福德祠　在該庄吧老鬱五五號。廟宇土地三十六坪，建坪一坪。初開墾當時農作物不豐，後逐年增收，因此認為此乃土地公庇祐，於是由朱裕生發起建廟。

三四、宜蘭郡員山庄　福德祠　在該庄內員山字水廣。廟宇土地四百五十坪，該處農地貧瘠，為一寒村，乃祀此神。當時廟無財產，當地李有文耕作自己土地，有很多人生病，認為此係觸怒神明所致，乃將自己的土地奉為神所有，仍自耕，並奉獻若干油香費與神。

三五、宜蘭郡員山庄　福德祠　在該庄枕頭山五號。廟宇土地三坪，建坪一坪。大正八年（西元一九一九年）前後，有牧童戲疊小石，假扮拜神狀，適同年有暴風雨，導致河川氾濫，然田畑卻無流失，居民以為乃神之庇祐，大正九年（西元一九二〇年）建立本廟。

三六、宜蘭郡礁溪庄　土地公廟　在該庄林尾三七號。廟宇土地四八二坪半，建坪七坪。嘉慶二十年（西元一八一五年）前後創立。据說對農業的發展及卜問入山吉凶安危，有靈驗，參拜者不少，但日治以後信徒四散，且受原住民侵害，故僅有廟所在地居民參拜而已。明治三十年（西元一八九〇年）十月，討伐土匪林火旺時，本廟雖未被波及燒毀，但當地林中山等仍發起改建。

三七、宜蘭郡礁溪庄　土地公廟（會廟）　在該庄林尾一二三號。廟宇土地三坪，建坪二坪半。嘉慶二十年（西元一八一五年）創立。移民開拓土地時，為祈求林（村？）內的平安，農業豐收，由當地林雨發起，與庄內志願者二十五人相謀，組織神明會，疊石建小祠祭祀。

三八、宜蘭郡壯圍庄　福德廟　在該庄三號之一四。廟宇土地三百零四坪弱，建坪三十二坪弱。嘉慶十六年（西元一八一一年）七月創立。宜蘭原稱蛤仔難，為三十六社原住民的居住地，原住民不知耕作之法，以捕魚打鹿為生。乾隆三十三年（西元一七六八年）林漢生開始開墾，但為原住民所殺而未果，後有勇士漳州人吳沙，得原住民的信賴，凡貧民往投者，給米一斗，斧一把。時有林爽文之亂，賊多北竄。是以淡水廳同知徐夢麟以吳沙有信，使他防賊之北竄。吳沙乃率鄉勇二百餘名，能原住民語者二十三人，於嘉慶元年（西元一七九六年）九月十六日進至頭圍。柯有成等給其資糧。吳沙使漳州人千餘人移住，對原住民說：余奉官命，防海賊入侵殺害汝等，並大力開墾。吳沙之部下林、江、陳、李等為班長，一面防禦民（？）壯圍附近原住民之襲擊，一面從事開墾。後人崇其德。於福德廟安置宜蘭開墾首領吳沙等外九十餘名之木牌，蓋因此也。

三九、宜蘭郡壯圍庄　神福宮　在該庄一號之三二七。廟宇土地八百九十坪，建坪三十坪。除祀土地公之外，亦祀神農大帝。道光十六年（西元一八三六年）四月建。土地公為守護一庄安寧之神，每一街庄各置一員。生前正直無私者死後被授此神位云。

四〇、羅東郡五結庄　福德廟　在該庄二結三九八號。中央奉祀三官大帝，其左奉祀土地公，右祀土地媽，土地公之側奉祀部下二神文狀元及武狀元。管理人由居民選出二人。又爐主一名，頭家九人以擲筶決之。農民及勞動者參拜者多。（昭和十年——西元一九三五年三月十八日訪問）

四一、羅東郡五結庄　省民堂　在該庄頂三結一五七號。廟宇土地四二六坪半，建坪五五坪半。當該地初開墾時，於道光前後奉祀此神。除土地公、土地媽外，並同祀多數之神。有灶君、呂純陽、關帝（協天大帝）、周倉、關平、廣澤尊王、神農大帝（五谷王）、三官大帝等。又本廟主神究竟為土地公？抑或灶君？三結居民之間似有爭論。管理人由信徒中以擲筶選出三名，不置爐主，由管理人輪流處理爐主應作之事。農民及勞動者參拜者多。疾病時，往往有隨道士前來參拜者。昭和十年（西元一九三五年）三月十八日訪問該廟。廟內懸有「化及萬方」匾額。上述乃管理人賴何火所言。

四二、羅東郡五結庄　尊安廟　在該庄頂五結字頂五結四四號。廟宇土地七八七坪，建坪八五坪。道光十五年（西元一八三五年）三月創立。中殿祀土地公、土地媽、文武狀元、五谷王（神農大帝）、右殿祀天上聖母、千里眼、順風耳、羅車太子，左殿祀關帝、周倉、關平。本廟雖為土地公廟，但卻天上聖母的信徒甚多。昭和十年（西元一九三五年）三月十八日訪問。有「奠定邦家王者業；安懷老少聖人心」之聯。以上乃管理人張方溥所言。

四三、羅東郡五結庄　福德祠　在該庄利澤澗字利澤澗四九號。何姓者移住當地，居於下福（昔時稱何厝庄），從事開墾，道光六年（西元一八二六年）八月創立。

其二　新竹州

四四、新竹市湳雅　南邨福地　在湳雅三六五號。廟宇土地十四坪半，建坪五坪弱。為了祈求境土安寧，五穀豐收，庄內的耆老首倡向庄民募資興建者。俗稱把水口，即把守流水的氾濫之源，以免田園沖毀之謂也。

四五、新竹郡舊港庄　采田福地　在該庄新社一八〇號。廟宇土地一百一十坪餘，建坪三十四坪弱。新社原為歸化的原住民集聚之地。康熙六十年（西元一七二一年）朱一貴之亂時，竹塹的原住民七社頭目支援官軍平亂立功，清朝召七社頭目至京師，賞賜蟒服。乾隆二十五年（西元一七六〇年）賜義勇衛之榮稱及「義勇可嘉」匾額。廟名采田二字乃番（同蕃）字分解為二而名，原住民原占有竹塹一帶土地，以狩獵為業，終日習武，與其他原住民爭戰而取其土地，至設淡水廳治時，「蕃丁」作屯丁，充為隘兵，清朝採使歸化原住民倣漢俗，且稱姓的政策，乃對上述七頭目給與錢、金、潘、廖、衛、王、黎之七姓，並舉錢氏為頭目中的首領。嘉慶二年（西元一七九七年）共同在新竹社之地置「七姓化蕃公館」，以便徵「蕃大租」（雍正三年，戶部覆准臺灣各「番」鹿場，閒曠地方，可以墾種者，命地方官曉諭，聽各「番」租與人民耕種，並限三年起科。於是進墾者部分得法令之保障，墾者先與「番」約，以墾其地；謂之「番大租」），本廟同時被稱為祀七姓之祖的祖廟，且祀福德神。此乃倣漢俗，祈求五穀豐收故也。建廟後設立公館行收租及祭祖之事，咸豐三年（西元一八五三年）漳州人與泉州人分類械鬥時，廟毀於兵火。由原來七姓中的首領錢氏，錢玉來首倡再建。今廟反而正位祀福德神，西位安置七姓祖的神位。三月十六日及十一月十六日為七姓祖的祭日。今之神位乃日本治臺後錢枝滴所安置者，如次：

金氏顯考妣儒人神位	潘氏顯考妣儒人神位	廖氏顯考妣儒人神位	堂上特封臺灣義勇衛竹塹七化社番錢氏歷代始太高曾祖考妣神位	衛氏顯考妣儒人神位	王氏顯考妣儒人神位	黎氏顯考妣儒人神位

「化蕃」七姓的子孫不依漢俗擲筶之法，互選適任者推為管理人，不定任期。又不置爐主（祭典委員長）而委任管理人，廟祝由七姓中者任之。每至定期祭祀日庄戶人之參拜可隨意為之。至於廟之維護，當初係依七姓各個業租持分負責，不置特定財產，但明治三十年（西元一八九七年）大租權由當局收買後，得公債四千四百三十圓，以此購現在之小租地，餘依各個持分分配之，現在祭祀費由七姓共祀支給、不借他力。

四六、新竹郡香山庄　福德祠　在香山庄香山七六一號。廟宇土地九坪，建坪一坪半。道光二十四年（西元一八四四年）設立。往時頂竹圍庄前面香山坑的隘口，民力甚不發達，有地理師曰：「由隘口坑破隙流來之水相留不住，宜卜地建廟祭福德神」云。於是庄內志願者首倡，建此小廟。

四七、新竹郡湖口庄　福德伺　昭和七年（西元一九三二年）建立。該庄下北勢（新湖口）之停車場附近的部落為陳、范兩姓之所有地，因建停車場，日益發表，於是陳氏在其所有地建立該廟。然後到了昭和十年（西元一九三五年）范氏鑑於景氣漸佳，接納一部份民眾的要求亦在其所有地建祀福德正神的德厚宮，同年五月二十三日（農曆四月二十一日）舉行落成典禮暨請神進宮祭儀（依昭和十年——西元一九三五年——《臺灣新民報》所載）。

四八、中壢郡中壢庄　福德祠　在該庄興南一〇六號。廟宇土地四坪強，建坪一坪。乾隆年間郭樽開墾興南一帶土地時，佃農為祈求農作物豐收，以石建之，爾後庄民決定共同祭祀，而將開墾興南時所遺留之土地一處奉獻該神，使佃農開墾，以其收益充作祭事費。

四九、中壢郡中壢庄　伯公廟　在中壢庄水尾一五八號。原廟宇土地五百九十四坪，建坪八合半（一合為一坪之十分之一）。道光十年（西元一八三〇年）建立。當時水尾附近的移住民漸漸增加，由陳公嘉發起，說明福德神為庇祐地方安寧、農作物豐收之神，於此處祭本神。道光十八年（西元一八三八年）八月，李王鳳捐獻廟地，得志願者捐銀約二十五元，建立小祠。同年八月興工，九月竣工。光緒六年（西元一八七五年）葉福兆、陳廷揚等發起，由當地住民募集銀約五十元，於同年十一月開始改建，同年十二月竣工。並將當時土地開墾者所奉獻的土地予以開墾，以其收益充作祭事費。現今該土地由管理人耕作中。完全由管理人任意定租谷，年支出祭事費若干而已。又所謂伯公(Pak-kung)係廣東話(客家語?),指伯祖父。廣東人稱土地公為伯公。

五〇、桃園郡大園庄　福德祠　在該庄大牛稠六六號之一。廟宇土地三百坪,建坪一坪。嘉慶二十年(西元一八一五年)四月富農郭潤、郭天生為祈求開墾事業發展奉獻自已土地,由志願者募十三元於同月中竣工。

五一、桃園郡蘆竹庄　土地公廟　在該庄坑子口頭前一六七號。廟宇土地三十二坪,建坪二十八坪餘。乾隆年間連年旱魃凶年時,為祈求坑仔口庄(今之坑子口)內之安寧幸福,在居民一同協議下建立者。而由徐部、徐淡等捐獻田地一甲餘,供作永久祭祀之資,大正初年(西元一九一二年左右)因管理員事發生紛爭。

五二、竹南郡頭分庄　福德祠　在該庄頭分二七號。廟宇土地一百八十三坪餘,本廟乃頭份庄(今之頭分)開墾時為祈求農作物豐收、開墾成功而建者。因年久失傳,故由何人發起已不明。頭分庄人黃登發個人捐獻二十圓建金爐一個,聞此乃因達成豐收之願望而謝恩云。

其三　臺中州

五三、能高郡埔里街　福德祠　在該街一七〇號。廟宇土地十二坪,建坪十一坪弱。光緒四年(西元一八七八年)埔里社北路協軍林福喜為祈求埔里社駐軍的平安,捐私有財產金一百二十元建立。

五四、新高郡集集庄　福德祠　在該庄社子二三〇號。廟宇土地十二坪弱，建坪三坪餘。明治三十二年（西元一八九九年）為奉祀福德正神，祈求土地平安，五穀豐收，由陳呆發起，與庄民謀議，並經志願者醵金十二圓建立，明治三十八年（西元一九〇五年）因破損改建。

五五、新高郡集集庄　福德宮　在該庄隘寮六四二號。廟宇土地一坪。為祈求隘寮庄（舊名）民的平安，並感謝神恩之庇護，於道光五年（西元一八二五年）建立。後因社會的變遷，賽者減少。

五六、新高郡魚池庄　土地公廟　在該庄銃櫃。廟宇土地二十八坪，建坪六坪半。乾隆三十六年（西元一七七一年）前後，彭大老為埔里地方之開發，於土地公鞍嶺開闢小路，以利交通，但彼時原住民出沒甚多，行人頗不安全來往者少。道光十五年（西元一八三五年）前後，社寮庄張天球乃在此建廟，祈求守護境內與埔里方面之交通安全。通行本廟前，信徒例供香燭金紙禮拜。光緒三年（西元一八七七年）閩粵南澳總鎮吳光亮以官費改建本廟。

五七、大屯郡霧峰庄　福德祠　在該庄柳樹湳二〇六號之二。廟宇土地十坪，建坪四坪。道光二十六年（西元一八四六年）柳樹湳志願者醵出若干錢創建。明治二十九年（西元一八九六年）更以二百餘元修建，八月竣工。其後信徒中罹病者眾，地理師曰：「此乃係神嫌忌現址所致。」因此大正元年（西元一九一二年）遷移廟址。然病者仍多，另有地理師云：「神嫌新廟地，應復於舊廟地。」於是更於大正三年（西元一九一四年）由信徒男丁一人出一角五毛至二角三毛為基準，捐款修建舊廟，在此處迎神，今廟是也。

五八、大屯郡北屯庄　福德祠　在該庄軍功寮一四八號。廟宇土地九坪弱，建坪二坪。道光二十七年（西元一八四七年）創立，作為鎮守之神。大正二年（西元一九一三年）改造神像以來，屢顯靈驗，住民崇信深厚。以神像有丟失之虞，平素奉祀於爐主之宅，僅祭日時移至廟內，以便一般人參拜。又逢旱魃或暴風雨時，例奉神像點火巡狩街庄內。往往風雨為之忽停，而旱天時，則不日降雨云。

五九、員林郡坡心庄　福德爺廟　在該庄羅厝字芎蕉腳一五三號。以福德爺為主神，同祀城隍爺。廟宇土地五十三坪弱，建坪一坪餘。自乾隆二十三年（西元一七五八年）起羅厝庄（今之羅厝）五穀豐收，原來貧困的庄民，亦逐漸富裕，乃各自醵金建立。建廟時有人見白髮老人深夜出現於山野之間，認為此乃為守護之神，信徒日漸增多，且至今日。

六〇、員林郡員林街　福德祠　在該街三塊厝一九七號。廟宇土地一三五坪，建坪一坪餘。乾隆末年前後秀才江國先由中國大陸渡臺，認為各庄均祀土地神，而三塊厝庄（今之三塊厝）並無，對該庄平安不宜，乃自己發起，由庄民募得三十四元，建立於三塊厝庄一九六號。到了咸豐八年（西元一八五八年），以廟所在地有害庄內的平安，遷建於現址。建廟當時並無靈驗，亦無信徒，但自咸豐八年移建現址後，庄內平安，且日漸富有，於是信仰者日增，祭日參拜者有二、三百人。

六一、員林郡大村庄　福興宮　在該庄黃厝二二八號之一。廟宇土地五十七坪餘，建坪三坪。除土地公外，亦祀土地媽。創建當時常因水患，而致田畑荒廢，農作物屢屢歉收。乩童曰：此乃因未祀土地神所致，乃於道光年間建廟祀土地公。當時廟小，出入不便，明治三十二年（西元一八九九年）逢洪水之災，廟遭淹沒。三十八年鳩工重建，同年十二月竣工。耗費八十圓。

六二、大甲郡外埔庄　福德祠　在該庄鐵砧山腳一四六號。廟宇土地二坪，建坪半坪。雍正前後黃連由中國大陸渡臺，居住於鐵砧山腳庄（今之鐵砧山腳）。是人認為有人家必有庄，有庄必有土地公，乃於該庄疊三塊石頭，建立土地公廟。

六三、大甲郡大甲街　福德祠　在該街大甲二八七號。廟宇土地十九坪，建坪六坪半。

六四、大甲郡大甲街　福德爺廟　在該街日南二五八號。廟宇土地三十坪，建坪半坪。此時各庄人幾乎無不祭祀福德神，本廟亦自乾隆二十五年（西元一七六〇年）有人移住此地時即祭祀。主要祈求農作物豐收，六畜興旺，家畜有疾病時並祈禱之。

六五、豐原郡潭子庄　廣福宮　在該庄潭子一一一號。廟宇土地一五二坪，建坪二坪半。嘉慶六年（西元一八〇二年）（？）潭仔墘庄（今之潭子）的志願者醵出二百元建之。蓋福德正神乃凡開墾土地，建立一庄，必作為其土地之守護神祭祀故也。

六六、豐原郡豐原街　福德祠　在該街豐原六六號。廟宇土地一二九坪，建坪半坪。乾隆五十四年（西元一七八九年）八月建。依慣例開墾土地，人民移住必祀福德正神為土地的守護神。

當地開墾以前為森林，遂伐近旁之樹，創建本廟云。

六七、豐原郡豐原街　福德爺廟　在該街圳寮一三一號。廟宇土地五十坪，建坪九坪餘。主神之外，有木像兩尊。廟之管理人以豐原水利組合長充之。雍正三年（西元一七二五年）現之大雅庄下横山住民張振萬獨自出資開鑿現豐原水利組合葫蘆墩圳土埤，但終未成功。後於十一年（西元一七三三年）與廖朝孔、姚德心、陳同文等六人組織「六館業戶」，遂漸完成該埤開鑿。為祈求水利的順利，同年在當地的溪畔奉祀本神，由「六館業戶」奉獻田八甲餘，充作祭祀費。後安置於公館。祈求水利的順利和作物豐收者很多，但賽者有逐漸減少的傾向。然大正十三年（西元一九二四年）豐原水利組合長本山文平依該組合評議員會的決議，由組合費支出一千零三十圓，在圳寮再建廟宇，於同年八月開工，十一月竣工，因此由鄰近各庄前來參拜者日多。

六八、北斗郡二林庄　土地公廟　在該庄塗子崙二一五號。建坪一坪。亦祀土地媽。臺灣人的慣例，土地公一般作為田畑的神，又為土地居住民的守護神，凡在一地建一家從事耕作者必祭之。此為建廟的主要動機。

六九、北斗郡埤頭庄　福德祠　在該庄連交厝二四六號。廟宇土地十七坪半，建坪二合餘。光緒六年（西元一八八〇年）創立。從來庄民認為路旁的樹木巨大者必有神，乃作為土地公予以祭祀，而後為了統一祭祀，乃決議，選庄的西端為廟地，建築現廟。信徒依貧富醵金計約五十元。

七〇、北斗郡埤頭庄　福德祠　在該庄埤頭一七九號。廟宇土地一千零五十坪，建平二十八坪。土地公之外，亦祀土地媽、五谷王、媽祖。住民原由中國大陸移來，以人口逐漸增加，協議在水流之源，奉祀土地之神。時為康熙二十二年（西元一六八三年）前後（?），祀於埤頭庄一二七之處。同治初年前後，神像被盜。某日有埤頭庄民到二林庄（今之二林庄二林），歸途於麥田中聽到：「請帶我回去吧！」的叫聲，經探索於麥田中發現被盜的神像，大悅迎回，為恐再遭盜，乃移至庄民會議所的埤頭庄（今之埤頭庄埤頭）總局迄今。由於此神失而復得傳說至為神奇，人民信仰日漸深厚，祭日聚集者竟達數萬人之多。大正元年（西元一九一三年）九月，廟為暴風破損，乃由信徒集金六十圓，於大正五年（西元一九一六年）修建。大正六年（西元一九一七年）五月十五日上午八時左右，神桌忽有聲，謝清風驚異視之，見桌上燃火，奇而擲筶，奉指示田尾庄的蕭王爺將由中國大陸來臺，希準備迎接，因此於五月十六日演戲酬神並宴客，自此信徒日增。

七一、**彰化郡線西庄**　**保安宮**　在該庄頂犁二三三號。配祀土地媽。廟宇土地一二六坪，建坪三坪。乾隆年間創立。由頂犁庄（今之線西庄頂犁）及下犁庄（今之線面庄下犁）兩庄民創建，作為土地鎮守之神。

七二、彰化郡芬園庄　土地公廟　在該庄五一七號。廟宇土地四二坪半，建坪一坪。日本領臺後由王秋重首倡，從芬園貓羅坑（舊土名）居民募款興建。相傳本神為防止水害，保護地方，能使旅行安全之神。

七三、彰化郡鹿港街　景靈宮　在該街鹿港字和興五二號。廟宇土地二十六坪半，建坪二十坪半。亦祀土地媽、蘇府王爺、南斗天神、相公爺、潘王爺等。蘇府王爺之祭日為四月十二日。康熙末年前後創立。相信土地公會守護街庄的安寧，故而住民信仰者很多。嘉慶年間舉行大修，此時始併祀王爺，以靈驗顯著，賽者日增。咸豐年間當地旱魃，作物行將枯死。居民憂而乞雨，忽有顯應，豪雨大作，農物豐收云。爾後賽者次第增加，其後廟宇頹廢。本廟原係爐主制，不置管理人，財產由爐主管理，明治三十四年（西元一九〇一年）左右土地調查時，以當時的爐主許成美登記為名義上的管理人，但廟的實權依然操之於爐主，財產之管理亦然。明治四十五年（西元一九一二年）一月莊士哲、鄭鴻等發起，募金七百餘圓，於大正二年三月（西元一九一三年）興工，翌年四月竣工。

七四、彰化市東門　福德祠　在東門二〇九號。廟宇土地十五坪半，建坪十二坪。配祀土地媽。雍正九年（西元一七三一年）前後，總理某發起由區域內信徒募金一千圓，以金五百圓建廟，餘款在東門建築家屋一棟。光緒六年（西元一八八〇年），賴傳祖、黃江、翁燦三人發起增修。信徒相信本廟所供奉的福德正神，對於保護地方有靈驗，故藉其威靈，可以達成生意興隆、疾病痊癒、結婚生育等願望云。

七五、彰化市北門外　南壇土地公廟　廟宇土地、建坪均四坪。從祀虎爺。同治年間前後，原南壇的人民醵金二十圓建立。祭事費約十圓，由區域內信徒每人在五分以上一角以下醵出，不足時，由爐主負擔之。

七六、南投郡南投街　福德祠　在該街包尾一三七號，廟宇土地一百零一坪，建坪一坪。同治八年（西元一八六九年）十一月，本廟所在地有三塊石頭，每夜發火，庄民見之認為係福德正神，乃由張石虎等發起，募金八元，建立本廟，祀福德正神為庄民的守護神。祈求平安、息災、豐收，無特別靈驗之傳說。

七七、南投郡南投街　土地公廟　在該街半山一九〇號。廟宇土地八坪半餘，建坪半坪。主神以紙牌充之。乾隆十八年（西元一七五三年）十月由廣東移住的張姓一族十三人，為祈求平安，奉祀土地公為目的，在半山庄土地公會建立小祠。明治三十五年（西元一九〇二年）為水災破壞，乃由同會員醵金二十圓，移建上記之地。

七八、南投郡南投街　福德祠（會廟）在該街林子。廟宇土地一〇九坪，建坪二合五勺（一勺為一坪的百分之一，約〇、〇三三平方公尺）道光二十五年（西元一八四五年）蕭賜美為祈求居住該地的蕭姓農民之平安發起，聘石工建立小祠。

七九、南投郡草屯庄　福德祠　在該庄頂茄萣庄三一六號。廟宇土地二八三坪，建坪二坪二合半。嘉慶四年（西元一七八一年）（？）二月由頂茄萣庄（今之頂茄）居住之廣東人所建。後因廣東人受福建人的壓迫，悉數移居他處。光緒十二年（西元一八八六年）因本廟破壞不堪，由洪成材等首倡，醵金改建。

八〇、東勢郡東勢庄　福德祠　在該庄石壁坑七〇號。廟宇土地四五坪，建坪三坪。在漢人開發該部落以前，原住民已以簡單的三個石堆，奉為土地之神以守護族人，後由漢人庄民發起，購置廟地建廟，年年祭祀迄今。

八一、東勢郡東勢庄　土地公廟　在該庄大茅埔八二五號。廟宇土地二十坪，建坪一坪。乾隆四十五年（西元一七八〇年）當地的原住民阿馬觀生及老希四老兩人，於開鑿埤圳同時，作為水害守護和五穀豐收之神而建立，其後由圳路管理者繼續管理。

八二、竹山郡竹山庄　紫南宮　在該庄後埔字一一〇號。廟宇土地三十五坪半餘，建坪十一坪餘。土地公之外，祀土地媽、三界公。乾隆十年（西元一七四五年）前後創立。建立當時即相傳，將本廟香灰及「符」作為護身袋攜之入山時，可免原住民之殺害。又自咸豐五年（西元一八五五年）本廟改建後，相傳有能使疾病痊癒之靈驗。

其四　臺南州

八三、臺南市東門町　祝三多廟　在該町二號之二七。据稱康熙五十六年（西元一七一七年）創立。咸豐乙卯年由糖業者加以修繕。管理人由信徒有力者選出，負責所屬財產之管理，未定任期。奉祀土地公及文狀元、武狀元、分身二尊及觀音佛祖（木像）等。現在的廟乃昭和元年（西元一九二六年）遷建者。昭和十一年（西元一九三六年）一月二十三日筆者去訪問。有「德厚年豐，佑我黎民」（東嶽殿眾弟子敬立）、「赫昭千古」（大人廟眾弟子敬立）匾額，可能是最近新建時，臺南市高砂町東嶽殿及東門町大人廟的信徒所贈。

八四、臺南市東門町　龍泉井廟　在東門町二號之六八。嘉慶二十二年（西元一八一七年）創立。土地公之外，尚祀祖師公（清水祖師），拜賽者相信祈之可避災得福，並守護商人的利益。昭和十一年（西元一九三五年）一月二十三日去訪問。此時主神土地公像已遺失，僅存祖師公像。詢問附近之老婦，答以她自七年前到當地時即如此云。又門聯曰「清水溯根源一片婆心原般若；祖師傳妙道三乘大覺證真如」，由此聯令人不得不懷疑或許以清水祖師為主神之廟。

八五、臺南市高砂町　福德祠　在該町二之五八號。有主神、文武狀元、分身四尊。建坪七坪餘。乾隆十年（西元一七四五年）八月創立。管理人由信徒協議推舉之。未定任期。與前項同日去訪問。有「仁者壽」（道光戊子年臘月吉旦、弟子王漢澤、余麟、潘乾高同敬立）文字。

八六、臺南市高砂町　福德堂　在該町三之七三號。建坪三坪。安置主神、文武狀元、分身三尊（文武狀元各兩尊?）及同祀觀音佛祖。嘉慶二年（西元一七九七年）原會境街的志願者發起奉祀土地公為守護神。昭和十一年（西元一九三六年）一月二十三日調查時，租與雜貨店營業，自外觀看似為私壇。

八七、臺南市開山町　土地公廟　在該町三號之六六。土地公外祀註生娘娘。道光二十二年（西元一八四二年）大埔街住民開始奉祀。昭和十一年（西元一九三六年）一月二十二日調查。本廟現已廢止，神合祀於臺南市錦町三之一一三號的開山宮。

八八、臺南市白金町　載福祠　在該町三號之四五。祀土地公（二尊）、文武二狀元。道光十八年（西元一八三八年）創建，原為三四境街之神。本廟堂宇於明治三十六年（西元一九〇三年）市區重劃時被毀，乃將神像移至本廟所屬之家屋安置祭祀。昭和十一年（西元一九三六年）一月二十二日調查。今借與雜貨商營業，外觀上亦似為私壇。

八九、臺南市錦町　雙興境廟　在錦町二號之七五。奉祀土地公、文武狀元及分身一尊。與上項同日調查，今借與石店，亦安奉石匠之神巧聖先師。

九〇、臺南市本町　福德祠　在本町一號之六〇橋上。二尺左右的土地公大像現在寄祀於該市大正町二之五八號的開隆宮。昭和十一年（西元一九三六年）一月二十三日調查。在開隆宮見到該土地公。有「原德載福」之匾額。又舉臺南市內的土地公廟被廢者有：末廣町二之一二九號之福德祠、本町二之四二號之福德祠。上列被廢之廟乃係為了近代的都市計劃不得而為之耶。

九一、臺南市白金町　小南天　在該町三號之五九。廟宇土地八坪半，建坪八坪三合餘。康熙五年（西元一六六五年）（？）創立。祀土地公大神像，從祀虎爺。明鄭時代臺南稱承天府，其北隅有蕃薯崎。因山水靈秀而祀本祠，號小南天。入口之匾額的「小南天」（嘉慶乙卯（己卯？））菊月、眾弟子敬立）乃明親王寧靖王（被鄭成功迎請渡臺之人）所書云。現時之額為嘉慶年間重修時所懸。嘉慶十九年（西元一八一四年）三月，郭之元、魏九、倪團、石斷等募捐二十七元重修，大正三年（西元一九一四年），曾敏鄉、許拔臣等七人捐獻十九元整修。昭和十一年（西元一九三六年）一月二十二日訪問。有匾曰「靈鎮坤輿」（嘉慶戊庚年花月穀旦。董事廣裕號同立）。

九二、臺南市老松町　土地公廟　在該町一號之七七。奉祀土地公及文武狀元。昭和十一年（西元一九三六年）一月二十二日訪問。懸「總錄境廟」之匾額。聯曰「天泰地泰三陽開泰；神安人安合境平安」。一般來說臺南市的土地公廟以總錄境、鎮轅境、雙興境地名為廟名者不少。

九三、臺南市老松町　土地公廟　在該町二號之九九。廟宇土地十一坪半，建坪十一坪。同治五年（西元一八八六年）前後創立。從前總爺街並不熱鬧，有人說道路在中央，福猶如河水般流走，為了留福，王得祿於同年建築此廟。開工年月及費用不明。數十年前以房屋一棟作為廟產，由其租金支付廟的祭事費。昭和十一年（西元一九三六年）一月二十二日訪問。有「鎮轅境廟」之額。奉祀土地公、土地媽及文武狀元之像。總爺街乃日語「官舍町」之意，日治前此地附近似為官吏的居住地。

九四、新豐郡歸仁庄　福德爺廟　在該庄大苓二一七號之一。亦同祀天上聖母。廟宇土地八六二坪餘。康熙五十年（西元一八〇一年）（？）創立。當時本部落流行瘟疫，住民罹病者甚眾，為祈求平安消災乃建本廟。日治前据云由徵收鴨稅、及所屬土地的收入作為祭祀費用，而不足部分依信徒人數分擔，以資維持。鴨稅乃其他部落民眾趕鴨到大苓庄（今之歸仁庄大苓）內田畑飼養時，使其繳納供廟的油香費。日治後乃依此慣例維持，但漸漸無人繳交鴨稅，庄民亦日漸減少。三十四年暴風雨時，本廟毀壞，其後以祀者日少，而亦無再建之資，於是廟地變為原野，所供奉之神轉祀於爐主之宅。本廟無管理人，由爐主管理所有事務。明治三十六年（西元一九〇三年）土地調查時，當地土地調查委員李安自為管理人，並未與信徒商議即將本廟所屬所有地登記為自己所有。三十八年，李安死亡，子李振玉繼承，同時將管理人變更為自己之名，但卻有名無實。亦無任期。至於爐主如選擇呢？每年農曆二月二日上午十時，僅召集在大苓庄居住信徒各戶的男家長到場。爐主在神前燒香，唸：從現在要選定爐主，以擲筶恭請神明指示。由信徒中識字者持名簿，高聲一個一個叫姓名，由爐主為該人擲筶，吉者繼續卜筊，凶者及次，如此以最高杯定爐主，將神像移其宅奉祀。爐主一年一任，翌年不得連任，隔年若得最高杯可再任爐主。任期亦為一年，其任務除改選時為他人擲筶外，祭祀日自備二圓供品供奉而已。

九五、新化郡善化庄　福德爺廟　在該庄六分寮三五六號。僅祀土地公。廟宇土地三二一坪餘，建坪二〇坪。光緒五年（西元一八八〇年）（？）創立。當時六份藔庄（今之六份寮）土名東勢宅，因面臨曾文溪，大雨時田畑受損者很多，尤以曾文溪畔者為甚，水患最重時農作物均為之淹沒。於是為祈求五穀豐收，乃祭祀本神。本廟的創立關係者不詳。廟內無任何器具，神像由信徒鄭鵠奉置於自宅。奉祀日將前日爐主屠宰的豬一頭，供於神前，鳴鐘磬，請道士誦祝文。

九六、新營郡鹽水街　土地公廟（三福祠）　在該街鹽水五三二號。配祀土地媽，亦寄祀觀音。約在雍正、乾隆之交，鹽水港堡（今之鹽水街）每到雨季，溝水常溢流至街頭，於是堡民相謀，在水路中央建廟，祈求消除水害。依相傳的靈驗談云：咸豐年間載萬生之亂起時，為了平亂，士兵自臺南來住宿該廟，据說當時土地公為了使士兵預知翌日有地震，竟使香腳起火，但士兵卻不解其意，翌日果有地震，壓死二、三人云。

九七、新營郡後壁庄　土地公廟　在該庄下茄苳五一八號。廟宇土地、建坪均為四坪。光緒八年（西元一八八二年）創立。亦配祀土地媽。當時該地接近臺南臺北縱貫道路，埋葬流浪人及乞丐或其他旅行死亡者之無主墳墓甚多，因無人祭祀，或人們懼其鬼魂作祟，為了地方平安，廖旺乃出私費十八元，於二月興工，同月中建成此廟。

九八、新營郡白河庄　土地公廟　在該庄蓮潭土名茄走林二〇一號。廟宇土地三坪，建坪二坪半。道光十二年（西元一八三二年）前後，以耕作田畑農作物者的土地屬於土地公所管理，庄民等協議，為祈求豐收而創建。

九九、新營郡白河庄　福德爺祠　在該庄崁仔頭六三一號。廟宇土地七百坪餘，建坪二九坪弱。以福德正神為主神，此外，配祀保生大帝及太子爺。雍正年間，由對岸福建省漳州府平和縣以四十人為一團，移住來臺時，安置裝有香灰之木像，此香灰乃攜自原住地土地公廟者。

一〇〇、新營郡番社庄　土地公廟　在該庄崎子頭。廟宇土地一坪餘。同祀觀音佛祖。嘉慶年間耕作附近土地者為祈求豐年，鎮妖而奉祀。原有土地公會，由五人組成，定爐主，年年就所屬田畑收益，並由每一會員各出二角以補充祭事及飲食費用，惟收支不平衡，於明治三十四年（西元一九〇一年）解散。

一〇一、新營郡番社庄　土地公廟　在前大埔一四八號。廟宇土地三五〇坪，建坪十三坪半。從祀文武狀元及虎爺。前大埤之豪族葉大觀擁有公館及大租權，最有勢力，因附近無廟，為祈求地方的安寧，嘉慶二十三年（西元一八一八年）親自發起得捐款七十餘元建廟。明治三十九年（西元一九〇六年）南部大地震時倒壞，翌年附近住民醵金改建之。

一〇二、嘉義市埤子頭　福德爺廟　在埔字頭三二三號。廟宇土地四〇三坪，建坪十六坪。奉祀土地公、土地媽。住民尊敬土地公為一街庄的境主，土地屬於土地公所有，故為不忘其恩奉祀之。初庄民建小堂奉祀，後許某擬將該處作為墓地要求廢廟，但庄民不肯，於是許某建議遷建為大廟，並且奉獻六十石（容積單位，一斗的十倍，約一八〇公升）為基金，居民乃諾之，此乃今之廟也。

一〇三、嘉義市元町　福德爺廟　在元町四號之二〇，廟宇土地，建坪均為十一坪餘。土地公之外有徐良泗、林鳴章的各牌位，相傳往時鄭成功討伐土匪之際，暫時逗留諸羅山（今之嘉義）時，以地方無守護神為憾，乃在此地祀土地公，此乃在諸羅山奉祀守護神之始。至有徐良泗、林鳴章牌位者，乃他們生前獨身，奉獻一甲餘及五十餘坪建地，委託死後將牌位安置於廟內所致。因明治三十九年（西元一九〇六年）市區重劃建地稍減。置管理人一人。

一〇四、嘉義郡大林庄　福德爺廟　在該庄中林三三七號。廟宇土地一六八坪，建坪一〇坪。土地公、土地媽外，祀五谷王、松樹公、三山國王、鄭成功。其中松樹公乃昔時當地松樹王廟的主神。據云：昔當地有美麗古榕樹，某人供奉供品祈求而有靈驗，乃建廟安置神像禮拜，其後廢滅云。

一〇五、嘉義郡水上庄　福安宮　在水上（舊名水堀頭街）一六六號。以三姓尊王（陳、江、蔡三姓）為主神，配祀福德爺、虎爺。廟宇土地九四五坪，建坪九〇坪。道光十六年（西元一八三六年）三月十五日建。昔吳某在中國大陸某山被虎所襲命危時，有武勇之士陳、紅（江？）蔡三人斃虎相救。吳德之，移往臺灣後與同姓相謀，在現址建廟，將三恩人稱為三姓尊王，奉祀之。

一〇六、嘉義郡小梅庄　永興宮　在該庄生毛樹八九號。廟宇土地、建坪均為一坪五合。福建省漳州府平和縣、詔安縣、南靖縣人渡臺開墾土地，但五穀不長，住民困憊。嘉慶二十四年（西元一八一九年）二月，陳坑生建造石堂，每月初二、十六兩日，舉行祭祀，自此生長五穀，住民平安。到了道光八年（西元一八二八年）二月，南靖縣人十戶前來開墾田地，本廟信徒更多。陳坑生在同治八年（西元一八六九年）秋，明月高懸時，睡中夢見原住民來襲民家，醒後他預言近日將有難事發生，數日後因病死亡。同年十二月有大霜，五穀不長，石堂亦凍破，住民乃予再建。光緒八年（西元一八八二年）再有大霜，石堂破壞乃予修建。据云此廟神確有使五穀豐收之靈驗云。

一〇七、嘉義郡竹崎庄　拱隆宮　在該庄竹崎七五號。廟宇土地及建坪為一坪。往昔不知何人奉迎一尊無名神像來此。後數十年始知為福德正神。道光二年（西元一八二二年）道士鍾伯能、郭清德與庄民相謀，建立石造小祠，秋間竣工，奉置神像。其後明治三十九年（西元一九〇〇年）大地震後予以修建。

一〇八、虎尾郡土庫庄　土地公廟　在該庄過港三〇號。廟宇土地及建坪均一坪半。土地公之外，祀土地媽及部下六尊。明治三十九年（西元一九〇六年）左右，在土庫街頭建新式的糖廍（製糖機械倉庫），由遠處「過港」觀之，宛如老虎。其後過港流行疾病，住民認為此乃虎作祟，應借土地公之力壓服老虎。建立本廟係在當年年末前後。

一〇九、虎尾郡西螺街　土地公廟　在該街三塊厝二四九號。廟宇土地及建坪為一坪。同治年間前後所創立。詢其沿革乃林知曹由中國大陸帶木像來，初安置於自宅，因靈驗顯著，與村民協議後建廟奉祀。有盜賊將其像裝於袋置階上，神火出現，盜大驚自首，其後無復類似事情發生。

一一〇、北港郡北港街　土地公廟　在樹子腳四三二號。廟宇土地六一坪半，建坪六坪餘。嘉慶二年（西元一七九七年）創立。詢其沿革，云原本廟之附近有蛇窟，農民大受其害。於是林丁其與庄民相謀醵金建本廟，以除蛇害。光緒二十年（西元一八九四年）八月，吳猶戇祈求生意興隆有靈驗，乃捐金七十元修建拜亭。

一一一、東石郡太保庄　福安宮　在該庄埤麻腳一八七號之一。祀土地公、土地媽。有自埤麻腳庄（今之埤麻腳）北流之埤水，黃姓地理師見之告曰：因庄之疲弊乃此埤水所致，防止之道，為在水之出口處建福德爺廟以守水。於是庄民相謀奉祀土地公。明治三十九年（西元一九〇六年）

三月，因震災廟宇倒壞，信徒協議後變賣廟所屬的田地、池沼，以約一百元修建。大正元年（西元一八一三年）八月暴風時，復全部倒壞，神像乃移祀同庄蔡銀漢處。

一一二、東石郡六腳庄　土地公廟　在該庄大塗師一四〇號。土地公之外，配祀刑、朱、李諸府王爺及九天玄女。康熙五十二年（西元一七一三年）有魏姓者為祈求五穀豐收，子孫繁昌而創立。道光二十四年（西元一八四四年）漳州人和泉州人械鬥，魏姓漳州人敗於侯姓泉州人，逃亡山地，因此侯姓者乃代為祭祀，以廟破損，光緒二年（西元一八七六年）前後侯德等予以修建，耗費二百元。明治三十九年（西元一九〇六年）三月十七日的大地震倒壞，四十一年（西元一九〇八年）八月興工，同年十二月二十日竣工。發起人為侯戇龜、侯明，由信徒集費用二百元。

一一三、斗六郡莿桐庄　土地公廟　在該庄饒平厝一六五號。廟宇土地四坪，建坪一坪。祀土地公、土地媽。饒平厝為廣東省饒平縣人的移住部落。初在庄的中央設土地公廟，但後於同治九年（西元一八七〇年）依庄民之議，移至村郊現址。

一一四、北門郡學甲庄　集和公廟　在該庄學甲七三七號。廟宇土地二三五坪，建坪四五坪餘。土地公之外，從（同？）祀保生大帝。道光七年（西元一八二七年）劉、賴、柯、黃四姓者共同經營商業，大為興隆，獲利頗巨。其後有由他處移住來此者成為十姓，當地年年水災，為住民所苦，於是為防水害，於道光七年建小廟，祀稱為水害的保護神福德正神，併供祀保生大帝。

其五 高雄州

一一五、高雄市旗後町 福德祠 在該町一號之七三。廟宇土地十三坪餘，建坪四坪半。乾隆二十七年（西元一七六二年）創建。初旗後住民約二十人，始為祈求撲滅惡疫而祭祀土地公。其後於現在的砲臺山之西方建祠並祀神。神像不知自何廟分靈而來。

一一六、高雄市哨船頭 福德祠 在哨船頭一七一號。廟宇土地十二坪，建坪八坪弱。清國商人某，於嘉慶年間，在打狗（今之高雄）港海面遇難，經祈禱神明結果平安無事到達岸上，乃建廟謝神云。因此初本為私人之廟，無他人信仰，爾後有人稱本神乃治理地方，守護平安的神，信仰者漸多。後廟日久荒廢，大正元年（西元一九一二年）八月又因暴風雨而倒壞，雜貨商張貳膽、盧元等發起，得「哨船頭」住民捐一百七十圓，由旗後住民捐五十圓，於大正三年（西元一九一四年）九月開始改建，十月竣工。

一一七、潮州郡潮州庄 福德祠 在該庄四林二七號。廟宇土地六坪，建坪五坪。本廟所在地四林庄四塊厝（舊名）之東方原為廣漠之曠野，與原住民山地遙遙相對，因此原住民在此「出草」（即馘人首）者甚多。野外勞動者常被殺害，庄民恐慌。因此住民相謀醵金約三十九元在村端祀奉土地公，每於到田工作往還時禮拜之，並祈求免被原住民所害，時近乾隆末年前後。

一一八、旗山郡杉林庄 土地公廟 在該庄五九一號。鄂投為開墾該庄臺牛湖，招許多移民，開墾成功後，住民益增。因此為祈求幸福平安，人們各自醵金建本廟，作為其庄的守護神。

一一九、旗山郡田寮庄　福德祠　在該庄牛稠埔六號。昔有地理師住於牛稠埔附近。究為了卜自己家屋建地或為卜墓地，其目的雖不明，但知本廟所在地址乃最適宜之地，隨埋下一個乾隆錢。其後，又有另一地理師亦卜此地一帶，發現為適當之處，乃在其地豎了三支針，正巧串入乾隆錢中央之孔。於是引起兩地理師的紛爭。當時清官吏蔣大爺（或阿公店支廳派駐阿連者）裁決，禁止在其地點建墓或住屋，同時自己首倡，募金、石及瓦建廟。

一二〇、鳳山郡大寮庄　土地公廟　在該庄赤崁四三五號。建坪一坪。康熙初年，自中國福州來之張習專兄弟開墾原野，種植五穀獲利。於是兄弟及同庄二、三住民協議建廟。

一二一、岡山郡楠梓庄　福德爺廟　在該庄後勁六七八號。廟宇土地五十坪，建坪三十坪。主神之外，合祀文昌帝君、伽藍爺。乾隆十二年（西元一七四七年）後勁庄民余寡、林光孫、林啟泰等約二十名發起而建立。又同治元年（西元一八六二年）加以修繕。

一二二、岡山郡阿蓮庄　土地公廟　在該庄阿蓮四九八號。道光二十八年（西元一八四九年）（？）創立。阿蓮發生蟲害多年，又有暴風雨侵襲，農民苦於凶年，時有人議論因未祭祀土地公，所以連年天災。居民信之，乃建類似小屋小廟，在壁面書福德正神四字參拜之。

一二三、岡山郡路竹庄　福德祠　在該庄後鄉四五六號。廟宇土地四十四坪，建坪四坪半。自後鄉庄（今之後鄉）東南方流入不潔的雨水，溢及全庄。因此蚊蟲繁殖，流行瘧疾。地理師蔡在中曰：若在同庄東南端建一小祠奉祀土地公，則流入的雨水會變為清水，從而成為健康之地。乃由有力者王祥蘭、蔡老、程和高三人發起，就庄內住民依其財力醵金，最高三十元，最低一元，以二百元建廟，時為光緒十一年（西元一八九二年）（？）。

一二四、岡山郡路竹庄　福德爺廟　在該庄一甲三六五號。廟宇土地三三四坪，建坪一九坪，亦合祀太子爺、王爺。一甲庄（今之一甲）的中央通東西道路，每年雨季雨水由西向東直線流入，凶事多，因此於康熙五十七年（西元一七一八年）建廟。

一二五、岡山郡左營庄　鎮福祠　在該庄埤子頭二三五號。廟宇土地六七九坪，建坪七坪半。康熙四年（西元一六六四年）創立。為祈求除山間之魔，保護庄民的安全幸福，在正面奉祀福德正神云。

一二六、屏東郡里港庄　土地公廟　在該庄武洛六七七號。廟宇土地三〇六坪餘，建坪一坪。往昔由廣東移住當地者，立石像奉祀土地公，做為守護神。乾隆三年（西元一七三八年）前後建本廟，大正四年（西元一九一五年）一月改建。

一二七、恆春郡恆春庄　福德祠　在恆春七四號。主神之外，祀溫府王爺。廟宇土地三〇坪，光緒四年（西元一八七八年）二月十二日創立。為了祈求新墾地方平安而建，見次列之壁文自明其由來：

「蓋聞土地之司，人民所依，廟宇之設，靈爽所憑。猴洞福德祠乃恆邑之勝景，最顯威靈也。

榮自同治十三年于役瑯璚，幸叩神力庇護，無可酬恩，特商諸公捐資建造斯祠，均皆踴躍樂助，遂成美舉。以恆邑地方新開，即能安土敦仁，行見官商輻輳，民番相安，不旦共享昇平，永綏福祿歟。是為引。南海汪兆榮敬撰。

署恆春縣知縣正堂黃延昭外六十名。」

一二八、恆春郡恆春庄　福德爺廟　在該庄龍泉水二六〇號。廟宇土地二二坪餘，建坪一四坪餘。往時龍泉山頂有奇岩。質白似水滴所凝結者。而有傳說謂削此岩為粉飲下，即無論何種惡病必癒。庄民見此珍奇岩石，認為乃神助，經試飲後果然痊癒。又對於尋找牧牛走失也有靈驗，庄民信仰甚篤，結果庄民為首者發起，全恆春支廳轄區醵出約五百圓，於明治二十九年（西元一八九六年）興工，翌三十年一月竣工。

其六　臺東廳

一二九、火燒島區中寮　福德爺廟　在字觀庭湖六九五號。廟宇土地約二〇〇坪，建坪二〇坪弱。火燒島民係距今百數十年前，由小琉球嶼移居者。而當時有王某攜帶土地公木像至此，在中寮建一小祠祀之。後信徒漸增，至道光二十七年（西元一八四七年）島民奉獻竹、茅，並提供勞力，建築現在的廟。建廟不久購置水田作為廟產，由爐主每年輪流耕作，以其收入供油香費或祭典費，又建物之小修由信徒奉獻勞力或物資為之。

第二節 土地公崇拜的各種形態

其一 臺灣的開拓和土地公的靈驗

一、臺灣與中國本土發生關係可遠溯自隋唐時代，至於漢族相率移居臺灣乃距今約二百年前，明末清初之事。康熙二十二年（西元一六八三年）七月，臺灣歸於清朝統治。在其所謂「好臺灣」或「好東都」的美名之下，大大地吸引了福建、廣東的移民，就中絡繹不絕雲集而來者，乃泉州、漳州的福建人及惠州、潮州的廣東人，形成各自競爭的態勢，披荊斬棘，開拓荒地。

他們的生業以農為主，故新社會的傾向帶有農民色彩自不待言。因此社會形成後建廟乃自然發生之事實，最初所建者，乃土地公廟。蓋土地公之奉祀係因土地公具有管轄土地的神職，此乃與其他諸神依其具有的靈能支配人間命運的信仰者不同。換言之土地公乃耕作或使用土地者一居該地早晚必祭的神，其他諸神則是各人依其特殊的信仰始予奉祀。故冒險犯難，與瘴癘戰鬥的眾多移民落戶後，首先則祭祀土地公祈求境內平安。經形成部落後再奉祀土地公以外的諸神，可謂是他們展開信仰生活及社會生活必然的過程。

以土地公為主神的廟，概稱土地公廟或福德廟（福德宮、福德祠），有時僅冠福安、福興、福聚、神福、進福、載福、鎮福、三福、樹德、和德之名。故大多數為同名異廟。

二、最初奉祀的神像多由爐主在自家輪流安置，若奉祀於祠堂，其構造亦非如今日所見出自石匠之手，多是建於自然石岩下或樹根旁，因此其所負擔之建築費，其數甚微。但任何土地公廟均由部落民共同興建，可視為部落民共存共榮精神之結晶。為支應祭祀費，通常奉獻田畑山林或家屋等財產，以此等不動產收入充之。茲舉喜獻於福德祠的文例如下：（此為臺北地方奉獻祠地和地基租權之一例，關於地基租，添附佃戶名簿；關於祀地，示縱橫的尺度）❸

> 立喜獻祠地及地租，業主郭宗嘏有憑官給戮（戳？）開墾成地一所，址在興直堡中港厝庄，自庄頭起至庄尾止，逐年應得地租銀捌兩貳錢正。併欲立租館地一所，坐西向東，橫四丈捌尺，直參拾六丈，東至消溝為界，西至路為界，南至路為界，北至……為界，四至界址明白。今因與本庄董事李三省、庄耆余光曠議立福德祠而少其地，願將此欲立租館之地，獻為祠地，又恐有祠無業，香祀不給，更願將此地租獻為春秋二祭之資，庶神欣其禋祀，民享其土利焉。即日將地及地租地踏明界址，交附董事、庄耆人等。起蓋祠堂，掌管地租，以垂永久。保此業係宗嘏自己開墾之地，與房親人等無干，亦無來歷不明等情。如有此情，宗嘏一力擔承，不干福德祠之事。口恐無憑，合立喜獻祠地及地租字壹紙，送交福德祠，

---

❸參照《臨時臺灣舊慣調查會第一部調查第三回報告書》〈臺灣私法附錄參考書〉第一卷上頁一一七、一一八。

立碑為照。

批明即日將地租佃戶名簿一竝交附。再照。

代書人 李伸

乾隆貳拾貳年 月 日喜獻祠地及地租業主郭宗嘏

又其所屬財產的得喪變更，以土地公本身為業主（所有權者）來處理者不少，即神被付予法人資格，作為法律上的主體。茲列其一例如下：（此乃福德爺廟收買水埤一口者）

立賣盡根契字人 知母義庄吳士邦 有明買過陳猛祖父明買林成金水埤一口，坐落土名在廣儲東里後面港埤，東至埤岸為界，西至埔墘為界，南至路為界，北至黃家田為界，四至明白為界。今因乏銀費用，先盡問房親叔兄弟侄人等不承受。外愿將水埤壹口托中引就賣與洋仔庄福德爺自出首承買。三面言議著時價六八平重銀壹佰大員正。其銀即日同中交訖，將水埤隨即踏明界址，交付與銀主掌管耕作收成，與別房親人等無干，亦無重張典借他人財物為碍以及來歷交加不明等情。如有不明，賣主自出頭抵當，不干銀主之事。此係二比甘愿，各無反悔。口恐無憑，立賣盡根契字壹紙併帶上手契字貳紙，合共參紙，付執為照。

即日同中見收過六八平重銀壹百大員正完足。再炤。

為中人　黃源泰
　　　　楊岩
知見人妻曾氏
同治拾貳年貳月　日　立賣盡根契人　吳士邦
代書人　吳文翔自筆

「契尾」❹

計開：業戶福德爺買得吳士邦水埤壹口，坐落廣儲東里。用價銀陸拾陸兩，納稅銀壹兩玖錢捌分，布字柒千捌百拾貳號。右給臺灣縣業戶福德爺。准此。

同治拾參年參月　日❺

三、不但土地公祠堂小，其神像亦小，通常為五、六寸至一尺左右，二尺以上者極少。神像通常係衣冠束帶，持金鋯，豐頰福壽相之老爺坐在椅子上（參照第十圖），由其神像感受的印象乃親愛之情，無恐怖的感覺。祀於林間山路者騎虎。

但有些地方初不安置神像，而以石作為土地公之例❻，又有以紙牌代神像，或祀神位者。

❹契尾乃由官發下之土地申告證。公認福德爺為水埤之業主。

❺錄自《臨時臺灣舊慣調查會第一部調查第二回報告書》〈第一卷附錄參考書〉頁一九〇。

❻例如：鶯歌庄樹德宮（一二三）、同庄福德祠（一二四）、板橋街福德祠（一二九）、員山庄福德祠（一三五）、東勢庄福德祠（八〇）。

四、土地公的威靈和靈驗：

臺灣的開拓和土地公的崇拜有不可分的關係，欲觀察土地公的威靈，可從開拓臺灣的移民生活中知之。

冒著臺灣海峽風險來臺的他們，抵臺後初為險惡的氣候風土所困，除了要與瘴癘搏鬥，又須擊退以殺人獵頭為能事的原住民的來襲。在如此生活及生命的危險威脅之下，乃急迫地產生起信仰之心。他們祈求土地公的保護，消災除害。他們祈求的是地方平安、農作物豐登以及其他一切幸福的獲得，避免一切的災禍的降臨。茲分述其靈驗情形如下：

㈠農作物的豐收。農民視土地公為賜予土地財富之神，尊崇敬愛，宛如子之對慈父。現在他們仍有收穫農作物的「起工」（開始收割）之日，必對其所屬土地公廟供奉金紙、香及牲醴，稟報其事，若無土地公廟，則祭祀自家所奉祀的土地公之俗；又農作物收割完工之日，也作相同的祭拜。總之，他們為祈求地方平安，五穀豐收，部落民眾互相協同建立土地公廟者比比皆是。今推究其建立的緣由，設若連年五穀豐收，農民的財富意外增加，他們乃將此歸為土地公之福德，為了感謝報恩而建祠。反之，若凶年相繼，即認為未奉祀土地公的結果，更建祠祈求土地（公）的福德庇祐。因此，我們應可確定歲之「豐」「歉」兩面均為建廟之因。

近來由於香蕉輸出日本及他處，很多人開墾山地，栽培香蕉，這些山地開發者認為若不祭祀土地公，其作物會受山豬等獸類之害，為此乃舉行盛大的祭典，祈求免於受損。

昭和十一年（西元一九三六年）四月下旬，我自臺中州新高郡「蕃地」Namakavan駐在所出發，以臺車往水裡坑。這附近香蕉園頗多，看到許多新的土地公廟散落其間，此地蕉農可能多數為廣東人，老廟多為石造，新土地公廟和福建人所建相同，是紅磚所造。

㈡臺灣的地形，因山地占全島面積的四分之三，一般來說河川大抵短小，所以容易氾濫或乾涸。遇有洪水、溪流氾濫及旱天時，一方面人們恐農作物受損，一方面祈求土地公保佑排水順暢和及時降雨❼，他方面為地方安泰祈求防止氾濫❽。此外，祈求交通運輸的安全❾。

㈢臺灣原有「三年小反，五年大亂」之稱，住民屢屢為匪亂及分類械鬥❿所折磨。又不斷受原住民來襲所威脅⓫。有時法國兵等亦來侵犯⓬，每遇內亂外患時，則有土地公威靈之傳說。

---

❼例如：北投庄福德祠㈧、蘆竹庄土地公廟（五一）、北屯庄福德祠（五八）、大村庄福興宮（六一）、豐原街福德爺廟（六七）、鹿港街景靈宮（七三）、東勢庄土地公廟（八一）、善化庄福德爺廟（九五）、阿蓮庄土地公廟（一二二）。

❽例如：金山庄土地公廟（一五）、新竹市南郵福地（四四）、鹽水街土地公廟（九六）、學甲庄集和公廟（一一四）、路竹庄福德爺廟（一二四）。

❾例如：松山庄土地公廟（一〇）、基隆市平安宮（一八）、後壁庄土地公廟（九七）。

❿例如：三峽庄福安宮（二七）、鹽水街土地公廟（九六）、又參照伊能嘉矩氏臺灣文化志（中卷）頁四二七。

⓫例如：礁溪庄土地公廟（三六）、埔里街福德祠（五三）、魚池庄土地公廟（五六）、竹山庄紫南宮（八二）、小梅庄永興宮（一〇六）、潮州庄福德祠（一一七）恆春庄福德廟（一二七）。

(四)臺灣以氣候風土險惡的瘴癘之地聞名於世，因醫療落後，故住民於治療流行瘟疫、疾病之時，不得不指望神助⓭，不但是人，關於家畜的疾病，亦可能成為對土地公祈禱的內容⓮。

(五)土地公不但眷顧農民，也是一般財富的神，從事商業⓯、漁業者、礦業者⓰都崇拜土地公。在民間一旦有人致富，家運興隆，鄰人必會對其子說：你父為你的福德正神。又從事礦業獲得巨利者，稱為賺「土地公錢」，亦必奉獻其中幾分予神云。

(六)土地公作為地方鎮守之神奉祀，在街庄者，守護其街庄（街庄之數比現在市街庄約二六〇更多）；在田畑之一隅者，守護其田畑；在家者，守護其一家；在墳墓者，守護其墓地。

茲舉在葬儀時埋葬死者之際，對土地公所讀祭文（祝后土）之一例（在中國大陸者）於次：

維

光緒十有三年，歲次丁亥，正月壬寅朔越三日壬辰，主祭官候選知府銜唐寶鑾，謹以牲醴

⓬例如：基隆市平安宮（一八）。

⓭例如：三峽庄福安宮（二七）、員山庄福德祠（三四）、歸仁庄福德爺廟（九四）、高雄市福德祠（一一三）、路竹庄福德祠（一三二）、恆春庄福德爺廟（一二八）。

⓮例如：大甲街福德爺廟（六四）。

⓯例如：淡水街福德祠（一一）、彰化市福德祠（七四）、臺南市龍泉井廟（八四）、學甲庄集和公廟（一一四）

⓰例如：基隆市土地公廟（一七）。

庶饈香楮之儀，為刑部主政歐陽拱樞令先尊即用道陽府君卜宅於茲，敢致祭於本山司土福德之神曰：巍巍福德，川嶽之英，主宰坤厚，尊曰山靈，坐鎮八方，位列帝王之次；權衡四野，澤被巽坎之亨。千秋隆其俎豆，萬古享其犧牲。茲歐陽府君宅此佳城，相形勝以經營，憑依窀穸，仗威靈之庇祐，安奠墳塋，奚及子孫，綿綿瓜瓞，貽厥祚裔，世世簪纓。敬備清酌，聊表丹誠，伏冀垂鑒，來格來馨。尚饗。

土地公不但司墓地的平安，亦為城隍爺的屬下，役使其文、武狀元調查人的善惡行為，報告於城隍爺，或導引亡者靈魂到冥府，故被人們所敬畏⑰。遇有各種爭議，在土地公前立誓呪詛之事在臺灣屢屢行之。

載於《集異新抄》（卷之三、五〇）之左列「土地冊」，表示灶神、土地公、縣城隍、郡城隍、東嶽帝、上帝的階級上下之審級關係，頗為有趣。在臺灣是否有如是明確的關係，著者未之聞也，但推斷大體如此。

韓蓄齋，郡中稱長者，其家庸書人病疫。既癒，為蓄齋言，被土地攝去寫冊，冊充棟，十

⑰為供死者在陰間生活的住家，於送葬時，燒紙製的家屋（紙厝），這時要燒與陰間武夷王所訂的買賣契約，土地公作兩當事人之間的「為中人」。（參見拙稿〈死靈所住的土地家屋之買賣契約〉，《臺灣時報》一六一號）

餘人日夜不停筆，皆人家灶神所報，凡善惡鉅細舉日舉時，雖飲饌食品，以至床帷間謔浪之語，靡不具載。土地稍芟其鎖者，以報縣隍，縣呈之郡，郡上東嶽，東嶽奏上帝。至帝前之奏，十惟四五，疏大節而已。帝以歲終決賞罰，復遞下至土地施行焉。而灶神原報仍封鈐而存之。土地俟其人命盡，對勘註銷。傭者寫七日乃放還。竊記相識者數人，後皆分毫不爽。內有長州庠生某，于幾日友人家會文，作智者樂水一節，題文極得意，為同輩稱賞。因醉歸，心作妄想：我于富貴時取鄰家女阿庚作小妻，為阿庚畫造曲房，織成綺麗衣飾。馳念酣穠，不覺三鼓忘睡。細君促之，遂含茶噀面，戲罵醋甕云云。後硃批一行：「想雖逐妄，境實因人，著于正月十七日到松陵驛凍餓一日。」傭念名士安得至此，記日月于壁，及期清晨訪之，方拭巾整履赴姻家之宴，將看梅西山，舟過通津橋，觸巡江使者，舟中客皆被執，生獨以青衿免，縛拘置舴艋，直至吳江停舟驛前始釋之。果凍餓幾殆。蓄齋嘗以是戒其鄉黨云。

(七)土木工程、其他各種承包商等，認為如不行土地公祭典，將有病，或負傷之災，或招致大損失，故也舉行盛大的祭典。又漁業者及屠宰業者因經常殺生，有祭其靈魂的習慣，於是亦對土地公舉行盛大的祭典。

相傳在臺灣鑄造的銀幣有所謂「土地公銀者」，刻老土地公的模樣，又有俗諺「土地公櫟腳底」

(Toh-ti-kong ngau kha toe)一語，其意為若覺腳底發痒乃身體有異徵，這是土地公對其人暗示將有凶變。又如稱「得罪土地公飼無雞」(Tek-tsoe-tho-ti-kong-chi bo koe)，此皆是說明土地公對農業上的威靈⑱。

其二　與土地公關係深厚的諸神

一、大多數土地公廟建坪不出數坪，因此與之併祀合祀的神極少。就中除土地媽（福德爺夫人）、文、武狀元、虎爺之外，可舉出三界公（三官大帝）⑲、五谷王（神農大帝）⑳、王爺（蘇、潘、刑、溫等的諸府王爺）㉑、太子爺、保生大帝、觀音、文昌帝君、註生娘娘、牌位等。但有數十坪建地的大土地公廟亦祀關帝、廣澤尊王、呂純陽、媽祖、三山國王、鄭成功等，惟屈指可數而已。

---

⑱參照伊能嘉矩氏，《臺灣文化志》（中卷）頁四二八。

⑲例如：新店庄土地公廟（一九）、五結庄福德廟（四〇）、竹山庄紫南宮（八二）。天官、地官、水官的三神，俗稱三界公。

⑳例如：壯圍庄神福宮（三九）、五結庄省民堂（四四）大林庄福德爺廟（一〇四）等。五谷王為農業之神（參照本書頁一四五），故認為此與土地公有合祀的理由。

㉑例如：鹿港街景靈宮（七三）、六腳庄土地公廟（一二一）、路竹庄福德爺廟（一二四）、恆春庄福德廟（一一七）等。

次就管轄地方的職務來看，與土地公關係深的神，不得不舉城隍爺和山神，其他與東嶽大帝及境主公亦有關係。

二、城隍爺　土地公與城隍爺之關係類似縣長與警察官吏之關係。即城隍爺司一省一城的事，而土地公可謂是城隍爺屬下的一小地方官，僅管理一山、一里、一巷、一屋之事。因此其權力不大。

依我於昭和四年（西元一九二九年）在新竹州新埔庄所聞，距今約五十年前，有張星奎者，為了賭博能贏，祈求新埔庄入口的土地公援助，獲得土地公的概諾，欣然前往賭博，豈料反而輸的一乾二淨，張怒土地公不像話告訴於新竹城隍廟，因此這土地公非常困窘，托夢於庄內某人請求援助，庄民亦對土地公寄予同情，好不容易才免去其罪云。但是其後張先生之子孫觸犯土地公之權威終至斷絕後嗣云。

又依豐原郡兩座土地公廟所傳，其主神乃生前對地方有功勞，德高望重得為人民模範的人物，死亡後，其靈魂由城隍爺獎賞其生前的功勞，受命為土地公，任守護地方之神云（潭子庄廣德宮（六五）、豐原街福德祠（六六））。

又城隍廟從祀土地公者不少。

然而即在臺灣亦可以肯定土地公和城隍爺有主從的關係，這種關係源自中國，可作為參考。

清李鶴林的《集異新抄》（卷之一，三九）所載的「土地」與上述新埔庄的傳說相似：

傭書某，于某胥家寫田冊子，每暮歸，過小渠，橫石為橋。偶見石上有「當境土地」四字。其人便以十錢傭人舁石，立之土地祠。更以他石作橋，再拜祠下而去。及抵家便抱病。見二鬼卒縛之，言土地譴怒，于是享以一雞，焚楮錢數束，病遂癒，復詣寫冊。某胥詰知其故，共戲笑云：作神明昏悖乃爾，何不訴之城隍。同儕少年便為作牒，竟詣焚之，是夜傭暴卒，一日夜乃醒，云：有二皂隸追入城隍廟，庭下先跪一老人，白髮而囚服，乃土地也。城隍據案推問，土地辯不知，是部卒生事。城隍怒曰：豈有神不禁其下吏。笞之二十有五，頓首服罪而退。既謂傭曰：小民敢告土地，發陽官責十板。驅之出門，至家遂活。後三日犯縣官節，笞之如其數焉。

三、山神　土地公與山神為相對的神。中元節人們祭孤魂時作紙製神像在廟門相對立。又以國土乃由山丘與平地構成，因此司山的山神與司地的土地公在基本上是一體的，均為守衛國家領土者，與朝廷關係甚深，相傳皇太子誕生時，此兩神必親臨拜賀云。

大家熟悉的山神土地，印於紙錢，或併祀於寺廟之例在臺灣非常普遍（如新竹市赤土崎翠碧岩、臺北市龍山寺）。

四、虎爺　奉祀於林間或山路的土地公亦有騎虎者，虎為土地公的屬神，稱為「虎爺」。我想虎為人們所最畏懼的猛獸[22]，大概是上古樸素的人民，為了除其害，祈求於土地公，遂為土地公所降伏而騎之。徵諸現在騎虎的土地公像僅能於山間見之，可以推其來由也。漢族關於虎之觀念，認為虎常隨土地公而聽其命行事，若有害人之事亦須經過土地公的許可。又一般寺廟神桌之下祀有虎爺乃供土地公所騎用者。其像睨視前方，以強勢攘退疫癘惡魔，鎮護廟境，又以虎爺開大口，可啣來金銀財寶而為賭徒所信仰，演戲業者亦頗為信仰之。又云虎爺對於治小兒顋腫有妙法，相信生此種腫物時，以金紙撫虎爺之顋，將此金紙持回貼於腫物，即可立癒，家有小孩者信仰尤深。

虎尾郡土庫庄的土地公廟（一〇八）相傳因境內新式糖廠看似虎狀，為將之壓伏乃建土地公廟。又嘉義郡水上庄福安宮（一〇五）乃為逃避虎難的吳某所創建之緣由，十分有趣。

虎拜土神（錄自明仁和郎瑛仁寶著《七修類稿》之事物類卷四十五）：

仁和七都地名葛墩，有土神廟，荒落無主，而敗壁四達。正德時，王姓者設鄉校於此，夜則寄宿。一夕見虎入廟叩首於神前若拜跪然，然久之而去。明晨語人：予適在其地也。意傳記云：虎傷人必先土神求之，或此之謂歟？否則王姓者臥側，胡不一噬而去也。

五、土地媽　祀於祠堂的土地公有以土地媽為其夫人配祀者㉓，蓋土地公為人們最敬愛的神，

㉒「虎者陽物，百獸之長，能執搏挫銳，噬食鬼魅。今人卒得惡遇，燒焙虎皮飲之，繫其爪亦能避惡，此甚驗也。」(De Goot, *Religious System of China* V.P. 954)。

㉓例如：臺北市太平町和德祠（三）、基隆市平安宮（一八）、鶯歌庄樹德宮（二八）、板橋街福德祠（三〇）、

第十圖　土地公、媽及文武狀元
（臺南市老松町二丁目，昭和十一年一月撮）

故奉獻之（參照第十圖）。守墓地之土地公則無此事。

土地公基於人間平等觀，對每一個人都擬授與平等的福德，而土地媽說：若人均平等富有，其愛女出嫁時將無轎夫抬花轎，因而反對之。於是人間乃有貧富之差，不能平等享受福德云。土地媽之所以被一部分人們所厭惡，乃此傳說所致。故僅對土地公抱有深切同情心者，始配祀土地媽。

六、文狀元、武狀元　以土地公的部下左側從祀文狀元（亦稱文判），右側從祀武狀元（武判）者極多。從其姿態看，相當於城隍爺的文判官（如法院的書記官調查人的志行之善惡及壽夭，作成判決文，或檢查紀錄）及武判官（對於已經判明犯罪者，執行其刑）。可能是土地公神務執行上必要的部下（參照第十圖）。

二林庄土地公廟（六八）、埤頭庄福德祠（七〇）、鹿港街景靈宮（七三）、彰化市福德祠（七四）、竹山庄紫南宮（八二）、鹽水街土地公廟（九六）、太保庄福德宮（一一一）。

其三　土地公的傳說

在臺灣的土地公之傳說，大別可分為后土傳說、義僕傳說、除蛇傳說、地方官傳說和其他傳說等。

一、后土傳說

土地公為土地之神，其起源可能是來自中國古代所謂「社稷」之說演變而來的。試看今日臺灣各處墓地的守護神均祀土地公，更可以看到墓旁豎刻有「后土」兩字石碑。㉔此乃可證明守護墓地的土地公即是「后土」的由來。中國古代所謂「社」即是「土神」，「稷」是「穀神」。王者有「社稷」乃為天下求福報功故也。人立於土地之上而食穀，敬土乃必然之事，然土地甚廣，無法普遍崇敬，五穀亦多，不能一一祭祀。於是封土立社，表示有土；稷為五穀之長，故立稷代表五穀，分別祭之。即祭地，復祭社（即土神）或有重複之感，但其意義有異。即「地」載萬物為主要職掌，故唯有天子得祭之，然稱「土」時，其職以穡稼為主，意味著生萬物以養人類，天子至於庶人，依其關係之廣狹，任何人均得祭祀。如此社乃對於稷者，將之直配於天，似有不合，乃將社和地區分舉行祭祀，以求平衡其間之關係。

㉔張汝誠輯《家禮會通》（喪祭考疑十一）有：「問墓前神稱后土何也？曰：句龍治土，有功封為后土之官，按行九州有元龜隨焉。若見其住足，則有風水，今墓上龜背，是其遺跡也。」

「社」為土神，「稷」是穀神，對於此等籠統的抽像神格，為使其具體化，乃配以人格神為事實所需。傳云人格神即被任為「后土」官位的共工氏之子句龍。后土的官名後轉別名為「社」。而由其職務名為土地公，可謂自然之推移！

至於今日墓側建「后土」的石碑之原因，來自孟姜女的傳說，此在中國大陸及臺灣無論男女老幼均家喻戶曉。茲述如後：

秦始皇帝為了築萬里長城，徵用天下壯丁從事工程，時有名韓紀郎的書生，體弱不堪勞役，兼以上有老母且為獨生子，不願被徵用。於是晝藏夜行，苟延偷生，某年五月五日端午節無意間迷入一富豪的庭園，庭園有大樹乃攀登其上。端午人們無論男女均有沐浴雄黃水藥浴的習慣。此時由屋內忽出現一美人，美人不察樹上有人，乃露出雪白肌膚，在大桶內沐浴，浴畢穿衣時，看到桶水面映有人影，始知樹上有男人而大驚。此女乃孟姜女，平素操行端正，因曾在心中對神暗誓：願嫁與看到自己沐浴的人，無論其為何人，故立刻向韓紀郎求婚，得其承諾。

當舉行華燭之典時，因為是富家，請客極多，唯一小雜貨商老翁未被請，老翁怒而密告於官，韓紀郎隨即被捕，新郎新婦僅過三日燕爾之喜而被迫生離，後紀郎役死，埋屍於萬里長城的壁內，其妻子不知，攜帶為夫所製的寒衣，追隨丈夫之後，走上長途旅程尋夫，越過山野，終於艱辛地到達長城城邊，卻聽到其夫已死，連埋葬何處亦不得知。她悲痛欲絕，哀泣不已，其淚水使長城崩壞八百里，暴露無數白骨，她想尋找亡夫的遺骸，但累累白骨無從辨別，甚為困惑。此時卻出現了一老翁教她說：「咬你的右手食指，滴其血，染上血的就是你丈夫的遺骨。」如此照做，終於找到其夫的遺骨。她一邊哭，一邊抱著遺骨傷心的走向回程，但不可思議的白骨竟被眼淚潤濕而生筋肉、皮膚，漸漸近於回生的狀態。奇怪的是途中又出現了那個老翁，勸以抱遺骨旅行非常麻煩，不如裝入麻袋，較為方便，她照其所說行之，結果遺骨卻漸失去皮肉，變回原來的白骨。因此她大為震怒，捉老翁來做守墓人，立於墓地之側，這守墓人乃土地公云。

再附加在臺灣的二、三傳說：

㈠土地公為帝嚳之子「后土」。因可安定土地，稱土地公。祭祀此神，有守護地方、作物豐登，預防惡疫之功能（在新庄街福德祠（二一））。

㈡福德正神為土地之神，亦稱土地公，所謂后土也。為平治水土，授民以福的神，凡鄉村之地必祀之。聞為上古黃帝軒轅氏之裔，周武王六世之祖，堯舜之世作農官的后稷云（在新竹市采田福地（四五））

㈢土地公係秦漢時代張氏，戰時拾集棄屍埋葬祭祀的人，後被信仰為土地的守護神（在蘆竹庄土地公廟（五一））。

二、義僕傳說

㈠中國南天門人，姓名不詳，為義僕。某年土匪蜂起，人皆逃離，此僕獨背負主人而逃。時正冬天，降雪嚴寒，即脫自身衣服，以保護主人，自己卻被凍死。天帝褒賞其義作為土地公（在鹽水街土地公廟（九六））。

㈡距今七百數十年前，在中國有一富豪家，時有一暴官欲奪其財，將其家族悉數殺死，僅餘長女一人。該家有甚為忠實的義僕，憂主家斷絕，為救該女，逃離至安全之地，然到達關門，不幸被捕，暴官令其殺女自保，否則一併處死，義僕承諾而歸，乃斬自己長女之首呈上，如此雖一時得以逃離，但慮將來被發見，乃相偕潛逃至滿洲即東北，北方之野地，時正天寒，夜不能眠，他又脫去自己所著衣服，讓主人之女穿著，而自己卻被凍死。他死後天門立開，乃升天成為土地公。主人之女醒後，見義僕在天，驚問其故，乃將經過一一詳細告之，並勸其回家。女回家後配得良婿，廣積善事（在臺北市和德祀土地公廟（三））。

㈢土地公係周朝人，姓張，名明德。為當時上大夫某之家僕，主人任官在遠方，其愛女日夜思父不已，故張明德為了使他們父女團聚，帶該女起程尋父，然在途中遇大雪，女將凍死，張明德看護無微不至，乃脫衣給女穿，而自己卻凍死。此時天空出現「南天門大仙福德正神」的文字。蓋忠僕也。上大夫感其誠意建廟奉祀神像，並敬奉「福德正神」的匾額。至周武王時贈后土的稱號，後世稱為土地公（參照柴田氏、前列書頁八九五）。

三、除蛇傳說

㈠中國某地住有父子二人，為共同生活的貧苦農夫。不久愛兒先亡，父悲痛不已。此時有神出現，告以今在你面前的就是你的亡兒。不久出現一條美麗的小蛇，他認為此即其亡兒，於是每天餵養，不久長成大蛇，因再無力餵養，乃將其放生原野。不料這大蛇竟然傷物、傷人，無計可施之下，他認為大蛇為自己所養大，故親自予以撲殺之。官民感其德，乃以土地公祭祀（在七堵庄土地公廟（一六））。

㈡昔有經營走賣小雜貨的老翁，一日在途中拾到一個鴨卵，乃讓母雞孵化，結果孵出一條蛇，故飼養之。他行商不在時，其蛇捕食他人之雞鴨，鄉人甚為痛恨，紛向老翁控訴，老翁不得已乃將蛇野放山中，蛇漸漸長大，屢屢危害人畜，皇帝擬派人撲殺，但無人敢應，老翁隨親自撲殺之，因有功遂成為土地公，作土地的司宰者（在莿桐庄土地公廟（一一三））。

㈢土地公原來係以賣餅干為業的人，老夫婦靠此勉強渡日。某日他買了一條小蛇，以賣剩的豆製餅干餵飼，隨著歲月，小蛇長成為大蛇，所賣剩的豆餅干已不足飼養，乃將蛇丟棄山中，其後蛇食人，被害者不少，里人大懼，面無生色。皇帝聞之，宣佈能殺此蛇者願讓與帝位，因此大家紛紛自告奮勇入山撲蛇，但均無功而返。此時賣餅干的老翁聞此消息，認為蛇原為自己所養，自應負殺蛇除害之責，且相信大蛇是自己養大，不會加害他，立即入山向大蛇說：我若殺你，可貴為皇帝，你老老實實地獻上生命吧。蛇感舊恩而自盡。蛇死，皇帝果讓位給他，但他原為經營賤業之身，心中頗不自在，終認為自己不適其任而辭退，僅要求給予「公」的稱號。皇帝允其請，以後被稱為土地公。

四、地方官傳說

㈠往昔中國有一老翁，為溫厚篤實的君子，能盡瘁村事，或救助貧民，或使灌溉稱便，啟發指導農民耕稼，死後，作為農民的神祭祀之（在大甲街福德爺廟（六四））。

㈡一說土地公乃祀陶虞時代堯帝的農務官后稷，教人民稼穡之法，專心致意殖產之事。後人感其德，祭祀之。

㈢為往時的農務官，為地方盡力，教農法，德望高，歿後由城隍爺獎賞其功勞，封為福德正神，作為土地之神而祭祀云。

㈣姓唐，名肅。甘肅省靈州人，約一百年前，農曆二月初二日生，農曆八月十五日卒。此人身體肥胖，死時白髮美髯，有福德的相貌。其生前深諳農、漁之法。並時時救助貧窮人，而財不短失，蓋福德正神的財產為人們而支出者，天必還之，財不盡云（在金山庄福德廟（一二））。

㈤相傳土地公乃距今數千年，農曆二月二日生於中國，農曆八月十五日死亡。人們於每年此兩日祭祀之。土地公生前身體肥胖，有福德之相，深究農法，改良農具，幫助農民，又長於漁業之術，教人民漁獲之法，萬民皆蒙其德惠，所以農、漁業乃有今日之發達。且土地公常救助貧苦的農、漁民，死後身無分文。故後世稱其德，奉為神祀之（在金山庄土地公廟（一四））。

㈥中國大禹之世，各地洪水為災，地化為池沼，住民不能安居，此時其臣樂師（信？），開通河川溝渠，規劃水利，人民乃得免水患之憂，五穀為之豐收，禹王嘉之，賜名「社公」。死後農民慕其德，稱為福德正神。又稱土地百姓神，奉為農家之神（在大甲街福德爺廟（六四））。

㈦距今數千年前，中國洪水氾濫，罹害者多，禹王憂之，廣求治水之法。其臣下張公為治水日夜憂勞而殉職，禹王為了褒其功德永傳後世，令九州造九廟，祭祀張公。因張公保護土地貢獻甚大，故被稱為土地公祀於各地，尤為農民所崇拜。今轉為萬福之神（在大甲街福德祠（六三））。

㈧夏雨大降，洪水為患，當時皇帝大驚，求福德爺獻策。福德爺乃採穿溝排水法，水患乃平云（在楠梓庄福德爺廟（一二一））。

㈨土地公為守護一庄安寧之神，每一街庄均置一員，生前正直無私者，死後會被授此神位云（在壯圍庄神福宮（三九））。

茲示在中國的一例：

韓昌黎為土地神（趙翼著《陔餘叢考》卷三十五、葉二十七）：

今翰林院及吏部所祀土地神，相傳為唐之韓昌黎，不知其所始。按《夷堅志》湖州烏鎮普靜寺本沈約父墓。約官于朝，嘗每歲一歸祭掃，其反也，梁武帝輒遣昭明太子遠迎之。約不自安。遂遷葬其父于金陵，而捨墓為普靜寺。故寺僧祀約為土地神。又《宋史・徐應鑣傳》，臨安太學本岳飛故第，故飛為太學土地神。今翰林吏部之祀昌黎，蓋亦倣此。

五、其他的傳說

㈠太古之世，人尚不知取火時，土地公以人間食物俱備，而無火不能熟食為憾，乃役其老體，攜鐵杖，遍巡各地求火。偶登一高山，手中的鐵杖與岩石相碰撞，發出火花，於是土地公乃知取火之法，遂發明燧石之法。用此法取火行之多年，堅實的鐵杖漸磨損僅剩極短部分而已云。上述故事傳為臺灣的童話（柴田氏、上列書頁九二）。

㈡往者有以賣豆腐為業的老翁，平素信仰神佛，為了避邪氣，經常在神前壇下焚燒銀色花紙。當時皇帝對神佛亦甚信仰，某日帝作夢離開現世，到鬼門關一遊，鬼卒告以欲來此地應先燒銀色紙，並清淨身體後才可。帝甚感為難，問：銀色紙何處有？鬼答：帝之民有以賣豆腐為業之老翁，該人信仰神佛，持有多數銀色紙，可向其索求，淨身再來。帝醒後，如夢所告前往老翁處，見翁先燒銀紙後祈禱神佛。帝隨向其索求銀紙，於祈禱神佛時焚燒。帝見老翁貧困，擬給與金錢為報酬，翁堅持不收。因此，帝約以翁離開現世後，作為其地之主予以祭祀。不數年翁別世，乃依先前之約，以翁為土地公祭祀之。這就是土地公的起源云（在高雄市福德祠（一一五））。

㈢宋太宗某時戰敗逃至關西，藏於廟中。廟祝出迎並準備犒勞，太宗因戰敗之餘憤竟然殺死廟祝，後來太宗登帝位。廟祝每夜入夢，向帝訴冤。太宗懼而以神奉祀之，這就是土地公云（在火燒島福德廟（一二九））。

㈣據說昔時凡有土地之處必有鬼，距今數千年前，土地公生於中國。其人甚勇猛，所至之處，鬼皆遠逃，不敢滯留，後人奉為神，稱土地公云（在金山庄土地公廟（一三））。

㈤明太祖微行途中遇一監生，擬往酒店共飲，但已滿席，僅土地公之桌空著。太祖遂將土地公移於地上，曰：暫時讓位給我，而對飲。嗣後酒店主人將土地公移回桌上，結果是夜夢見土地公說：皇帝命我不得在上座云。今日民家祭祀土地公，將其安置神案之下坐上香供饌，乃因有此種說法之故云（參照《土地神的兩個傳說》昭和九年（西元一九三四年）四月十六日，《臺灣新民報》）。

茲將原典錄之於左：

土地（明仁和郎瑛仁寶著《七修類稿》卷十四、國本類葉二左）：

太祖常微行，遇一監生，同飲於酒家，奈坐已滿。回觀唯有土神之几，太祖遂移神於地曰：「且讓我。」因對飲問生曰：「何處人？」生曰：「重慶。」帝因出對曰：「千里為重，重水、重山、重慶府。」生對：「一人成大，大邦、大國、大明君。」帝甚喜，散後酒主復移土神上坐。是夜，夢神曰：「皇帝命我不可上坐。」方疑之，則聞朝廷召昨日飲酒監生與官矣。然後知太祖焉。故今天下土地多坐於下。

其四　土地公的祭典

一、臺灣現今土地公的崇拜，不屬於道家，不依於佛僧，幾乎為無所屬的狀態。但考察其起源，從祭祀「福德正神」之名牌位觀之，似可歸於儒教。臺灣總督府社寺當局亦如此處理。但臺灣人長期浸染道儒佛三教思想，故雖可歸為儒教，然非絕對純粹者，尤其受道教的影響不少。

二、土地公廟尚備有他物有如日本內地之神籤者。街庄民對某事件之吉凶或身上的安危有疑難問題難決者，請求神明指教時使用之。擲筶所占的籤詩則是。

土地公廟所備的籤詩，因廟而異，似有數類。

其一、自第一首「日出便見風雲散，光明清淨照世間，一向前途通大道，萬事清吉保平安。」開始十首。其二是始自第一首（甲子）「角聲玉弄響，無雪心自寒，勸君休愁慮，合營人馬安。」開始有二十八首。其三自第一首（阴阴阴）「鬼門關上喜無常，鐵船過江遇頭風，久遠冤家相羅網，運數去時災禍殃。」開始有二十九首，等等。

籤詩於三次擲筶而確定後，立即由廟祝領受籤詩，抽籤時應供奉香、燭，有時供茶、金紙之類。土地公廟小而無廟祝者很多，小廟多未備籤詩。

三、臺灣人於參拜神佛時，多攜帶金紙前往，燒於神前，此稱為「燒金」。用於祭祀土地公的金紙，稱為福金或土地公金，在多種金紙之中，係屬小形，長三寸二分，寬三寸左右，約十張，以藺或麻等束之，二帖為千，十千為支（萬）燒用。大型土地公廟為了焚燒金紙，多於廟側設有金爐。又為了避免天災地變，信徒常割竹片的先端夾一帖金紙，豎立若干枝於路旁或畦畔，以求平安。

四、土地公的祭典，屬於舊例祀典之外，由農曆二月到十二月，每月初二日及十六日（特別是農家，係初一日和十五日）作為小祭日，供奉牲醴祀之，稱之為迓福(Ge-hok)，迎福運之意。二月初二日為最初的迓福，故稱頭迓(Thau-ge)，十二月十六日因在一年最後，故稱尾迓(Boe-ge)，商家係每月初二日、十六日都祭祀，但一般人有的於二月初二日、七月初二日、八月十六日、十二月十六日四次予以盛大祭祀，其餘省略不祭。特別是二月初二日俗以該神的誕生日尤盛大祭祀之。

土地公誕生祭自數日前即著手準備，供品的張羅由爐主負責，爐主乃相當於祭典委員長，預先就居住該地方之信徒中以擲筶之法選擇之，到了祭日，廟懸燈結綵，招來道士（司公），供奉三牲㉕、菜碗、糕仔、清茶、誦祝文，信徒各自供饌，在焚燒金紙，燃放爆竹中一律跪拜，祈求各家平安，家運隆盛。祭典畢，區長、保正及其他人士聚集交誼，有時亦演戲酬神。但並不出巡。祭典費用由廟產（土地收益等），或信徒捐出。祝文之範例（五結庄奠安廟（四二））所使用者）如次：

神通浩浩，能解千災之厄；聖德巍巍，降賜百福呈祥。今據大日本帝國宜蘭管下東勢……

㉕三牲乃相對於五牲，五牲係雞（一隻）、鴨（一隻）、豬肉（一隻或大片）魚（一條）、山羊（或以他物品代之）五品，用於玉皇上帝、三官大帝、城隍爺、青山王等大祭典，或冠婚葬祭時，或見於其他有資力者所供奉。三牲乃就前記五牲中取三牲，通常用於土地公、灶君公等小祠之祭。或一般的神明祭祀之用。再者三牲之簡單化者稱為小三牲，雞以雞卵代之，豬肉以豬的小肉片代之，魚以魷魚乾代之。

堡……庄就廟居住，奉道宣經，立疏慶祝上元，祈禱平安植福，爐主……暨合境人等住居梓里，各安生業，荷恩光而巨庇，感聖德以扶持。茲因上元佳景之令節，焚香禱告天地三界神祇爐前，許下祈禱，彌（邇？）年境內人口平安，人物康泰，果遽（邀？）恩光有感，求則必應，特伸是日，仗道抵境，宣誦經文，虔備牲犧禮物，貢化珍財，伏乞采納微禮，俾令合境人等，士農工商守百部，男女老幼樂春風。家家獲福，戶戶添丁。庄里寧靜，境土和平，五谷茂盛，畜物興生，年登大有，世享太平，四時無灾，八節有慶，涓本月…日仗道就廟，宣疏上奉天地三界神祇，註記許還二部仙官，伏維昭格。謹疏以聞。太歲丁巳

年　月　日具文疏九叩上申。

祭文書爐主、頭家之名，其內容為感謝合境的人居住、生業平安，併祈求將來亦男女老幼樂春風，家家獲福，增加人口，庄里安靜，境內和平，五穀茂盛，畜物興生。祭文讀後連同金紙一、、、、、、、、、、併焚化。

另外，向為農家當作援例所行之事，乃於二月初二日將特殊的金紙（福金、土地公金）夾在竹竿，豎立於田園以供奉神明，倣效古春祈之遺俗，稱為春祈福（Tsung-ki-hok），又八月十五日（限於此月於十五日之中秋節為之）奉同樣的紙帛倣古之遺俗秋報稱秋報福（Chhu-po-hok），是為臺灣農村景象之一。《臺灣府誌》卷十三（臺灣經世新報社版頁六一六、六一九）載：

二月二日，各街社里，逐戶鳩金演戲，為當境土地慶壽，張燈結綵，無處不然，名曰春祈福。中秋祭當境土地，張燈演戲，與二月二日同，春祈秋報也。是夜，士子遞篤讌飲賞月，製大月餅，名為中秋餅，硃書元字，擲四紅奪之，取秋闈奪元之兆。山橋野店，歌吹相聞，謂之社戲。

歌吹相聞乃祭祀之時農家餘興的景況。茲引用張汝誠輯《家禮會通》（祀神禮儀）所載的春秋里社鄉社祭及家祭的祝文於次：

春秋里社鄉社祭

（城市鄉村逢春秋二社日，各處祀五土五穀神，以盡春祈秋報之禮，禮稱報賽，俗云做福，輪當首事，潔壇場，具牲醴。先日會首及與祭者齋戒沐浴），設位（五土居中，五穀居西）牲案香案正中。是日聚立，上香鞠躬四拜平身，詣五土神位前（會首）跪，三獻酒，俯伏，興，平身，詣五穀神位前跪，三獻酒，俯伏，興，平身，詣讀祝位跪（會首與眾皆跪）讀祝（跪會首之左）曰：

惟年號某年歲次某某，某月某日　某府某縣某鄉某里某都　圖會首某某等致祭於五土之神、五穀之神曰：惟神參贊造化，發育萬物，凡我庶民寔賴生植，時維仲春（東作方興利，西成在即）謹具牲醴，恭伸祈（祭）告，伏願雨暘時若，五穀豐登，官賦足供，民食充裕，神其鑒知，尚饗。

俯伏，興，平身，復位，鞠躬四拜，平身。焚祝，化紙，辭神，禮畢。

讀抑強扶弱誓曰：「氣我同里，各遵禮法，毋恃強凌弱，毋恃富欺貧，違者共攻之，後呈官。貧乏周濟，疾病扶持，婚姻喪葬，隨力相助，如不從眾及犯奸盜詐偽，一切非為，不許入眾。」讀畢，長幼序齒，盡歡而散，敬神睦民之道也。

次

家祭土地祝文（祭以二月初二、十五、八月十五）

詞曰：維　年　月　日　弟子姓名，敢昭告于本家土地之神曰：

惟茲仲春（秋），歲功伊始（將成），若時昭（報）事（歲暮、改歲、律將更　茲安聲），敢有弗虔，蘋藻雖微，庶將誠意，惟神鑒享，永奠厥居，尚饗。

第五章　關於水之神、媽祖（天上聖母）

天上聖母俗稱媽祖（又稱馬祖），文章亦用封號「天后」。由華中至華南，都熱心尊崇媽祖。在臺灣其崇祀尤極隆盛，全島以媽祖為主神的廟，達三百三十五廟，每年農曆三月二十三日舉行的各地媽祖祭，在臺灣為頗具地方民俗特色的有名行事。

舉「島之歌」（臺灣總督府文教育局發表）一節如左：

在媽祖廟裡焚香，占卜世相會指示什麼？筶冷，啊！迷人的秋天了。（日本和歌）

可以說把臺灣風情適切的歌詠了出來。

媽祖原來為海上的神，海難的神，現在已成為萬能之女神，臺灣人信仰之深厚可謂到達極點。臺灣的媽祖崇敬乃承繼對岸華南的傳統，所以無論如何，不得不先看媽祖在中國的由來與靈驗。

關於媽祖的事蹟有《敕封天上聖母實錄（敕封天后志）》上下二冊、《天后聖母聖蹟圖志全集》全一冊、《林祖雜報》等，惟均尚未入手。本章的推敲多係參照臺灣總督府圖書館所藏《天妃顯聖錄》全一冊、《臺灣北港彰化天上聖母源流因果》（大正六年——西元一九一七年）全一冊。

關於媽祖傳入日本內地的經過，參照宇宿捷氏〈關於媽祖的信仰與薩南片浦家的媽祖〉，《史學》第十五卷第三號。

第一節　在中國的發祥和靈驗

其一　發祥地

媽祖的發祥地是臺灣的對岸——中國福建省興化府莆田縣湄州嶼，一名鯑江，浮在大海中，後方與臺灣相望，前面與賢良港相對。見於《天妃顯聖錄》之記載云：「吾莆之外島有湄州嶼，屹大海中，一孤嶼也。浩浩漭漭，吞吐日月，山崒突以浮青石，嵯峨而映紫。」可以想像到孤島的景色頗有可觀，媽祖的祖廟天后廟建立於此地，香火甚盛云。

其二　傳記

媽祖為莆田縣林氏之女。始祖為唐代林披，披有九男，俱賢。當憲宗時，兄弟九人均官拜州刺史，號九牧林氏。邵州刺史蘊公為其中之一人，六世孫有州牧圉公，其子保吉為五代周顯德年間統軍兵馬使。時有劉崇自立之亂，北漢周世宗命都檢趙匡胤，督戰于高平山，保吉與而有功，後棄官歸隱莆田縣的湄洲嶼。保吉之子孚承襲世勳為福建總管，孚子惟愨為都巡官，惟愨即媽祖之父。

《天妃顯聖錄》中的天妃誕降本傳曰：

> 天妃莆林氏女也。始祖唐林披公生子九，俱賢。當憲宗時，九人各授州刺史，號九牧林氏。曾祖保吉公乃邵州刺史蘊公六世州牧圉公子也，五代周顯德中，為統軍兵馬使，時劉崇自立，為北漢周世宗，命都檢趙匡胤，督戰于高平山，保吉與有功焉，棄官而歸隱于莆之湄洲嶼，子孚，承襲世勳，為福建總管，孚子惟愨，諱愿，為都巡官，即妃父也。

亦有以媽祖作為蔡姓之說。趙翼之《陔餘叢考》第三十五卷天妃條載：「張學禮《使琉球記》又曰：天妃姓蔡，閩海中梅花所人，為父投海身死，後封天妃。」

惟愨娶王氏生一男六女，媽祖為第六女。夫婦暗中行善，施濟為樂，深信觀者大士，父年四旬餘，常念一子之單薄，朝夕焚香祈天，願得哲胤為宗支。歲已未夏六月望日，齋戒慶讚觀音大士，向天禱曰：「我夫婦兢兢自持，修德好施，非敢有妄求，惟冀上天鑒此至誠，早賜佳兒，以光宗祧。」是夜王氏夢見觀音大士告之曰：「爾家世世敦善行，是為上帝之賞。」乃出丸藥示曰：「服之當得慈濟之賜。」既寢，歆歆然如有所感，遂娠。二人私喜曰：「天必賜我賢嗣。」翌年宋太祖建隆元年（西元九六〇年）庚申三月二十三日夕，一道紅光由西北射入室中，晶輝奪目，異香氤氳不散，忽而王氏腹震，生媽祖於寢室，里鄰皆異之。父母以生女大失所望，惟其誕生頗奇，甚愛之。生後經過數月未聞哭聲，因命名為默。

同上書：

娶王氏，生男一，名洪毅，女六，妃其第六乳也。二人陰行善，樂施濟，敬祀觀音大士，父年四旬餘，每念一子單弱，朝夕焚香祝天，願得哲胤為宗支。歲己未年夏六月望日，齋戒，慶讚大士，當空禱拜曰：其（某？）夫婦兢兢自持，修德好施，非敢有妄求，惟冀上天，鑒茲至誠，早錫佳兒，以光宗祧。是夜，王氏夢大士告之曰：爾家世敦善行，上帝式佑。乃出丸藥，示之云：服此當得慈濟之貺。既寤，歆歆然如有所感，遂娠。二人私喜曰：天必錫我賢嗣矣！越次年宋太祖建隆元年庚申三月十三日方夕，見一道紅光，從西北射室中，晶輝奪目，異香氤氳不散，俄而王氏腹震，即誕妃於寢室，里隣咸以為異。父母大失所望，然因其生奇，甚愛之。自始生至彌月，不聞啼聲，因命名曰默。

默娘幼而聰明，不類諸女，甫八歲，從塾師訓讀，悉解文義。十歲餘，喜淨几焚香，誦經禮佛，旦暮未嘗稍懈。婉孌季女，儼然窈窕而有儀型。十三歲時，老道士玄通往來其家，媽祖喜捨之，道士曰：「若具佛性，應得渡入正果。」乃授玄微秘法。媽祖受之，悉悟諸要典。十六歲時，窺井得符，遂靈通變化，驅邪救世，屢顯神異，常駕雲飛渡大海，眾號為通賢靈女，其後十三年成道，白日昇天。時為宋雍熙四年（西元九八七年）丁亥秋九月初九日。

同上書：

幼而聰穎，不類諸女，甫八歲，從塾師，訓讀悉解文義，十餘歲，喜淨几焚香，誦經禮佛，旦暮未嘗少懈，婉孌奇女，儼然窈窕儀型，十三歲時，有老道士玄通者，往來其家，妃樂捨之，道士曰：若具佛性，應得渡入正果，乃授妃玄微秘法，妃受之，悉悟諸要典，十六歲窺井得符，遂靈通變化，驅邪救世，屢顯神異，常駕雲飛渡大海，眾號曰通賢靈女，越十三載，道成，白日飛昇，時宋雍熙四年丁亥秋九月重九日也。

其三　生前靈驗記

有關媽祖的靈驗，生前的神異，昇天後的靈驗等不勝枚舉。茲將最為人所週知者列如左：

一、媽祖少時，與群女遊，照粧於井中，忽見神人捧銅符一雙，擁井而上，有神侍之仙官一班，作迎護狀。諸女見之駭奔，僅后受之而不疑，由此得法力玄通，身雖在室內，精神外遊四方，談吉凶禍福，不可思議地無不奇中。

《天妃顯聖錄》窺井得符：

妃少時，與群女閒遊，照粧于井中，忽見神人捧銅符一雙，擁井而上，有神侍仙官一班，彷彿迎護狀。諸女駭奔，妃受之不疑。少頃，乘虛而化，衆報父母及里鄰，視銅符，果出神授，莫不驚異。自此，符咒徑可避邪，法力日見玄通，常身在室中，神遊方外，談吉凶禍福，靡不奇中。

二、秋九月父與兄渡海北上，時西風正急，狂濤震起。媽祖正在家機織中，忽在機上緊閉眼瞼，瞼色頓變，手持梭，足踏機軸，其狀宛如惟恐失所挾者，怪而急呼之，梭遂掉落。媽祖泣曰：「父親無恙，兄已歿。」少頃報至，果其然。蓋閉睫之間足踏著父之舟，手持梭乃兄之舵。被叫醒時，腳踏機軸故父雖幾溺，仍得獲救，但手持之梭掉，兄遂舵碎舟覆，救獲無及矣。

同上書機上救親：

秋九月，父與兄渡海北上，時西風正急，江上狂濤震起，妃方織，忽于機上閉睫遊神，顏色頓變，手持梭，足踏機軸，狀若有所挾而惟恐失者。母怪急呼之，醒而梭墜，泣曰：「阿父無恙，兄歿矣。」頃而報至，果然。彼時父於怒濤中，倉皇失措，幾溺者屢，隱似有任其舵，與其兄舟相近，無何，其兄之舵摧舟覆，蓋妃當閉睫時，足踏者父之舟，手持者兄舵也。

三、湄洲嶼之西有名門夾之地，岩礁錯雜，舟行甚為危險。一日，風濤之際一商舟渡此，行將失事，哀號求救，旁人無法施救。媽祖乃拋草數根，皆化為大杉，舟人因此得救。風靜後，大木不知去處。

同上書，化草救商：

嶼之西有鄉，曰門夾，當港口出入之衝，𥑮礁錯雜，有商舟渡此，遭風舟衝礁侵（浸？）水，舟人號哀求救，妃曰：𥑮頭商舟將溺，可急拯。眾見風濤震盪，不敢向前，妃乃擲草數根，化成大杉，排駕至前舟，因大木相附，得不沈。少頃風漸平，浪漸息，舟中人相慶，皆以為天助。及閤岸整理舟楫，倏見大木飄流，不知方所，詢鄉人，方知化木附舟，悉神姑再造力。

四、媽祖二十一歲時，莆田大旱，山焦川涸，媽祖依縣尹之請祈雨，結果降雨量多，平地水深竟達三尺。

同書，禱雨濟民：

妃年二十一歲，時莆大旱，山焦川涸，農民告困，通郡父老咸曰：非神姑莫解此厄。縣尹詣妃求禱，妃往祈焉，擬壬子申刻當雨。及期日，己午烈燄麗空，片雲不翳。尹曰：姑殆不足稱神乎，未幾陰霾四起，甘澍飄灑，平地水深三尺，西成反獲有秋。眾社賽日，咸懽呼頂禮，稱神姑功德不可思議。

五、時在宋太宗雍熙四年，媽祖二十九歲，秋九月初八日，媽祖語家人曰：「我心好淨，塵寰無所愛之處，明朝幸當重陽之節，擬獨登高處，因此預先告知。」家人皆以為乃趁秋晴登山，並不介意。至翌晨，媽祖焚香誦經，向諸姊曰：「今日擬登山，以遂平素之願，但路險而遠，深以不能與諸姊同行為憾。」好似無精打采。不知為何事的諸姊，笑慰之，答以只是一日山遊，何需掛心。媽祖乃渡海赴湄洲嶼，登最高處。忽見濃雲橫在山穴，白氣亙天，天樂的妙音響遍空中。媽祖翼風乘靄，油油然翱翔於蒼旻皎日之間，繼而被彩雲所遮而不復見，昇天也。

同上書，湄洲飛昇：

宋太宗雍熙四年丁亥，妃年二十九，秋九月八日，妃語家人曰：心好清靜，塵寰所不樂居，明辰乃重陽日，適有登高之願，預告別期。眾咸以為登臨遠眺，不知其將仙也。次晨焚香演經，偕諸姊以行，謂之曰：今日欲登山遠遊，以暢素懷，道阻且長，諸姊不得同行，傷如之何？諸人笑慰之曰：遊則遊耳，此何足多慮。妃遂徑上湄峰最高處，但見濃雲橫岫，白氣亙天，恍聞空中絲管聲韻，叶宮徵直徹鈞天之奏，乘風翼靄，油油然翱翔于蒼旻皎日間，眾咸欷歔驚嘆。祇見屋虹輝耀，從雲端透出重霄，遨遊而上，懸碧落以排徊，俯視人世，若隱若現，忽彩雲布合，不可復見。嗣後屢皇（呈？）靈異，鄉之人，或見諸山岩水洞之旁，或得之升降趺坐之際，常示夢顯聖，降福于民。里人畏之敬之，相率立祠祀焉，號曰通賢靈女。時僅落落數椽，而祈禱報賽殆無虛日。

以上乃媽祖生前的若干靈驗談，其他揭於《天上聖母源流因果》者有：資民食瀉油生菜❶、渡滄海指席為帆❷、鐵馬代楫渡江❸、收神將演咒施法❹、水族龍子來朝❺、投法繩晏公歸部❻、高里鬼現相投誠❼、逐雙龍春雨止❽、驅二孛南北津通❾、破魔道二嘉伏地❿等諸項，註記於左。

---

❶湄有小嶼在旁流中，后遊其地，適母遺以菜子油，后即傾地，皆抽菜甲，燦然青黃，滿布山塍，至今四時不絕，遂名為菜子嶼（《臺灣天上聖母源流因果》張五）。

❷一日后欲渡海，舟楫不正，舟人難之，后曰：無妨，指草席曰：即此可憑矣！懸之竿，若鳧鷗之出沒，迫狂飈而鼓棹，破巨浪而旋槎，觀者驚為飛渡（同上）。

❸一日渡江無楫，遂策簷前鐵馬，快若奔騰，人駭為青驄，行水上天，馬驟空中，只不見其解鞍嘶秣耳（同上張六）

❹降伏千里眼、順風耳二神故事（見本書頁三四九）。

❺東海多神怪，后命枻中流、風日澄霽，中見水族駢集，龍子鞠恭於前，后敕免朝即退。至今天后誕辰，猶然慶賀，是日，漁者不敢施罟下網（同上張六）。

❻有晏公者，浮海為怪，后先施法力制之，雖仗神威，未能誠服，後又假逞色變龍，興濤滾浪，來犯后舟，后投下繂繩，隨攝隨粘，牢固難解，始懼而伏罪。后囑曰：東溟險阻，你當護民，收部下總管（同上）。

❼高里鄉，突有陰怪為祟，人咸求治於后，符咒貼處如鳥飛遁，后跡其穴掃除，見一團黑氣中，惟鵂鶹小鳥踏空而墜，化為枯髮，焚之即現本相，乃一小鬼也，叩拜投服焉（同上張七）。

綜上而言，媽祖乃生於距今約九百八十年前，為宋時一官吏的女兒，其信仰並非古老，然為何其信仰在民眾之間甚為廣泛，總結而言乃歸於靈驗顯著，即媽祖為民眾信仰的神，所謂媽祖崇拜其實只是靈驗中心的信仰而已。

其四　褒封與昇天後的靈驗

媽祖昇天後屢屢顯現靈異，為莆田縣一帶人民所尊信，里民遂建祠祀之，稱為通賢靈女如前述。依照中國宗教行政的慣例，新神被一地方的人民非常尊信時，由地方官將其靈驗事蹟奏報朝廷，由朝廷賜頒匾額、稱號、或封號，即所謂褒封，此可視為公認其廟的一種形式。媽祖之名聞於朝廷，採取此種形式給予褒封係在其昇天後經一百三十五年的徽宗宣和四年。茲將對於媽祖的

---

❽后二十六歲，自春至夏，霪雨不止，省官奉天子命，所在祈禱，莆人詣請於后，后為邑造福，見白虬奔躍，二龍遊蕩，后畫靈符，鎖住白虬，遽有金甲神人追逐，二龍遁，莆即大霽，秋且告稔，奉旨致幣報功（同上張七）。

❾吉蓼城西有橋跨海，南北通津，忽一日怪風掃地，橋柱盡折，行人病涉焉，后知二孛為祟，遙見黑氣沖霄，即演靈術軀（驅）之，人渡如故（同上張八）。

❿時有二魔，一曰嘉應，一曰嘉佑，或於荒坵中，或於巨浪中為害，或客舟中流，現赤面金裝，當前鼓躍，后化寶舟出沒間，嘉佑舍客舟而就后船，后以咒壓之，遂懼伏，嘉應者從山路犯后，后拂塵靄，任其騰躍，終不越故處，遂悚懼而遁。然魔心未淨，後歲復作，乃得歸正（同上）。

褒封列舉於左。可由褒封的情形，推舉昇天後的靈驗（關於水者為多）。

一、宋代

㈠徽宗宣和四年（西元一一二二年）給事中允迪路（當作「路允迪」）公（奉）使高麗，上奏遇海難時感受神功，賜「順濟」廟額。

㈡高宗紹興二十五年（西元一一五五年）惡疫流行之際，神告藥用清泉所在，惡疫得熄，封為崇福夫人⑪。

㈢同二十六年（西元一一五六年），封靈惠夫人。

㈣同二十七年（西元一一五七年），當討伐流寇劉巨興時，起風浪，使賊備受折磨，加封「靈惠昭應夫人」。

㈤孝宗淳熙十年（西元一一八三年），以助溫、臺兩府勦寇有功，封為「靈慈昭應崇善福利夫人」。

㈥光宗紹熙元年（西元一一九〇年），以救旱的大功褒封進爵為「靈惠妃」⑫。

---

⑪由普通女子得到夫人的地位。

⑫由夫人成為妃。其時的詔書是：「奉天承運皇帝詔曰：「古今崇祀岳瀆，懷柔百神，禮所不廢，至於有功國家裨民社者，報當異數，靈慈福利夫人林氏，靈明丕著，惠澤亶敷，累有禦災捍患之勛，今見救旱恤民之德，參贊既弘，爵寵應尊，茲特進封為靈惠妃，秩視海嶽之崇，典敘春秋之重，尚其服茲徽命，以懋鴻

(七)寧宗慶元四年（西元一一九八年），依齋霖雨之功，加封「助順」⓭。

(八)同六年（西元一二〇〇年），大奚寇賊興亂時⓮，降昏霧，援助官軍有功，朝廷以神妃屢屢顯現勳功，以妃父為「積慶侯」，封「靈感嘉佑侯」，母王氏封為「顯慶婦人」（當作「積慶夫人」），兄封為「靈應仙官神」，姊封為「慈惠加夫人佐神」。

(九)寧宗開禧改元之歲（西元一二〇五年），以破淮甸地方的敵賊有奇功，加封「顯衛」。

(十)同嘉定改元之歲（西元一二〇八年），以神助救旱並擒賊，加封「護國助順嘉應英烈妃」。

(十一)理宗寶祐改元之歲（西元一二五三年），因救興化、泉州兩府饑饉之功，加封「靈惠助順嘉應英烈協正妃」⓯。

(十二)同三年（西元一二五五年），以有神祐，加封「靈惠助順嘉應慈濟妃」。

(十三)同四年（西元一二五六年），因浙江省錢塘堤順利竣工，加封「靈惠協正嘉應善慶妃」。

麻於勿替。欽哉。』」（《天顯聖錄》）。

⓭宋寧宗慶元四月戊午，甌、閩霪潦，民不聊生，禱於神。示夢曰，人多不道，上天困此一方耳，予念若輩恭虔，奏請矜赦。越三日大霽，且錫有秋（前揭《源流因果》張十）。

⓮大奚口作亂，閩師討之，賊勢甚銳，眾請香火以行，得藉神威，返風旋波，擒其渠魁，掃蕩無遺，具奏云云（《源流因果》張十一）。

⓯寶佑改元，興泉旱，饑困弗支，求禱者絡繹，神乃示夢云：若無憂，米即至矣！因又示夢廣商云：興、泉苦饑，速往可倍利，舶集價平，共相怏怏。人語感夢之由，始悟救二郡生靈也（同上張十二）。

㈩當開慶改元（西元一二五九年），以大焚強賊陳長五兄弟之功，進封「顯濟妃」⑯。

二、元代

㈠世祖至元十八年（西元一二八一年），以庇護漕運，封「護國明著天妃」。

㈡同二十六年（西元一二八九年），佑海運加封「顯佑」。

㈢成宗大德三年（西元一二九九年）以庇護漕運，加封「輔聖庇民」。

㈣仁宗延祐元年（西元一三一四年），以救海上暴風之難，加封「廣濟」。

㈤明宗天曆二年（西元一三二九年）以護漕⑰有大功，加封「護國輔聖庇民顯佑廣濟靈感助順福惠徽烈明著天妃」遣官致祭天下各廟。

三、明代

㈠太祖洪武五年（西元一三七二年），以神功顯著，敕封「昭孝純正孚濟感應聖妃」。

㈡成祖永樂七年（西元一四〇九年），以屢屢有神助，加封「護國庇民妙靈照應弘仁普濟天妃」，建廟於都城外，賜題「弘仁普濟天妃之宮」之額。

---

⑯開慶改元己未，賊陳長五兄弟三人，殺掠興、泉、漳三郡。八月，賊三舟入湄島登岸，据廟裸體偃臥，神火燒之，退遁舟中，忽而晦冥，誘之出港，擱淺，憲使王銘，會兵擊之，至福清俘礁，乃神助力之也。詔復加封顯濟（同上）。

⑰《天妃顯聖錄》載文宗天曆二年乃明宗天曆二年之誤，訂正之。（作「文宗天曆二年」亦可。）

㈢宣宗宣德五年（西元一四三〇年）及六月（年？），以出使諸番之際多有神助⓲，派遣太監、京官及府縣官員詣湄洲，行祭典，且修理廟宇。

四、清代

㈠聖祖康熙十九年（西元一六八〇年），將軍萬正色征討廈門，上奏由於神助得到勝利；二十三年（西元一六八四年），敕使汪楫使琉球，因神助得免海難，奏諸春秋之祀典；又將軍施琅上奏澎湖之捷神助甚大，進封「護國庇民妙靈昭應弘仁普濟天后」⓳。

㈡高宗乾隆三年（西元一七三八年），再加封「福祐群生天后」。

㈢同二十二年（西元一七五七年），又再加封「誠感咸孚天后」。

㈣同五十三年（西元一七八八年），舊封號上加「顯神贊順」四字，列入祀典⓴。

㈤仁宗嘉慶五年（西元一八〇〇年），加封「護國庇民妙靈昭應弘仁普濟福祐群生誠感咸孚顯神

⓲宣德五年，欽差太監楊洪等，賚賜物於諸番，一日至中流，見大山橫峙，舍舟登山，以舒沈鬱，見旁一小磯，有女子攜筐採螺，因往觀之，其大山忽不見，大山者巨鰲也。方知神后點悟云（同上張十四）。

⓳於是由妃成為最上級的后。康熙二十二年六月，福建水師提督施琅進兵攻澎湖，為此同年七月，鄭克塽出降，臺灣歸於清領。媽祖進封天后乃臺灣歸於清領的翌年，且征討臺灣獲神助即為進封的有力理由。「康熙二十二年六月內，將軍侯奉令征臺，路過澎湖，萑符竊踞要津，難以經渡，於是振奮大師，連發火炮，恍見神麾旗，率將助戰，遂克其眾，欽差賚御香帛致祭」（《源流因果》張十四）。

⓴是以始列祀典。或等於升格如日本內地的「官幣社」。

贊順垂慈篤祐天后之神」。

㈥同六年（西元一八〇一年），倣追封關帝先代之例，進封天后之父為積慶公，母為積慶夫人。

從以上所述可知媽祖原為一官吏之女，一方面由民眾盛大私祭㉑，後來又由朝廷褒封為「天后」，列入祀典，受國家祭祀的經過。而列入祀典所供奉的神，恰如儒教的諸神，其儀禮全然與儒教無區別㉒。

第二節　臺灣各地媽祖廟之沿革

初為海上之神、海難之神的媽祖，在不知不覺之間昇格為萬能之神，不僅在臺灣各港埠，在街庄林野到處都有廟宇或私人奉拜媽祖。崇敬媽祖的人，無分福建人或廣東人，更不問是否為航海業者，在臺灣，媽祖普遍地受到一般人的尊崇。茲就全島各地的媽祖廟中，神蹟較著名者，探討其廟祀的沿革和靈驗談，以明媽祖信仰在臺灣的現況。

㉑郁永河之《渡海餘記》載：「至今湄洲林氏宗族婦人將赴田者，以其兒置廟中，曰：姑仔（好）看兒去。終日，兒不啼，不飢，不出閾。暮歸，各攜去、蓋神親其宗人也。」（依幣原坦博士之指示引用之）。

㉒媽祖的崇敬由其傳說視之，具有道教色彩，由祭祀的形式觀之，具有儒教性格，由信仰的實質見之，有佛教性質。可作為道、儒、佛三教混淆的一事例。

以下就各州的廟祀和靈驗所記者約五十，以載於臺灣總督府所藏的《寺廟臺帳》者為基本，及由筆者實地調查者（約十五廟），與杉山靖憲氏編《臺灣名勝舊蹟誌》、經世新報社版《臺灣全誌》等補充記載之：

其一　臺北州

一、基隆市　慶安宮　基隆在海邊，居住該地的很多漁民，夙來崇奉媽祖。慶安宮現以媽祖為主神，並奉祀千里眼、順風耳、山神、土地，乃由福建省湄洲分香者。据居住於廟內的何阿枝氏（約六十九歲）所言㉓，當他二十一歲中法戰爭時，法國兵曾來到廟內肆意玩弄千里眼、順風耳的神像，後又搬到附近的哨船頭（今之基隆市內）加以破壞。由於危險未除，是夜媽祖顯身深奧坑庄（今之基隆市內）林氏處托夢；翌日一早，林氏即往該廟運走神像安置另處云。此役廟宇被毀，嗣經修理後奉返。

二、基隆郡金山庄　慈護宮　位於金山庄金包里。嘉慶十四年（西元一八〇九年）創立。本廟以媽祖為主神，並祀關帝、五穀王、水仙尊王、開漳聖王、千里眼、順風耳等。依庄役場（相當於今之鄉公所）簡氏所言㉔祭祀雖僅有媽祖祭和七月中元祭二種而已，但也曾與萬里庄共同迎

㉓昭和八年（西元一九三三年）在基隆市高砂町一丁目（即一段）聽得。

㉔昭和四年（西元一九一九年）訪談時聽得。

請北港媽祖出巡，延烏頭司公（道士）讀經，爐主（祭典委員長）由庄內之人以聖筶決定。此廟媽祖有以下的傳說：該媽祖神像初係於嘉慶年間漂抵野柳，由庄民拾得後建小祠奉祀㉕。由於靈驗顯著，議將廟宇擴建使更加莊嚴，並請示神意；神示不喜其廟建在野柳海邊，希望改建於金包里，惟庄民力有不逮，擱而未行。時有海盜船首領漳州溫燒卿（雲霄鄉？）人朱濆著，挾巨萬之富，常航行沿海；偶聞野柳有靈驗小祠前來參拜，並由庄民處聽到先前神的指示，乃祈禱若自己的祈求能達成，願私費將廟建於金包里，以副神意，結果所求皆應驗，因而投下私費在現址新建一廟宇，由野柳海岸移來神像奉祀，然當時之廟構至小云。

三、海山郡板橋街　慈惠宮　同治十二年（西元一八七三年）三月創立。林本源家的林國芳虔信媽祖，經常視同親母奉伺之。後國芳由新庄（今之新莊街新莊）移居本街時，迎請該地慈裕宮媽祖創立本廟。現媽祖之外，尚奉祀三奶夫人等㉖。二十年前本廟內的錫製第一香爐被竊，然竊犯隨即於天明時分在艋舺（今臺北市內萬華）就逮，香爐亦收回，此事被稱為媽祖的靈驗。又昭和九年（西元一九三四年）該廟發生神前立誓事件。

㉕祭祀順水漂流而至的媽祖神像之例此外尚有：後述香山庄媽祖宮、觀音庄保障宮、新巷（當作「新港」）庄安和宮是。一般稱順水漂流而來的神為「水流公」。神像或者香火遺失輾轉漂流而至，往往予人神秘之感。或許正是這種神秘感，驅使人們建廟奉祀吧！

㉖慈惠宮廟內有「聖神功化」、「慈雲溥濟」、「普庇幽明」、「湄雲遠護」、「惠被東瀛」等匾額。

四、淡水郡淡水街　福佑宮　乾隆五年（西元一七四〇年）八年建立，除了本神媽祖之外，祀十三尊神明。中法戰爭時，孫開華守備當地，法兵一登陸油車口庄（今之淡水街油車口），即予擊退獲得大勝。咸認為此乃神佑，光諸帝賜御題匾額一面。

五、七星郡汐止街　濟德宮　道光二十七年（西元一八四七年）五月建立。媽祖之外，祀保儀大夫。因為當時原住民出沒，又惡疫流行，乃奉祀之。

六、七星郡士林街　慈誠（諴）宮　光緒元年（西元一八七五年）創立。士林街原來是漳州人部落，乃商業之地，為謀商船的出入與商業的繁榮而建廟，由湄洲請香火來。

七、七星郡北投庄　媽祖宮　康熙五十七年（西元一七一八年）創立。距今約二百年前，湄洲人船員蔡其載大媽一尊渡航到北臺灣，寄港關渡。不慎觸到暗礁，船體毀損，所以將所載媽祖像暫時置於附近的大石上，然一旦要遷移，竟盡數人之力亦無法搬動祂。咸認不可思議，乃以聖筶請示神意，結果指示要留在此地，因此，當地林姓者乃協議建廟。自後祈求五穀豐收、無病息災，闔家繁昌者甚多，尤其是船員的信仰頗深。本廟在明治二十八年（西元一八九五年）五月以前，有三棵大榕樹繁茂遮蔽廟宇，但不數日間竟然與落葉同時枯死，眾認不可思議。不久後臺灣即為日軍所佔領，關渡亦遭遇兵燹，咸以先前榕樹的枯死，乃媽祖的警示，於是神靈的靈驗乃傳遍遠近，信仰者增多云。

八、宜蘭郡宜蘭街　照（昭）應宮　嘉慶十三年（西元一八〇六年——當作一八〇八年）四月創立。沿革不詳，但係一古廟。光緒九年（西元一八八三年）左右荷蘭人為征臺來攻時（光緒九年無荷蘭人來攻事），媽祖出現敗走敵人。翌年由皇帝賜「與天同功」匾額。

九、臺北市　慈聖宮　在市內太平町。聖母之外，祀千里眼、順風耳、溫將軍、趙將軍、土地公、觀音。同治五年（西元一八六六年）創立。原在八甲街，神像乃由中國大陸攜來。

其二　新竹州

一〇、新竹市西門　媽祖宮　亦稱內媽祖。媽祖之外，祀順風耳、千里眼、註生娘娘、福德正神等㉗。乾隆十三年（西元一七四八年）為祈求與對岸間來往的商船之安全而創立。建立當時對船舶的往來靈驗顯著㉘，但自北門外的長和宮建成後日漸衰退。（依下文，長和宮創立於乾隆七年，猶早於本宮）。

一一、新竹市北門外　長和宮　相對於西門的內媽祖，稱為外媽祖。所謂外乃新竹城外之意。

㉗昭和八年（西元一九三三年）八月調查。堂宇多用石柱，頗為宏偉，但已荒廢。有「澤遍東瀛」、「與天同功」（上方中央有光緒御筆之寶的璽，太子少保頭頂戴兵部尚書福建巡撫院一等輕車都尉臣李——當作岑——毓英，光緒捌年元月穀旦字樣）、「霖雨蒼生」（同治九年季冬吉、署淡水同知陳培桂敬撰）的匾額。

㉘《淡水廳誌》載：「乾隆十三年同知陳玉友建，四十二年同知王右弼修。五十七年袁秉義捐修，據袁秉義碑記云：廟僧稱為陳護協所建，王司馬修之，捌始何年弗可考。乃集都人士，謀節俸倡修，凡費番鏹三千有奇，襄厥成者，守戒盧植、二尹陳聖增、分司章汝奎、董事邵起彪。」（臺灣終世新報社版頁二七一）

後殿祀觀音佛祖、福德正神、註生娘娘㉙。乾隆七年（西元一七四二年）創立。往日僅於祭祀時開廟門，不作一般崇拜祈禱之用，其功能類似為一商業會議所，乃評斷商戶善惡之處。

一二、新竹郡香山郡　媽祖宮　光緒二年（西元一八七六年）九月創立。同治十一年（西元一八七二年）中國泉州地方瘟疫大為流行時，該地的住民，曾造媽祖神像與神船放流於泉州海，後來該神船漂到香山港來。眾認此為神意，將神像迎至陸上奉祀，結果神驗顯赫，新竹、香山、內湖等地之志願者乃相議建廟。

一三、中壢郡楊梅庄　朝蓮宮　光緒二十年（西元一八九四年）八月建。媽祖之外，祀觀音、保安尊王、城隍、土地公。光緒二年（西元一八七六年）二月，劉萬火因母病危急，迎北港朝天宮媽祖分身，供奉於自家祈禱，不久病癒。以後前來祈求除厄癒病者甚多，劉自為乩童博得信用，並發起建廟。

一四、中壢郡觀音庄　保障宮　光緒十八年（西元一八九二年）創建，祀媽祖、玄天上帝及另外五尊神像。其沿革：道光年間楊兜在海濱拾得媽祖的神像並奉祀於自宅，後漳州人與廣東人分類械鬥時，漳州人祈求於此神，因所謀計策均毫無錯失，順利獲得大勝，人皆驚嘆其靈驗，乃建廟宇。

一五、苗栗郡銅鑼庄　天后宮　本廟創立當時約十年間，對所祭祀媽祖之信仰並不怎麼興盛。

㉙昭和八年（西元一九三三年）八月調查。

咸豐六年（西元一八五六年）某日神像被盜，附近的信徒尋找無著，然有賴某者忽在廟內陷入發狂狀態，甩髮直奔西方數里遠的通霄港，跳上一船，自中國人船客手提箱中取回神像，返廟安置於原來的位置後，不一會兒賴某的精神已回復正常。此間往復約七里的長途路程，賴某竟只以一小時走完。這奇聞傳開後一年間，北自桃園、臺北，南至鳳山，每日均有數千人雲集該廟云。

一六、竹南郡竹南庄　慈裕宮　道光十八年（西元一八三八年）創立。三角店庄陳某誤吞針，又中港街葉氏某（異物）入鼻內，均依祈禱解其難云。其靈驗談立即傳遍各地。

其三　臺中州

一七、臺中市　萬春宮　在市內錦町五丁目。乾隆五十四年（西元一七八九年）創立。因經過市區的重劃，外觀僅似一私宅㉚。與合祀的觀音皆對疾病特別靈驗云。

一八、臺中市　樂成宮　在市內旱溪。乾隆十八年（西元一七五三年）八月建立。似無何靈驗談㉛。

一九、彰化郡鹿港街　舊祖宮　鹿港街為昔時臺灣三大港之一。据云乾隆時代大船尚可自由

㉚昭和九年（西元一九三四年）七月調查。

㉛昭和九年七月調查。臺中市媽祖廟僅有二座。或因臺中市街的成立較晚，除有城隍廟等一、二座外，感覺幾乎無可看者。與鹿港街相反。

碇泊。本廟乃於雍正三年（西元一七二五年）創立，原由一商人迎請湄洲廟祀的神像，歸臺建小祠而開始。乾隆五十一年林爽文之亂時有神助。又載萬生之亂，賊來襲時，見有一著白袍騎白馬之隊伍，由一女將指揮而來，以為是官軍，翌晨不戰而退。靈驗談甚多，特別是為祈求避災之航海業者甚多。雖一度荒廢，目前與市區重劃同時改建，廟管理人為了與北港街朝天宮之繁榮對抗，正努力中㉜。

二〇、鹿港街　新祖宮　乾隆五十七年（西元一七九二年）創立。雖於明治四十年（西元一九〇七年）由辜顯榮氏等人再建，但靈驗及祭祀似遠不及舊祖宮。

二一、彰化市　天后宮　咸豐十年（西元一八六〇年）創建。與祀典宮同為新興彰化市之媽祖廟。

二二、彰化郡南郭庄　南瑤宮　乾隆三年（西元一七三八年）創立。原係斗六魚簝庄陶工楊謙虔信北港媽祖，奉祀其神像於自家為開始。自乾隆十一年內亂時神助巡撫之軍起，屢屢有靈驗。該地原有很多匪賊，掠奪參拜者財物亦常有之，後來匪賊感於威靈，在神前自首悔其罪云。

二三、豐原郡大雅庄　永興宮　道光三十年（西元一八五一年——當作一八五〇年）創建。本廟祭祀的媽祖為原奉祀於大肚街媽祖廟的四媽。這尊神像因為對於治療疾病靈驗顯著，被各方迎請出廟，很少在廟內，然當要大施餓鬼時，廟祝才察覺到神像不知自何時已行方不明。廟祝認

㉜昭和九年（西元一八三四年）八月訪問。一老翁對我手舞足蹈，大談靈驗典故。

為係自己的責任，每日燒香禮拜祈禱。期日漸漸迫近，有居住於彰化的人在新竹發見面熱的四媽在民家，乃到神前告以：不是大肚的四媽嗎？現在當地正為其行方十分著急。因見神像也開始搖動乃更確認，立即抬回大肚。其後迎請至大雅，非常有靈驗，並經以聖筶請示神意，云不欲回大肚，遂奉祀於現址。

二四、員林郡社頭庄　天門宮　乾隆二十年（西元一七五五年）創立。相傳本廟媽祖曾隨從南瑤宮的媽祖要到北港進香，適逢大雨後濁水溪漲水，濁浪漫浸兩岸，無法徒涉，乃擬將神輿抬回，但神輿卻有如膠附地面般抬不動，因而知神意欲繼續前進，當信眾抬著神輿衝進濁水溪後，溪水忽然左右分開，露出路面來，乃得徒涉前進云。

二五、北斗郡埤頭庄　合興宮　乾隆四十五年（西元一七八〇年）二月創立。因參拜鹿港的媽祖路遠，且當年溪水深，乃分香創立。据傳當地小埔心富商陳保全乘船自對岸返臺時遭到暴風被吹流，時陳祈禱並發願若得安全回歸，要奉獻石獅龍柱。果然安全回來，乃實踐其先前之誓言云。

二六、北斗郡二林庄　仁和宮　乾隆年間建立。距今五、六十年前土匪大舉來襲時，四圍村莊悉數被害，獨未發現本庄，得免遭毒手。又明治四十二年（西元一九〇九年）大火之際，連其時之吉田支廳長亦言本廟當已被燒毀，但雖然附近之家屋悉被燒盡，惟獨本廟連絲毫未損，咸認為乃媽祖靈驗云。

二七、北斗郡沙山庄　普天宮　在沙山庄沙山。大約二百數十年前創立。曾有當地番挖庄（今之沙山庄沙山）某人欲遷居，向神請示吉凶，神示為凶卻違反神示逕行遷居，不久夫妻失和，夫與童養媳私通，家運陷貧困云。其後為了祈示遷居、婚姻等的吉凶而參拜者甚多。番挖庄繁榮時參拜者甚眾，現在平素賽者已少。

二八、北斗郡沙山庄　福海宮　在沙山庄王功。嘉慶十六年（西元一八一一年）創立。約五十年前，鹿港街的富商陳某的經理，因商務赴番挖庄途中經過本廟，正想要燒金紙卻為無火種可用時，忽然間廟內生起火焰來，而達成燒金的目的。因深感靈驗顯著，乃與同業相謀加以大修。

二九、南斗（投）郡南投街　配天宮　嘉慶四年（西元一七九九年）建立，亦合祀觀音。經詢廟之由來，答以南投街草創當時，目擊街之背面後壁山山腹屢屢顯現燈火，視之，乃媽祖及觀音二像，人皆感奇異乃建廟。建廟當時，奉所供祀神像的一行十數人，正好渡涉洪水中的平林溪，竟免於被沖走，遠近以為神靈的庇護，賽者眾多。咸豐七年（西元一八五七年）戴萬生之亂時（戴案在同治元年至三年，即西元一八六二年至一八六四年），以少數之兵使其敗走；明治二十九年（西元一八九六年）匪徒騷擾之際，處處遭受兵燹，但奉所供祀神像避難得免災厄。均被宣傳為神佑㉝。

三〇、能高郡埔里街　恒吉宮　同治十年（西元一八七一年）六月建立，建立當時參拜者不

㉝配天宮內有如下的二聯：「德澤咸施奠安海澨；恩波廣播覆披山陬。」、「佩享神祠同聖女；天生后德繼媧皇。」

多。光緒三年（西元一八七七年）左右，流經埔里社北方的眉溪流水涸竭，灌溉用水缺乏，有關的農民一同參拜本廟祈求，結果功效顯著，水量增加，為了謝恩而舉行祭典。

三一、東勢郡新社庄　媽祖宮　距今一百餘年前，彭財振為開墾當地，自北港街迎祀媽祖令旗，得免受原住民之侵害。後更迎請神像在信徒之家輪流奉祀，遂計劃建廟。

其四　臺南州

三二、臺南市臺町　大天后宮　媽祖之外，祀千里眼、順風耳、海龍王（左祠）、水仙王（右祠）[34]。康熙二十二年（西元一六八三年），靖海侯施琅率舟師東來，入安平鹿耳門時，見到神兵前導，乃奏請奉祀媽祖，於同二十三年投巨資建廟。康熙六十年（西元一七二一年）朱一貴之亂時，清軍進鹿耳門之際，水漲數尺，舟師得以安然進入，七日而克復，亦以為神靈顯應所賜，雍正四年賜「神昭海表」的匾額[35]。

三三、臺南市舊名安原（原文如此）天后宮　康熙七年（西元一六六八年）創立。原為鄭成功渡臺時，由湄洲迎奉前來，成功信仰頗深。一說北港及臺南之廟乃攜本廟的香灰前往供奉者。今日已無昔日之面貌。

---

[34] 門的石柱以篆體刻對聯曰：「古昔湄洲昭聖蹟；即今寰宇付慈雲。」中央懸「海國同春」匾額。

[35] 各地的媽祖廟以懸此四字之匾為常，乃基於此。

此外，臺南市內有溫陵媽祖、銀同祖[36]廟、朝興宮等，令人緬懷昔日的港街、島都。

三四、新化郡善化庄　天后宮　咸豐年間創立。據傳距今一百數十年前神曾顯聖一次，當時神轎之上顯現神體，抬神轎者一點也不覺得困難，雖到海水深處，仍深不過膝，誠有靈驗云。

三五、新化郡善化庄　慶安官　嘉慶十五年（西元一八〇七年——應為一八一〇年）創立。往時因大地震本廟倒壞，再建窘於無材料可用時，適降大雨，由上流漂到適當材料，助加速再建云。

三六、新營郡後壁庄　媽祖廟　道光年間創立。往昔一群匪賊擬襲擊本協庄（今後壁庄本協），結果發見庄內有多數戰兵，心懼退去。明治二十八年（西元一八九五年），匪賊黃明欲攻本協庄，誤以為庄內有多數戰兵而退卻，以上諸事咸認為媽祖所為云。

三七、新營郡白河庄　福安宮　康熙末年創立。客庄內庄（今之白河庄客庄內）富豪吳志高為救被載萬生賊軍包圍的嘉義城時，媽祖出動神將神兵援吳，賊乃不戰而退。道光末年臺灣發生大地震時，媽祖藉乩童乩示預為防備，致店子口街（今之白河庄白河）未受重大損害。光緒十年（西元一八八四年），當地流行惡疫時，請示於聖母，承示乃邪神作祟，應祭祀出巡街庄繞境，遵示實行惡疫乃得完全絕跡。

---

[36] 銀同為中國的地名（即同安縣）。對於湄洲系統的媽祖稱為湄洲媽；銀同系的媽祖稱為同安媽。似成為一種派別。

三八、嘉義市東門町　協安宮　聞約一百數十年前創立，其年月不詳。明治三十九年（西元一九〇六年）因地震倒壞，時有顏統其人，祈求幸福，購買彩券，中獎二萬圓，故以一千五、六百元，獨力改建云。

三九、嘉義郡新巷（港）庄　安和宮　嘉慶年間創立。嘉義年間牛稠溪漲水，當民眾正為此所苦時，見溪岸有一根木材漂到，夜放光明，庄民感覺奇異，又和木材一齊流來一個木像，似為媽祖的從神，乃以該木材雕刻媽祖像，並由居民醵金，在溪畔建堂宇奉祀之。

四〇、虎尾郡西螺街　福天宮　七十年前有廖姓（紅）與李姓（白）的分類械鬥，稱為紅白旗之亂。其時庄民悉數外逃，惟當賊人擬奪神轎時，卻由四方傳來呼喊聲，又見天候變為陰闇，賊知為神意，乃中止。又是亂發生時，庄民迷惑於究應就紅或白，不得已至廟以聖筶請示，結果筶不示表裡而直立。乃知神意應就勝方云。

四一、虎尾郡二崙庄　三媽廟　乾隆十四年（西元一七四九年）十月創立。約二百年前惡疫猖獗，雖住民煞費苦心，但終歸徒勞，因認為唯有倚賴神力別無他途，乃使董事到西螺街福興宮祈禱。結果有靈驗，疾病絕跡，其年冬季奉迎媽祖祭祀，是夜神示建廟遷祀，乃於翌年創立廟宇。

四二、虎尾郡崙背庄　順天宮　百餘年前，連續歉收數年，人民因憊不堪。偶有持來北港媽祖的香火奉祀者，庄民乃祈求依靠神力，結果顯現靈驗，乃雕奉神像安置李新哲家，後連續豐年，庄民感其靈驗而建廟。

四三、虎尾郡崙背庄　洪（拱）範宮　乾隆五十餘年創建。昔麥蓉庄（今之崙背庄麥蓉）附近遭土匪攻擊，傳聞因媽祖著白衣、跨神馬率兵出陣，土匪狼狽逃走。乾隆五十三年（西元一七八八年），海豐港（今之虎尾郡海口庄內）遭潮浪侵擊，全庄流失，僅媽祖廟未被損害。附近居民奇之，乃與麥蓉庄民協議在虎尾溪南岸建一宇，遷祀媽祖。

四四、斗六郡斗六街　北天宮　在斗六街大崙。距今約七十年前建立。廟落成之日，奉迎媽祖出巡途中，一隻斑鳩飛至神輿之上，出巡行列中有一人捕之放在媽祖懷中，鳩遂不見，大家覺得不可思議，後稱之為斑鳩媽。

四五、北港郡北港街　朝天宮　北港乃荷蘭人所謂 Von Pomkan 之地。廟內近五百坪，廟宇規模宏莊，門壁或柱梁粉彩丹碧有如密畫。頭門顏曰：「朝天宮」，刻雙龍之石柱㊲，更使廟前顯

㊲茲舉朝天宮內的壁書若干於下：右壁「若迺岷粘（精？）垂曜于東井，湯候（陽侯）遯形乎大波，奇相得道而宅神，迺協靈爽於湘娥。駭黃龍之負舟，識伯禹之仰嗟，壯荊飛之禽蚊（蛟），終威靈（成氣）乎太阿，悍要離之圖慶，在中海（流）而推戈。右題北港天后廟晉江林翀鶴董事蔡倍（培）東敬立」左壁：「咨五才之並用，賓（實）水德之靈長，惟岷（山）之導江，初發源乎濫觴，聿經始於洛沬，攏萬川乎已（巴）梁，衝巫峽以迅激，躋江津而起漲，極泓量而海運，狀滔天以淼茫，總括漢泗兼包淮湘。晉江林翀鶴、董事蔡培東敬立。」其他：「宋代神靈播，湄洲聖蹟（迹）彰，至今滄海上，無處不馨香。咸豐二年春莊俊元題。」、「德大方稱母，封隆特配天，熈（熙）朝祀典重，何事採夷堅。晉江莊俊元敬題。」、「浩浩蒼茫天外迤，日出扶桑光陸離，惟神靈分（兮？）來止止，東瀛不異州之湄。海島自成一世界，洪濤瀾汗安無

得恢宏盛觀。康熙三十三年（西元一六九四年），僧樹壁（璧），奉湄洲的媽祖來到此地時，不過茅舍小廟而已，但賽者漸次增加，香火晝夜不絕。雍正八年（西元一七三〇年）改建廟宇以來，屢屢重修，終至呈顯今日之盛現。本廟所供奉的神甚多。正殿奉祀鎮殿媽外，祀分身媽祖十尊（祖媽、二媽、副二媽、三媽、副三媽、四媽、五媽、六媽、糖郊媽、太平媽），千里眼、順風耳、（參照第十一圖），西廂祀土地公、境主公，東廂祀註生娘娘，西畔（文昌祠）祀文昌帝君、五文昌，東畔祀三界公，後殿祀觀音、善才、良女、十八羅漢，聖父母殿奉祀媽祖的父母兄姐之神位。

光緒十三年（西元一八八七年）三月嘉義地方大旱時，迎媽祖祈求神靈庇護，大雨沛然而至。戴萬生之亂，賊圍嘉義城，以餘兵來寇北港的情報屢至㊳，人人大驚，遂請示朝天宮的神意，神示「戰吉矣！」乃得決議築壘為堡，引溪為濠，鄉民一致團結，誓拒賊軍。賊迫至，見有金精大將軍、水精大將軍神旗二旒飜於溪岸，不戰而退，其後雖屢來襲，終不捷，轉襲新街庄（今之北港街新街），港民救之，賊又敗走。此役賊兵戰死數百人，我方死傷僅二十餘人。賊言，港民所到

危，我后能蘇萬性（姓）困，雲中閃閃飄旌麾。辛亥季（桂）秋月晉江曾遒敬撰並書，臺南廳蕭壟社（庄）黃深淵、山仔頂休阮（林阮）金同（仝）敬立。」、「鯤身鹿耳東復東，巍巍廟貌何壯雄，后之神佑大無外，舳艫萬里乘長風，波平浪靜悉神力，彌綸八荒無不同，敬溯莆湯（陽）發祥地，累廟祀典常褒崇。辛亥季（桂）秋月晉江曾遒敬撰並書，嘉義廳山仔頂徐杰夫、光（尖）山庄蔡媽斷同（仝）敬立。」等等（昭和八年——西元一九三三年）調查。

㊳此靈驗談，其詳在《雲林采訪冊》云。

第十一圖　媽祖（鎮殿媽、分身媽祖）千里眼、順風耳諸像（臺南州北港街朝天宮正殿）

之處常見黑旗飄揚，疑乃神軍，遠近傳聞，以後信仰朝天宮者益多。同治元年（西元一八六二年），五穀不稔，朝天宮之祭祀簡薄。二月二十八日，媽祖親自出駕，過僅容一肩的暗街仔，到當時有名望的蔡水木家，留「清醮」二字而去。人人以為所謂「清醮」乃奉行隆重的祭祀即可救歉年之神意，因而進行更盛大的祭祀，果有感應，轉為豐年云。其他存在於口碑的奇蹟甚多。明治四十五年（西元一九一二年）改建以來名聲更盛，全島不問閩粵、貧富、老幼，均崇拜之。現信徒向心力為全島數千寺廟中的第一位。年定期祭祀日蝟集者有三十萬人，摩肩擦踵，滿街人山人海㊴。

其五　高雄州

四六、高雄市旗後　天后宮　康熙二十二年（？）（西元一六八三年）創立；媽祖之外，祀池、吳、李三王爺。是年漁民李奇等七人，在海上從事漁業中遇到暴風船破漂流，幸

㊴參照拙稿〈遊歷臺灣的寺廟〉《南瀛佛教》第十卷第七號（昭和七年——西元一九三二年——八月號）

而漂至打狗旗後岸邊。諸人獲救大喜，將奉祀於破船中的聖母移至陸上廟祀，後信徒漸漸增加。康熙三十年（西元一六九一年），經貿易業者發起，向旗後一般住民醵集捐款改建。

四七、鳳山郡林園庄　鳳芸宮　嘉慶二十二年（西元一八一七年）創立。相傳有漁夫等出海，入夜方向不明，船無法前行時，忽然得一光導正航路歸港，以此光乃媽祖所發，故為漁業者所虔敬信仰，但近時已無往昔之盛況。

四八、岡山郡楠梓庄　楠和宮　嘉慶二十二年（西元一八一七年）創立。聞本宮神像與北港及臺南神像乃分割一樹所雕云。距今約一百二十年前，楠梓的木材商曾遭回祿，失火三日前媽祖曾向該商警告三日內有火災，但無人了解其意。又四十多年前，中國兵住宿於該廟時，神告知曰：數日內有凶事應注意，果然數日後土匪蜂起，士兵及人民數人被殺害。

四九、屏東郡里港庄　雙慈宮　乾隆四十七年（西元一七八二年）創立。昔湄洲人某，攜帶湄洲媽祖的香火來往阿里港街（今之里港庄里港），死時，將香火懸掛於竹叢中，結果每夜出現一對燈火，人們檢視時，發見書媽祖字樣的香灰袋，乃拾而奉祀之。後靈驗顯著，信徒漸漸增加，於是建立本廟。

五〇、東港郡新園庄　新惠宮　道光二十二年（西元一八四二年）創立。初庄民某宅有媽祖神像，偶因旱魃連續，庄民向其乞雨，結果立見顯靈，又惡疫流行之際，亦有靈驗，庄民德之，於是建立本廟。

第三節　媽祖崇敬的各種形態

其一　臺灣海峽與媽祖崇敬

臺灣的市、街，到處有媽祖廟，亦有從祀或配祀媽祖的廟。又各民家供奉香火者亦多。媽祖信仰在臺灣特別興盛的理由，首先必預提到臺灣海峽。

康熙二十二年（西元一六八三年）七月，臺灣歸於清國領有。在所謂「好臺灣」或「好東都」美名之下，大大的吸引了移民，就中，滔滔雲集而來者，乃泉州、漳州的閩族（福建人），及惠州、潮州的粵族（廣東人）。當這些移民渡臺時，必須經過臺灣海峽。臺灣海峽是：一、古來航海的難關，風浪險惡，這一點以今日的氣象學亦可證實[40]。二、即使在日治之後自大正元年（西元一九一二年）至六年間，遭遇海盜被害者有四十七次，由此可以察知以前海盜橫行的狀況。三、造船術尚屬幼稚，航海術尚未發達的當時，稱為艱途確為事實。在康熙初年以後的清領時代，在此海峽附近中外大小的船舶遇難之例極多[41]。此時能夠保障海上安全者為何？除了依賴平日崇敬的海

[40] 臺灣、巴士兩海峽為恐怖的暴風發生地，古來漢人呼之謂颱風。歐美人的所謂 Typhoon 一語應乃由此而來，颱風與季節風、貿易風為完全不同性質的回旋風。

上守護神天上聖母，即媽祖的庇祐外無他。郁永河的《海上紀略》[42]載：

> 海神惟媽祖最靈，即古天妃神也。凡海舶危難，有禱必應，多有目覩神兵維持，或神親至救援者，靈異之蹟不可枚舉。洋中風雨晦暝，夜黑如墨，每於檣端現神燈示祐，又有船中忽出爝火如燈火，升檣而滅者，舟師謂是媽祖火，去必遭覆敗，無不奇驗。船中例設媽祖棍，凡值大魚水怪欲近船，則以媽祖棍連擊船舷，即遁去。相傳神為莆邑湄洲東螺村林氏女。

即述此也。趙翼的《陔餘叢考》（卷三十五天妃條）提到了幾則行走臺海航者特別崇敬媽祖的故事：

> 成化[43]間給事中陳詢，奉命往日本，至大洋風雨作，將覆舟，有二紅燈，自天而下，遂得泊于島，若有人告曰：吾輩為天妃所遣也。又嘉靖中[44]給事中陳侃，奉使封琉球，遇風將覆，舉舡大呼天妃，亦見火光燭船，船即少寧，明日有粉蝶，飛繞舟不去，黃雀立柁樓，食米，頃刻風起舟行如飛，曉至閩，午入浙之定海（俱見《七修類稿》）。吾鄉陸廣霖進士

---

[41] 伊能嘉矩氏《臺灣文化志》中卷頁九〇〇以下有詳細的記載。

[42] 收於《小方壺齋輿地叢鈔》第九帙本。

[43] 明憲宗年號。

[44] 明世宗年號。

云：臺灣往來，神跡尤著，土人呼神為媽祖，倘遇風浪危急，呼媽祖，則神披髮而來，其效立應，若呼天妃則神必冠帔而至，恐稽時刻。媽祖云者，蓋閩人在母家之稱也。

乃記在臺灣近海之靈異也。

今就文獻檢康熙、乾隆年間，在臺灣海峽有關媽祖的靈驗記一、二：

康熙二十二年（西元一六八三年），水師提督施琅討鄭氏克之，以其風波靜穩，兵勇輜重均得安，乃為媽祖的神佑靈驗所致，上諸加封天妃疏[45]曰：

（上略）康熙二十二年六月十六、二十二日等日，臣在澎湖破敵，將士咸謂恍見天妃如在其上，如在其左右，而平海之人俱見天妃神像，是日衣袍透濕，與其左右二神將兩手起袍（泡？），觀者如市，知為天妃之助戰致然也。又先月於六月十八日夜，臣標署左營千總劉春夢天妃告之曰：二十一日必得澎湖克捷。七月初旬內，臺灣遂傾島投誠，其應如響（下略）云。

乾隆五十一年（西元一七八六年）臺灣有林爽文的大亂。於是翌五十二年將軍福康安率巴（脫「圖」字）魯侍衛及楚、蜀、黔的大兵來伐，由鹿仔港（今之臺中鹿港街）登陸，經三個月而平

---

[45] 參照杉山靖憲氏編《臺灣名勝舊蹟志》頁六九八。

定。康安（當作「福康安」）以海波靜穩，兵勇輜重均得平安乃憑依媽祖的庇護靈驗，奏請在上陸地點鹿仔港建天后宮奉祀媽祖。鹿港街的勅封天后宮碑記曰㊻：

臺灣僻處海東，自康熙壬戌（當作「甲子」）隸入版圖，商賈貿易，橫洋來往，咸賴神庥佑濟。乾隆五十一年冬，逆匪林爽文作亂，滋蔓鴟張，我皇上特命協辦大學士嘉勇公福康安為將軍，統帥巴（脫「圖」字）魯侍衛數百員，勁旅十餘萬，於五十二年十月杪，由崇武放洋，時際北風盛發，洪波浩湧，三軍聯檣數百艘，漫海東來，一日齊登鹿仔港口岸，繼而糧餉軍裝，分馳文報，舳艫羅織，均保無虞。維時嘉義一帶，匪徒猖獗，突聞貔貅數萬，錙重千艘，如期並集，群醜寒心，知有神助，故軍威大振，所向披靡，剋日擒渠燬巢，收復全臺。雖曰將士用命，凡此亦皆仰賴天后昭明有赫，護國庇民之功，威靈顯著者也。將軍奉天子命崇德報效，就鹿擇地，建造廟宇以奉祀焉（下略）。

由於橫渡臺灣海峽殊非易事，因此聖母在臺灣特別受到崇敬。臺灣濱海的街上（蘇澳、羅東、宜蘭、基隆、淡水，士林、金山、大甲、鹿港、北港、臺南、高雄、東港等等）必定建有聖母廟。在《臺灣縣誌》中亦見到與上列同樣的傳說及靈驗，故作為參考引用之。

㊻參照杉山氏，前揭書頁四四七。

后林姓，興化莆田人，父名愿，五代時官都巡檢，母王氏，以宋太祖建隆元年庚申三月二十三日，產后於莆田之湄洲嶼，方誕，紅光滿室，異氣氤氳，生彌月不聞啼聲，故名默娘。八歲就塾，讀書輒解奧義，喜焚香禮佛，十三歲得道典秘法，年十六觀井得符，能布席海上濟人。雍熙四年丁亥秋九月九日昇化，或云二月十九日，年二十有八。是後常衣朱衣，乘雲遊島嶼間，里人祠之，有禱輒應。宣和間賜順濟廟號，自是訖明，屢徵靈蹟，嘉靖中編入祀典，以後疊加徽號。國朝康熙十九年，總督姚啟聖、巡撫吳興祚，以蕩平海島，神靈顯應，奏准敕封。二十二年我師征澎湖，恍有神兵導引，及屯兵媽宮澳，靖海侯施郎謁廟，見神衣袍半濕，臉汗未乾，始悟實邀神助，又澳中井泉，只可供數百口，是日駐師萬人，泉暴湧不竭，及琅率船師入鹿耳門，復見神兵前導，海潮驟漲，表上其異，特遣禮部致祭，敕建神祠於原籍，紀功加封天后。五十九年編入祀典。雍正四年御賜神昭海表額於今廟（臺南天后宮），十一年賜錫福安瀾扁（匾），今江海各省，一體奉祠致祭。后英靈溥濟，呼吸感通，不可思議，沿海船戶，俱各虔供香火，倘有危難，輒呼媽祖，洋中風雨晦冥，慘黑如墨，往往于檣端見燈示祐，船必無恙，今莆田林氏族中婦人飼子者，將往田園或採捕，以其兒置廟中，祝曰姑好看兒去。竟日，兒不啼不餓不出閾，暮各負以歸，蓋神之篤厚宗人，又如此。（《臺灣縣誌》、卷三二頁一四二）

其二　媽祖的傳承與靈驗

考天妃信仰的起源，自古中國有水神天妃的信仰，或後來忘卻了其原始信仰，同時在後世道教的影響之下，融合於其他神仙故事的靈驗談之中而具有現在的「人間崇拜」型態[47]。在臺灣的崇拜，完全是屬於人的崇拜。

前說可稱為聖母正傳者，本身即已具有濃厚的神仙故事色彩。臺灣人多認為聖母為漁夫之女。其崇拜乃以靈驗為中心，缺少教義的宣揚，所以流布於民間的傳說多少有訛傳乃不可避免之事。

在臺北州的特異傳說如左：

一、媽祖為中國福建省湄洲人，姓林，名甜奴，十八歲時，不願出嫁而作食菜人云云。機織之際神遊奮力救助父兄其說相同，所不同的是將狀況告訴其母後繼續在機上睡眠，未醒而化身云云（臺北州士林庄）。

二、清順治年間皇帝舟遊之際，忽起暴風，御坐之船行時遇難時，一婦人上船，結果風浪靜穩。皇帝以為媽祖神助，尊稱為天上聖母云（臺北州淡水郡八里庄）。

---

[47] 趙翼在其《陔餘叢考》卷三十五天妃條載：「蓋水為陰類，其象維女，地媼配天，則曰后，水陰次之，則曰妃，天妃之名即謂水神之本號耳，林氏女之說不必泥也。」（參照伊能嘉矩氏《臺灣文化志》中卷、頁四〇一）

三、類前者尚有一說。曰：順治帝討伐逆賊時（可能是指與明朝作戰時），敵人奉媽祖神像於陣頭進軍，因對神像加以惡罵，結果自天之一偶捲起黑雲，俄頃風浪轉急，我方兵船沉沒者甚多。此時皇帝仰天，發見媽祖神像，大驚，發誓日後以天上聖母祭祀，才使風浪平靜（臺北市大稻埕）。

四、昔時有一孝女。家貧甚，其母久病不癒。某日其母欲食豬肉，但無錢購買，天性至孝的女兒雖百方設法，但無計可施，遂割自己的肉，供給母親。其後女入山成為木乃伊，時人乃尊崇為神云（臺北州金山庄）。然這故事與其他節孝事蹟混淆，或為談者錯想所致（參照柴田氏、前列書頁六八）。

五、臺灣人中亦有稱媽祖為佛者。咸豐元年七月，署臺澎水陸總兵官的恆裕奉獻懸掛在臺南大天后宮前殿中央的匾額題「真真活佛」四字。上官既有佛的觀念，下民混稱乃屬當然的事（片岡巖氏《臺灣風俗誌》頁一〇二七）。

在臺灣媽祖的靈驗一如前述不勝枚舉。第一、臺灣海峽風浪險惡，船隻屢屢遇難。戎克船（中國的平民帆船）必祀媽祖，靠船的海港河岸，必面對港口建廟。媽祖救助海難的靈驗談頗多[48]第二、航海業者、貿易業者以及一般商業者奉媽祖為事業的守護神祭祀[49]。第三、臺灣原稱三年小反，五年大亂，居民被朱一貴、林爽文、戴萬生等內亂[50]及分類械鬥[51]所折磨，同時亦不斷地遭

[48] 例如：埤頭庄合興宮（二五）、高雄市旗後天后宮（四六）、林園庄鳳芸宮（四七）等。

[49] 例如：士林街慈誠（誠）宮（六）、新竹市內媽祖宮及外媽祖宮（一〇、一一）、鹿港街舊祖宮（一九）等。

受到獵頭殺人的原住民的威脅[52]，有時荷蘭人、法國兵亦入侵[53]。對於這些內亂外患，媽祖的靈威和靈驗被傳述者極多。第四、臺灣以氣候風土險惡的瘴癘之地聞名於世，居民欠缺醫療機構，惡疫流行之際，不得不期待神助[54]。因住民以為疾病俱乃惡靈之所為。第五、臺灣的河川，因山地占全島面積的四分之三，一般來說甚短，容易氾濫或涸竭。溪流的氾濫及連續的旱天，一般均釀成凶歉，由而所傳之水神媽祖的靈驗不少[55]。第六、一些廟相傳盜犯忽然被發現[56]。

以上所述乃將前章約五十廟的靈驗談略作整理而已，媽祖原為海上保護神，今日以超越了專門、分工的效應，成為萬能之神，無論除疫、消災、加福、祈雨、求子、無往不利。稱媽祖信仰

[50]例如：鹿港街舊祖宮（一九）、南郭庄南瑤宮（二二）、二林庄仁和宮（二六）、南投街配天宮（二九）、臺南市大天后宮（三二）、後壁庄媽祖廟（三六）、白河庄福安宮（三七）、崙背庄洪（拱？）範宮（四三）、北港街朝天宮（四五）等。

[51]例如：觀音庄保障宮（一四）、西螺街福天宮（四〇）等。

[52]例如：汐止街濟德宮（五）、新社庄媽祖宮（八一）等。

[53]例如：基隆市慶安宮（一）、淡水街福佑宮（四）等。

[54]例如：汐止街濟德宮（五）、楊梅庄朝蓮宮（一三）、竹南庄慈裕宮（一六）、臺中市萬春宮（一七）、新園庄新惠宮（五〇）、白河庄福安宮（三七）、二崙庄三媽祖廟（四一）等。

[55]例如：北投庄媽祖宮（七）、社頭庄天門宮（二四）、南投街配天宮（二九）、埔里街恆吉宮（三〇）、新圓（園）庄新惠宮（五〇）、善化庄天后宮（三四）、崙背庄順天宮（四二）、北港街朝天宮（四五）等。

[56]例如：板橋街慈惠宮（三）、銅羅（鑼）庄天后宮（一五）、大雅庄永興宮（二三）等。

早已滲透島民的血脈裡並不為過，如以下之例：

・墻角壁後等處易被大小便所污。內地人（指日本人）如欲禁之，必明確表示不可在此糞尿，然臺灣人則書如次之文字貼於壁上：「媽祖在此處，放尿者必夭死。」（片岡巖氏《臺灣風俗誌》頁一〇五二）。

・昭和九年（西元一九三四年）六月二十四的《臺灣日日新報》報導如次：「基隆郡瑞芳庄為了吸引遊客到庄內焿子寮二沙灣海水浴場，擴充由基隆、八斗子方面來的道路，更要建設在浴場後山山腹的洞窟蓬萊洞為休息所。工程進行中，最近在洞窟內一丈左右處發見用樺木雕的高一尺、寬五寸的媽祖像。立即請專家鑑定結果，判定為距今一百五十年前之物，埋於地下八十年，可能是中法戰爭之際，居民避難於該洞窟而忘記帶回。地方有力人士乃擱該像設立祭壇，結果聽到傳聞的善男信女前來參拜者絡繹不絕，遠自基隆、宜蘭方面，日有三、四百人的參拜者蜂擁而來，小寒村呈現出平時難得一見的熱鬧。庄役場遇到此盛況而大喜，擬出海水浴場及媽祖參拜一石二鳥的計策，將建立廟宇，目下正計劃中」。然同年七月十日該新報又報導此事已判明為騙局，云：「前報由瑞芳庄發見的有關媽祖神像事件，其後經郡警察課調查結果，判明係該庄助役某的陰謀，雖辯稱出自繁榮村莊之策而為，並無他意，實際上係在該海水浴場附近持有田地，為期地價增值之目的，將新神像密埋於蓬寮洞內，欺騙他人為偶然發見，且強迫基隆的中國人雕刻師書寫一百五十年前之物的鑑定書，並為了蒙蔽他人之目光立即上彩奉祭。當順利瞞過社會，甚可將演出建廟的大戲時，為高等係（日據時期特務警察）所探知，乃露出醜態。警察課認為身為一庄的助役作如此欺騙的事殊屬不該，至為憤慨，但顧及該人的身分，只給予嚴重警告的處分。」

• 昭和九年（西元一九三四年）七月二十五日，《臺灣日日新報》在「經過神明許可而盜金帽」的標題之下報導如下：基隆郡雙溪庄魚行字內厝五一號簡松江（五五歲）係前科九犯的慣竊，半生在臺北刑務所渡過。昭和八年（西元一九三三年）十月剛出獄，但以本年七月四日竊取安奉在基隆郡貢寮庄田寮港外澳二九四號的利淨宮佛殿內媽祖神像的帽子（金製，時價十八圓）被起訴，二十四日上午十時左右經臺北地方法院刑事單獨部樺島法官作第十次判刑，照檢察官的求刑宣佈處徒刑五年。此時他以不滿的表情說：「法官大人…我是…我是神的…」法官詰問：「神怎麼了？」被告答辯：「法官大人，實在說，我是經過媽祖的許可一時借用神的帽子，這一次請特別寬恕我。」法官以其言頗奇特，微現苦笑問：「那又是什麼原因？」被告卻放肆地說：「法官大人，那是真的。媽祖是有靈感的神明，當會知道我家窮困，三餐不繼，因此我說此次若撞到好機會，大錢入手時，隨時都可以獻上二、三頂金帽，在此之前，請當做把帽子借給我的意思，讓我偷吧！參拜結果媽祖默默的讓我偷的。」說罷向法官行一禮，更認真接著說道：「這一次請寬恕我，如果不趕快賺買二、三頂金帽的錢，即違反約束，會蒙受神罰。」法官終於不耐其煩喝云：「不要胡說，像你這種不悛改的小偷，神明巴不得早一天推進監獄。」作為了結，十時半左右，終結審判。

島民對於媽祖的信仰，至今已不僅是船員或貿易商的守護神，農民、其他一般民眾亦一同祈求無病息災及其他的現世利益。臺灣在鄭氏時代已經於臺南建立天后宮（三二），因此媽祖崇敬與臺灣人社會幾乎是同時開始的。隨著臺灣人社會的發展，媽祖信仰普及，其靈驗談亦遠較他神為多。媽祖誠為臺灣人社會發展的一大原動力。

媽祖像之側必侍立左宮娥，右宮娥兩挾持（類似宮內女侍，侍候主神的下婢），以保持女神的威嚴。媽祖不但以左宮娥、右宮娥為挾侍，更以千里眼及順風耳二神為從祀神。千里眼舉右手在額部睨視遠方（第十一圖面對主神右側的男神像二尊），順風耳舉右手指右耳（同上左側），均軀體雄壯，從侍於媽祖左右。具有視、聽海上千里之外，報告聖母的任務。其傳說有數種，依《天妃顯聖錄》所載，媽祖二十三歲時，依村民之請，降服多年居湄洲西北作祟的千里眼、順風耳二怪，使其歸於正教云。

同書曰：

降服二神——先是西北方金水之精，一聰而善聽，號順風耳，一明而善視，號千里眼，二人以金水生天，出沒西北為祟，村民苦之，求治于妃，妃乃雜路于女流，採摘中十餘日方與之遇，彼誤認為民問（當作「民間」）女子，將近前，妃叱之，遽騰躍而去，一道火光如車輪，飛越不可方物，妃手中絲帕一拂，霾障蔽空，飛飆卷地，彼仍持鐵斧疾視，妃曰：敢擲若斧乎，遂擲下不可復起，因咋舌伏法，越兩載復出為厲，幻生變態，乘濤騎沫，滾盪於浮沉蕩漾之中，巫覡莫能治，妃曰：江河湖海，水德攸鍾，彼乘昴相之鄉，須木土方可克之，至次年五六月間，絡繹問治于妃，乃演起神呪，林木震號，二神躲閃無門，遂拜伏願歸正教，時妃年二十三。

依千里眼、順風耳的其他傳說，他們為兄弟，均為殷紂王的將軍。兄稱高明、弟稱高覺，高明能見千里之遠，高覺能聞千里之微。與周武王之戰，兩人戰死，其魂魄至桃花山，成為鬼神，加害眾人。某時媽祖路過桃花山時，兩怪竟然出現迫婚，媽祖提議以戰決，若敗即為兩怪妻，若兩怪敗即作我僕，雙方以法力相鬥，二怪敗北，遂為媽祖的神僕云。

又曰：

千里眼稱高明，順風耳稱高覺，二人為兄弟，是商朝人。性妖孽，有魔術，常祟人，同住於棋盤山。山有桃柳茂盛三十里，人皆稱他們為桃精柳鬼，即採天地的靈氣，享日月的精華，故一人的眼能見千里，一人的耳能聞千里之遠。鄉人塑此二怪的泥像，祀於軒轅廟。後，周的功臣姜子牙惡此二怪扶紂逆周，用策滅除，其靈魂赴封神臺。由此轉世為張果老的徒弟修正果之際，在岳州鄱陽湖作渡船業，但猶未改惡性。當船楫往來之間呼風雨，受苦者不少。一日聖妃由該處將渡船時，二怪出現欲加害，互相以法術相戰，二怪終於屈服，成為聖母之僕（臺北州基隆）。

任何媽祖廟絕無僅奉祀主神媽祖和其挾侍及從祀，通常配祀其他多數的神佛（觀音佛祖、註生娘娘、土地公、城隍爺、五谷王、玄天上帝、三奶夫人、海龍王、水仙王、關帝、文昌帝君、開漳聖王、保儀大夫、王爺、其他）。配置的一般情形大約如次述，似複合各種情形。其一：與所供奉的主神有歷史性事實或職能有關係之神佛（觀音佛祖、海龍王）。其二：與寺廟有關者的出身籍貫相同的神佛（開漳聖王、保儀大夫）。其三：與寺廟當地生業有關係的神佛（土地公、五谷王、水仙王、玄天上帝、關帝、文昌帝君、三奶夫人）。其五（當作其四）：為信徒參拜方便者而奉供之神佛（註生娘娘、城隍）。

第六章 農民信仰的綜合考察

——同時比較內（日本）臺（臺灣）的情況

臺灣農民的宗教，由宗教派別觀之，為道教、儒教、佛教的三教混淆而成，如前述；若由所供奉之神視之，則以天公、土地公、媽祖的三神為中心之多神多靈教。現以圖示之如次。我想在本章作更實質、綜合性的考察。

臺灣農民的神明世界

—實　質—

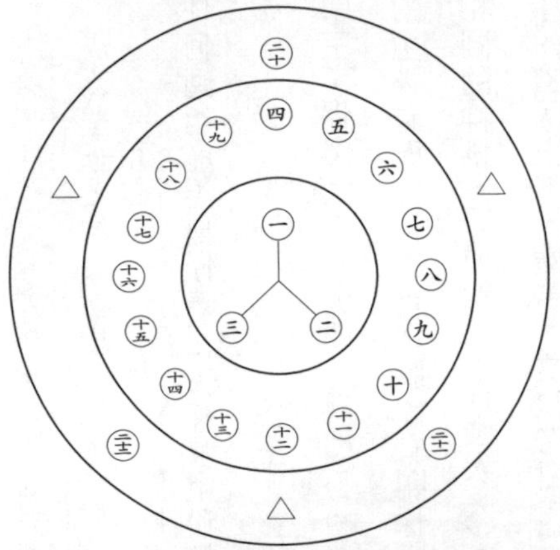

—形　式—

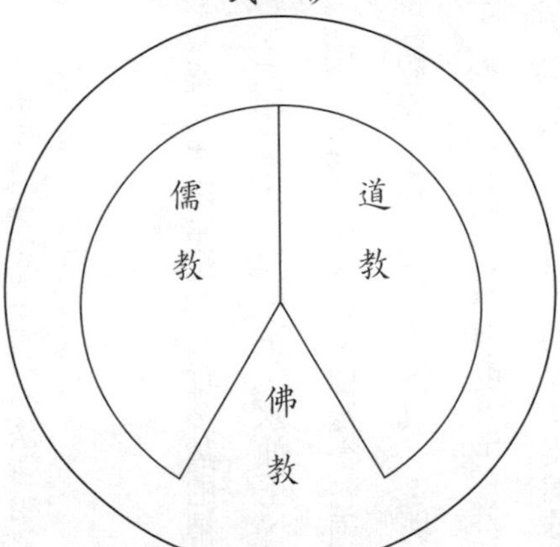

一
- (一)天公
- (二)土地公
- (三)媽祖

二之一
- (四)三官大帝
- (五)太陽公
- (六)太陰娘娘
- (七)五雷元帥
- (八)風神爺
- (九)大樹公

二之二
- (十)山神爺
- (十一)城隍爺
- (十二)水德星君
- (十三)水仙王
- (十四)神農大帝
- (十五)巧聖先師

二之三
- (十六)祖靈神
- (十七)水流公
- (十八)王爺
- (十九)有應公

三
- (二十)阿彌佗佛
- (二十一)觀音
- (二十二)地藏王
- △其他的諸神靈

第一節　實質的考察

實質考察，臺灣農民所信宗教是以自然崇拜 (Nature worship)，即敬天思想和人的崇拜 (Anthropolatry)，尤其是崇祖思想為二大樞軸的民間信仰為特質。換言之，即是一種汎神教 (Pantheism)，茲分述之。

一、自然神

首先透過農民的信仰，可以觀察到所有的自然力因有其神秘性，故多被神化。不僅天地、日月、星辰、風雷、山水等物象，連特殊的草木、禽獸、金石，凡是令人神秘莫測者，均付與神靈。從天公開始，土地公（及媽祖）、三官大帝、太陽公、太陰娘娘、五雷元帥、風神爺、大樹公（及石頭公）、山神爺、城隍爺、水德星君等等，皆為自然神化的結果，並塑成神像崇拜。他們的所謂天並非對於地之天，乃包含地之天，故所謂「敬天」，乃自然神化的思想。

這一點和日本古神道的神觀相通。如將「天照大神」（大日靈尊）、「稚日女尊」為太陽，「月讀尊」為月，「天津香香背男」為星，「須佐之男尊」為暴風雨，「大山津見神」為山，「大綿津見神」為海，「埴安神」為土，「黃泉神」為地下，「句句迺馳神」為樹等，由上同樣可窺其自然神化之跡象。臺灣中部原住民三族之中，北鄒族有稍為分化的自然神信仰如次章。

二、人格神

透過臺灣人的信仰可感覺到的是，他們對於先賢高德、傳說中的人物、祖先以及橫死者都予以神靈化。自水仙王、神農大帝、巧聖先師起，各姓的祖靈神、水流公、王爺、有應公等皆其例。

這一點可以發現與日本奉天皇為始，將忠臣英雄奉祀於神社崇敬者，有相似的宗教意識。

我們不得不重視特別是祖靈崇拜與農民生活有密不可分的關係。農民定居於固定的土地後，多不會忘記自己的祖先，對祖先所使用過的器物也特別愛惜，過著祖先崇拜為中心的生活。而這種對祖先的崇拜，使得保持著家族或血族的生活——使住於同棟或相連的二三棟之數家族生活在一起成為可能，具有其必要性，乃農業生活上的顯著事實——中社會秩序的具體化之意義。臺灣農民為永不斷絕對祖先的祭祀採取之方法，乃是建立家廟（祖廟）或行「祭祀公業」制，組織祖公會，又喪儀、墓地等的處理頗為慎重，這都是吾人所常見者。

祖先崇拜在以農立國的我國（指日本）有無與倫比的發達，在《古事記》、《日本紀》的天然神話中早已注入祖先崇拜的意識，此與天皇崇拜、偉人崇拜相結合，成為人們牢不可破的信仰，上自萬世一系的皇室，下至庶民，終至形成日本特有的家族制度。

在此必須銘記日臺異同之點。即臺灣過其具有特色的家族生活，乃保持熱烈的祖靈崇拜及於遠祖，但其祭祖只在他們自家行事，陳、林、李、蔡等姓氏各自有內部的祭祖，未普及為民族性的祖神。若將神（普遍性）與靈（特殊性）分開，他們的祖先崇拜尚停留於「祖靈」崇拜，並非普通性的「祖神」崇拜。

日臺人都不將神置於自然之外，而視為自然之一部分，這一點兩地人完全相同，但日本人更將其神作為祖神，而明確堅定保持著特有的神觀。於是「家」的神，「皇」的神，「國」的神，及「宇宙」的神一致，不得不謂只在日本人中鮮活存在的至上稀有的神觀。

例如第四章所述的土地公，令人聯想日本各地的「氏神」，但其起源或其現狀決不是氏神（氏的祖神），這一點自天公以至其他諸神亦完全一樣。

（中部原住民僅賽夏族有祖靈祭的習俗，如次章。）

三、兩者的關聯（神人合一的神觀）

將一方面表示自然的神化，他方面表示人的神化的農民之神觀，作為一個事態來考察，可以看到可名為神人合一（Theanthropic）的有特色的神觀。神人合一乃不將神和人嚴格割開來思考，人可以成為神，神亦以人的形象出現。以此就臺灣觀之，可以看到神人合一的現象很有趣地深刻的表現出來。我曾經將此分為：㈠神人同形㈡神的誕生日和人化的名稱㈢神有代理人㈣神有配偶㈤神有挾侍㈥神有從祀㈦神有寄祀㈧神統帥無數的神將神兵㈨神過情意生活，而有其缺點㈩神過經濟生活用金銀紙(十一)神過法的生活，為權利義務的主體(十二)神與人立於交易關係之事亦多有(十三)神是靈驗的結晶，而忽視神格的特異性。以上諸端前曾分別加以觀察，於此不再重述（參照拙著，前列書頁七三以下）。

起源於自然崇拜的神，其後轉化為人神合流或有轉化的明顯傾向，尤其由土地公（及媽祖）城隍爺的傳說，可以看出來，也可以從這個角度獲得理解。

神人合一教（Theanthropic religion）乃相對於神人懸隔教（Theocratic religion），由賴登大學的Tiele氏所使用的宗教學上的術語（*The Elements of the Science of Religion* Vol. I.）。所謂神人合一教乃說明希臘、印度、日耳曼等所有阿爾亞民族式的宗教所表現的神觀之特色，反之，神人懸隔教乃說明希伯來的宗教、阿拉伯的回教等閃民族式宗教表現的神觀之特色時所使用。然 Tiele 氏對於中國、日本的宗教並無言及。此兩種宗教的差別在微細之處，並不嚴密分開，神人懸隔教中亦有神人合一教的成分，神人合一教中亦有神人懸隔教的要素。其次，神人懸隔教的發達以一神教 (Theism) 為特色，反之，神人合一教的極致則成為汎神教或汎神論 (Pantheism) 如歷史所示。

四、從民間信仰的形成來觀察

其次從民間信仰的形成來觀察農民的信仰，首先可以知道的是它不是個人宗教 (individualistic religion)，而是團體性宗教 (group religion)；更精密的觀察，可見到它是非主知性、非宣傳性宗教 (non-intellectual, non-propagandistic religion)，又富有寬容性 (tolerance) 的宗教等之特徵。

(一)團體性的宗教方面

民間信仰在心理上是以團體為主，以個人為從，尤其是農民的信仰，「大眾」心理的集團性非常強。例如新竹州新埔庄某土地公自大正十五年（西元一九八年）秋起的半年間，曾顯示其靈驗——庄內某肺病患者向該土地公祈禱，煎熬其附近之野草喝，結果病情迅速好轉一事——此靈驗之事如雷貫耳般地傳遍全島，參拜者每日超過數千，原來荒涼之處遽變為鬧市，足可證明，而且此種例子不勝枚舉。在農民方面往往團體全體屬於一個宗教性集團，屬於某集團，其信仰必然屬於其集團的宗教。生於某集團的事實，意味著屬於該宗教集團之內。在那裡幾乎都沒有個人的自由。總而言之，主觀和個性沒有很大的表徵是農民宗教的特徵，在臺灣也可以看出來。從這個意義來說，和釋迦、耶蘇、穆罕默德的宗教——個人的宗教——完全異其旨趣，個人宗教的特徵是信與否各由自己決定，因而有傳道的必要。

(二)非主知性，宣傳性宗教的方面

農民的宗教是主情的，而非主知的，不會被概念性抽象所影響，同時是樸實的。這可由農民信仰對象的諸神之並不明顯表現其特異性、個體性，關於神的故事簡單，往往帶有童話的風格，又口傳者多，記述者少；其次是缺乏在某一方面和他教有別，而另一方面沒有組成本教的內容的主知性體系即所謂之教義、教理；同時不採取進一步對全人類傳播福音——係非宣傳性宗教——等，窺見其情形。例如：支配土地之神，除土地公之外，有城隍爺、青山王、境主公，而這些神明土地管轄的相互關係並不明確，又關於土地公的傳說口傳不一，又寺廟數雖然極多，但互相之間並無教義上，傳道上的連繫，概隨靈驗而各自建立。

(三)富寬容性宗教的方面

宗教又分為富寬容性與不寬容性兩種。不寬容者自視為唯一真理，他者均為誤謬虛偽而採取攻擊的態度。然農民的神明並非如此的忌妒之神 (Jealous god)，而以寬容為特色。他們的神，一方面具有以天公為中心統一融合的傾向，另一方面是多靈多神——他們的信仰是道教的，但亦混淆儒教與佛教——就是其一例。

第二節　風土的考察

前節所論，更因風土的考察，可以完全理解。

一、臺灣的風土

臺灣的風土屬於 monsoon 地域，monsoon 是季節風，尤其是夏天季節風，是由熱帶海洋向陸地吹來的風。故 monsoon 區域的風土一般地說，以結合暑熱和濕氣為其特性。

常住臺北的人，都會感覺到每年五、六、七月間是一年之中濕氣比暑熱更令人難堪的氣候。雜草乃以暑氣和濕氣結合為條件而繁茂的，無論是耕地、住宅地，放置半年均處處雜草叢生，雜草生命力的旺盛實在驚人，是日本內地不能比較的。而臺北的冬天很寒冷，有時要穿著厚大衣，雖然溫度很少低於華氏五十度，這是島外人士聽到會驚異的事，事實上我們禁不起嚴寒徹骨，雖然不算冷，但寒氣格外迫人。若將「寒」與「冷」區別，臺北的冬天是「寒」不是「冷」，氣溫雖高，但感覺寒氣透身，此乃濕度高之故。

因此，若云臺灣風土的特色是其濕潤，當不謂過。我們擬對處在此不能用濕度計表示濕潤之下的人之存在方法，加以理解。

關於濕潤我們要理解什麼？即濕氣是最難堪，最不易克服的，雖它比不上暑氣，但濕氣卻不能喚起人對自然的對抗。

其理由之一是對於住在陸地的人來說，濕潤乃是大自然的恩惠。對於我們來說是難堪的夏天monsoon 是從比較低溫的大洋，運水到灼熱的陸地之氣流。故在夏天太陽直射下的熱帶國土，覆蓋著旺盛的植物。臺灣夏天的季節風（從四月到六月）主要的是西南風，其強度只有極弱的三、四秒米左右，故以暑熱和濕度為生存條件的種種草木，不受任何風害，能在這個時期生育成熟，全島到處植物生氣勃勃，從而動物亦繁衍起來。葡萄牙人當年從海上遙望此島而命名為 Hha Formosa（美麗島），其因在此。於是臺灣成為充滿植物的和動物的生氣揚溢之處。大自然不是死，而是生，死莫如說在人的一方。故人與世界的關係不是對抗的，是相容的。這正成與阿拉伯、非洲等地所存在的極為特殊的沙漠風土的乾燥大不相同的對照。

理由之二是濕潤也構成大自然的暴威，它與暑熱結合，屢屢成為大雨、暴風、洪水、旱魃的災害襲擊人們。臺灣冬天的季節風（自九月至十一月）為強烈的東北風，風速普通十秒米以上，有時高達二十五秒米。這些與臺灣全島山岳地帶佔全島四分之三，河川一般來說很短，容易氾濫涸竭之特殊地形相結合，暴風雨和旱魃的暴威常襲擊人們（在土地公和媽祖的靈驗談出現甚多），使人們只好隱忍服從。雖沙漠之乾燥以其死之威脅逼迫人們，並非以使人生存的力量襲擊人們，人們得憑藉自己生之力量對抗死之威脅，蓋隱忍服從在那裡係對死的隱忍服從故也。然而濕潤的大自然之暴威乃來自揚溢著生之力量的威脅，不是存在大自然一方的死之威脅，死在人們這一邊。揚溢的生之力量要壓出潛在於人們之內的死。人們不能以自己生之力量對抗其生的根源之力量，等於日本的「相撲」（角力）不能和「土俵」（相撲的競賽場地）相撲一樣。隱忍服從在此乃對生的隱忍服從。在此意思來說那不外又與沙漠相反（參照和辻哲郎博士《風土》頁三二至五一）。

因此我們一般將在monsoon區域之東亞細亞（東亞細亞沿岸一帶，也含印度、中國、日本）的人間構造，特別是在典型的monsoon地帶的臺灣之人間構造認為是「接受性」的，是「隱忍服從」的。我們痛感臺灣人一般來說缺乏銳氣乃其一端。而標示這種人間構造者乃是濕潤。

二、東亞細亞的神觀

東亞細亞的風土如前述，加惠生的大自然，同時以壓倒人的對抗之巨大威力迫來。臺灣持續的暑熱，已經需要人的極端對抗力，暑熱和濕潤結合時，尤其是五、六月之交，人除了隱忍服從之外別無他計。在臺灣居住十年，我才似乎體會到東亞各族之所以未能成為獨立國之一些原因（今該地區均已先後獨立建國）。一般來說monsoon讓人斷念對抗，大自然讓人的能動性氣力或意思（情緒？）的緊張萎縮或弛緩，有揚溢的感情，但不隨伴意思的綜合力。雖有對立的關係，但是究竟是情操上的觀照關係，沒有如沙漠人的實踐的、戰鬥的對抗關係。不，甚至連觀照關係也往往不存在。

於是東亞細亞的神觀具有二個特色：

第一：所有的自然力因其神秘感，而被神化。不但如天地、日月、星辰、山河、風雨、雷電、水火、耀眼之物，連特殊的禽獸、草木、金石，凡是讓具接受性的人感覺到某種力量，它就是神或靈。而這些神靈好像不一定以自然現象的關聯為典型而統一為一個體系。臺灣人，尤其是農民的神觀正是如此。在此點上，與沙漠人之神，被自覺為對抗自然的人的總體，從而不含自然力神化的痕跡，與視自然位於神之下者正相反。在東亞細亞人的宗教（佛教、波羅門教、道教、儒教、神道）自然的神化極為顯著。

第二：神和人的關係是合一的乃至同格的（Theanthropic）諸神不是為了轉脫生的窮迫，由意力的緊張而產生，概出諸施惠人間的自然之力，生成至神話的型態，於是與神的關係是倚偎的關係（有時甚至有對靈驗的交易關係），非如沙漠的絕對服從。不是宣誓對神的服從，遵從神的命令而求救，只詠歎神明或祈禱，以期獲得地上的幸福（尤其是財子壽或福祿壽），不那麼明顯地將神和人分開來思考，這和人可成為神，而神亦以人的形狀出現的宗教意識相通，與將神人嚴格分開而置神於絕對的，超越的地位之神人懸隔的（Theocratic）神觀，即沙漠人所產生的宗教意識（猶太教、基督教、回教等）正相反。臺灣人特別是農民的神人合一或同格的各種型態，豐富地展示信息給我們，如已經論及者。

古代希臘、羅馬與日耳曼的風土雖不屬於濕潤的風土，且多少有所差別，但自然的恩惠顯著。

他們的諸神是自然的神化，是神人合一的，由基督教言之即所謂之異教。

希臘與羅馬的宗教已經消失。又日耳曼的祭儀或世界觀雖屬今日西歐人固有者，但已完全被基督教所取代，此乃是西洋中世史上的最大事件。基督教實際上是由沙漠地區所產生，是猶太族的宗教，但西歐人全然被轉化為沙漠的、猶太族的想法，舊約全書雖為猶太族的紀錄，但被認為是談人類全體的歷史；同書所傳的習俗雖是沙漠區的習俗，但硬被當作他們自己的習俗。回教今日猶在世界之一角雄立著，但其根本教義係承襲猶太、基督兩教。究竟言之，現在世界的宗教思潮可大分為猶太的與東亞細亞的兩大思潮。

東亞細亞人的神，根源於大自然，成為萬物被發現，由萬物所表現的具有威嚴，同時又是可親近的神。是神聖，同時又是平凡的神。猶太人的神則異之，完全在萬物之外，萬物被視為此神所自由偶然創設者，而不是自然之神，神和自然完全是不同之物，神和人非同質。故神得將自己現於人，但人不能進而使神現於自己之前，因此萬物及人和神永久保有距離。

於是我們可以肯定臺灣人，尤其是農民的神觀，是東亞細亞的一環，他們的宗教是一種汎神教。但我們不得不承認臺灣人的社會本來是華南的移民社會，受歷史的制約，其汎神教係相當低調樸素的事實。

附章 中部原住民村的宗教略說

第一節 賽夏族

賽夏族 (Saisiat) 係居住於新竹州竹東、竹南、大湖三郡的原住民，前者為北賽夏，後二者為南賽夏。Taiai、Sigao、Sipaji、Pirai 四族屬於北賽夏，Waro、Garawan Pargassan、Amish（以上南庄族）和 Hanteu、Pensanha、Marin 七族屬於南賽夏。著者訪問 Pirai 社以外的十社所聽取的大要如左：

一、神靈及禁忌的觀念

人生存中之靈，稱為「阿芙母」，存於人體的頭部和胸部。夢 (Kashpi) 係「阿芙母」逸出體外之所見。占夢 (Teshpi) 是往昔頭目決定獵首的壯圖；或卜生死不明的人之行方；或建築家屋；用來判定吉凶者。尤其欲知病因時，除了顯現於夢者外，再用玉占 (Rumhap) 的巫術確認之。人死後「阿芙母」變稱為 Havun 的靈，Havun 也具有人形，有男女、善惡、力的強弱之別。特別要注意的是 Havun

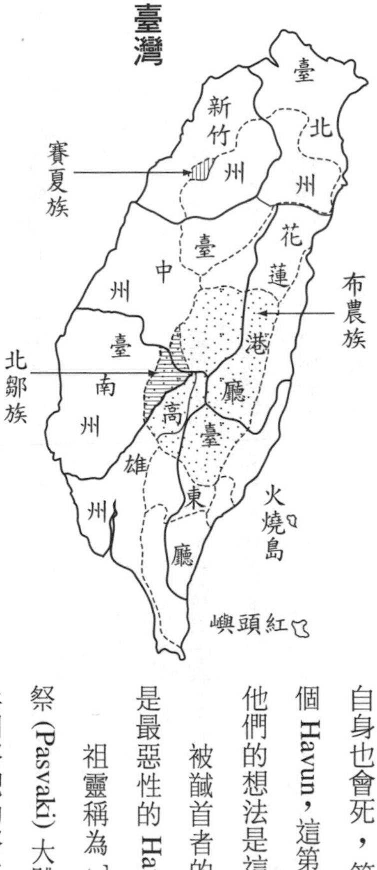

自身也會死，第一個 Havun 死後變為第二個 Havun，這第二個 Havun 死後就消滅了，他們的想法是這樣的。

被馘首者的 Havun，即無首的 Havun 是最惡性的 Havun。Havun 的居處在地下。

祖靈稱為 Tatene havun，每年舉行祖靈祭 (Pasvaki) 大體是由同姓者共同舉行。而共同祭祀的祭主之家，棟的中央吊一個小籐籠，內放一個古蜂巢，作為神位，認為祖靈在其中，名曰 Saaran。

與禁忌意義相同之語稱為 Pishien。此語有作為污穢之物而禁忌的意思，似未作為神聖之物尊敬的意思。Pishien 之例極多，具有法律性意義，例如不可觸摸異姓者的屍體，同姓者不可結婚等等。在本族社內諸處所看到的所有物標示的禁忌（原住民稱 Pintiwassao）乃表示所有權觀念的根源，這種情形很有趣。

二、巫術及神判

巫術者稱為 Kamaowazu，由女人擔任。本族的巫術是從鄰近的泰雅族學來的。頭目之妻作巫術者不少。巫術之中，用於搜查盜品的有水占 (Papunapis) 的方法。飯碗大的容器裝水，以竹管吸水，向天吹，水珠指示到達盜品之處所。迄日本領臺前尚沿用此法。

神判的方法自古即有三種：第一是獵取人頭 (Ainmoto)，第二是狩獵 (Ainaiam)，第三是角力 (Parparakup)。均請神靈 (Havun) 作公正的審判，以此作為立證自己方正的方法。無論是物品遺失的嫌疑、通姦的嫌疑，不分大小的其他紛爭事件，均得用此方法。狩獵時，以猴、山羊、山豬、鹿、熊等即以猴以上的獸；獵取人頭時，以敵族（同為原住民）或異種族的首級或攜帶的鎗器為對象。甲乙兩方，僅一方獲得狩獵物者，以獲得者為正。雙方均獲得狩獵物者，以被疑者甲為正，此時乙知為認錯人，另找嫌疑者。甲乙均未獲得狩獵物即萬事付之流水，了結事件。角力，如甲將乙完全壓住，即以甲為正。這三種方法均可選代理人行之。又咒詛對方時自昔採取將珠裙 (Silu) 埋於地，祈禱神判的方法 (Lunbun-silu)。

三、祭祀

本族的祭祀，祖靈祭之外，有：稻穀播種後祭 (Appitaza)、天氣祭 (Yumoal-Kapazaoar or Kumanakaran or Anpazimus)、防疫祭 (Pinulhe-Kavaara) 等，特別是本族最大的祭祀稱為 Pastaai，於隔年秋天盛大地舉行。此祭起源於豐年祭，兼為「塔愛」的矮人種的慰靈祭。這個祭儀共六日，老少均盛裝，在秋夜裡跳舞到通宵達旦為止。

第二節　布農族

原住民布農族 (Bunun) 居住於本島中央山脈地帶，擁有人口一萬八千人。其分布乃以新高山（即玉山）為中心，散居在南北三十餘里，東西十餘里的臺中、花蓮港、臺東、高雄二州二廳之間的高山地帶。本種族由卓社部族 (Take-todo)、卡社部族 (Take-bakha)、巒部族 (Take-vunoaz)、丹部族 (Take-vatan)、及郡部族 (Isibukun) 五部族所成。在新高山分為南、北二群。北部以臺中州為布農族的原據地。以下乃是基於臺中州所調查資料來說明。

一、神靈及禁忌的觀念

天（leqanin，郡部族 Lehanin）使他們生存，天怒（Mahau Leqanin，郡部族 Hauun Lehanin）是他們最恐懼者，違反古來的慣例，尤其是禁忌，而觸動天怒，被雷擊的例子不少。

卓社部族認為人的體內有一個靈 (Qanito) 居於胸部、夢乃是靈遊離身體，在外行走，或與前死的靈對談。醒時靈則歸體內。巒部族的口述者說靈有二個；又郡部族及卡部族即稱人死後之靈稱為 Qanito（郡部族稱為 Hanito），生存中的靈稱之謂 Isiaan。

人一死 Qanito（或 Isiaan 成為 Qanito）就到靈之村 (Atsang Qanito, Asang Qanito, Asang Hanito)。這個村和布農村相同有：有以石蓋屋頂的家、姓氏的區別、男女的區別、力量的強弱，從家族的生活到衣服均與生前相同。這個村的所在，或從遠處可以看到，但靠近看則似螞蟻之巢（卓社部族）。或說眼睛看不到，但在夢裡可以看到（卡社部族）。或說眼睛看不見，但有孔，一有人死就會開新孔，所以知道（巒部族）。或說現在的人看不到，但往昔的人知道云（郡部族）。Qanito（或 Hanito）自身有死，卓社部族認為從人體離開的第一 Qanito 死後變成第二 Qanito，這變成稱為 Lalaiteqets 的蟲，已經不再出現人的夢中。第二 Qanito 死後變成第三 Qanito，芒 (Qatsqats) 葉相觸之聲即是。第三 Qanito 死後變成第四 Qanito，這是附在石頭等的像虱樣之蟲，但不知其名。認為這第四 Qanito 死後才會完全消滅。依卡社部族的說法，從人體離開的第一 Qanito 死後變成第二 Qanito，這是旋回的風 (Qaizonon-hevuhevu)。這第二 Qanito 死後變成第三 Qanito，這是附在一種草（稱為 Mtinune-qanito）的蟲，排洩好像蟹的泡的蟲。這第三 Qanito 死就完全消滅。依巒部族的說法，第一 Qanito 死後變成第二 Qanito，這是生在稱為 Qonhonga 草的蟲，保有如唾液的水，此蟲並無別名。第二 Qanito 死後，變成第三 Qanito 到芒莖附近發出帕帕如火花爆樣的聲音。這第三 Qanito 死後完全消滅。依郡部族的說法，第一 Hanito 死後，變成第二 Hanito，這是蟲。這第二 Hanito 死後就消滅云。以上同工異曲，應該注意的是均在描述靈魂消滅觀。

父母的靈 (Qanito) 會愛或欺侮其子，甚至予以殺死，後者不但是其子的不幸，有時會禍及一族。這時在卓社部族，後悔父母親生前對其有不良行為者，會廢棄其家而移居，即拆掉房子，播種藜，將其果實造酒，饗其父母之靈云。在巒部族，雖父母之靈對子女有惡報，並不至於捨棄其家。

布農族無祖靈祭。

與禁忌意義相同語稱為Masiamo。有屍體埋葬地的禁忌、孿生兒、殘障兒養育的禁忌，食異姓（大姓）所屬的種栗（Hulan，在郡部族是Binzah）的禁忌、同姓（中姓及小姓）相婚的禁忌、將父之名字命名與兒子的禁忌、通過粟畑（旱田）的禁忌，尤其是祭拜時，甚多食物的禁忌等，其例甚多。又詢問有關標示的禁忌，答以：發見樹上的蜂巢，擬待他日成熟時取者，先結芒，將其先端指巢的方向放著，或在樹留下切痕；又伐下的材木，放於路上的農具等，也要結芒留下標示。這在卓社部族稱為Maron bokton, or Simpateqal bokton, 卡社部族稱為Masiqal，巒部族稱為Simpasqal，郡部族稱為Pasuhoan。以犯者為禁忌，相信犯者身體會長出腫物。

二、巫術及神判

巫術者（巫醫）稱為Mamomo。

發見盜品或竊盜者之術稱為Patehaul，以此為專業者稱為Matehaul。其方法是使用葫蘆樣的器具，在其上立數個圓形石（特殊之石），預測被嫌疑者數人，說著假如某人是犯人即立之，依順序立石，若石均立即被視為真犯人。又遺失物品時，亦以立石為方法，尋找遺失之物。卓社部族除葫蘆樣器具之外，亦使用原住民之刀，立於其上。郡部族即不用兩者，使用手指。即在左手大拇指指甲和食指之間立一個。又在卓社部族、卡社部族，巒部族有類似的方法叫做（Materanom。這是揉一揉芒或煙草的葉，唸咒文看葉，竊盜的臉就會顯出來的方法。

神判的方法，第一是獵取人頭，第二是狩獵，第三是角力。均為請天(Leqanin)公正審判的方法，唯郡部族三種方法均無。第一的獵取人頭審，以割下他種族的首級為正。卓社部族依此審判通姦事件，偶而審判竊盜事件，反之，相傳卡社部族，巒部族不依此雪清通姦嫌疑，卡社部族依此解決竊盜事件，巒部族解決土地或流木所屬之糾紛。狩獵審乃代獵取人頭的方法，以狩獵請神裁決，此僅存於卓社部族。這時所獲者以山豬、鹿以上較貴重者為要件，山羊或猴不算數。主要還是為雪清通姦的嫌疑。反之，角力審僅存於卡社部族，相信雖強不正者，仍然會敗，有用於雪清通姦嫌疑之例子。

三、祭祀及行事

本族有種種祭祀或行事，舉行乞雨、乞晴、鎮風等特殊行事。季節行事與農事密切結合，可以稱為農事祭。季節行事因各部族有別，風格各異，茲就巒部族視之如下：（根本上，其他部族也是一樣。）

一年季節分為十一個月，依月亮之上下及其形決定其時期。第一個月稱為Boan Moqanean（陽曆十二月前後），這個月名的意思不明。這個月的祭祀完畢後著手開墾。即第二個稱為 Boan Minpinangan，為播種粟的月（陽曆一月前後）。祭日達十五日間，行事亦多樣。若夢見移植粟時，有時以鹿腳稍為開墾。又有初生兒的家，要請其母親之父母予以招待，翌日到岳父母家接受招待。第三個月稱為 Boan Tositosi-minpinangan。其意係移植粟最盛時期之月（陽曆二月前後）。即自前月播種祭終了後，繼續於本月多播種粟。這個月的祭祀極為簡單。第四個月稱為 Boan siupisiupipan 或 Boan Minqolaan（陽曆三月前後）。這個月的祭祀是粟畑的除草祭，又是粟的發芽祭。第五個月稱為 Boan Palaqtaigaan，舉行鹿的耳打祭（陽曆四月下旬到五月）。這是祈求出去狩獵能獲得獵物，又農作物能夠好好地成長的祭典，是大祭。第六月稱為 Boan Labunaan。是降雨之月的意（陽曆六月前後）。這個月沒有祭典。第七月是 Baon Siolaan，舉行粟的收穫祭的月（陽曆七月前後）。從此開始真正的收獲。第八月是 Boan Pasuqulsan 是舉行兒童祭之月（陽曆八月前後），舉行對於上年此月以後所生的嬰兒掛首飾或穿新衣的儀式。第九月稱為 Boan Anlazaan，舉行將所收割的粟堆集於屋內的儲藏祭之月（陽曆九月前後）。第十月稱為 Boan Papidaoan，乃倒下榛樹之月的意（陽曆十月前後），這個月也舉行山芋及稗子的收獲祭。從此有閒，亦出去獵取人頭。第十一月是 Boan Aroan 即閒的月之意（陽曆十一月前後），這個月並沒有祭典。

巒部族原來以全體為祭團，相傳「比希特班安」社的 ALIMANAN 氏作祭司。然現在分為數個祭團（Tasi-to-lusian），各祭團各由一位祭司（Lusiqaan-lusian）所率領。祭團的存在與社的構成並不一致，橫跨於各社而存在者不少。祭司是世襲。祭期由祭司決定之。這個決定例如 Boan Moqanean 及 Boan Minpinangan 的祭日以夢卜，其他多與有力者商量，又參酌祭圈內的事故等決定祭日，通知各家，即以同一祭團祭日必須同一。同姓關係或近緣關係倘異其祭團，即祭日及祭祀亦不同。所屬於祭團者，祭典開始前必須回到社裡。祭典當日不問男女老少、成群到各家痛飲。各家亦準備粟酒及山豬肉（耳打祭時，準備鹿肉）與其他菜餚互相招待。

第三節　北鄒族

北鄒族(Tsou)乃居住於阿里山及其附近一帶，即新高山（玉山）的北、西、南一帶的山地之原住民，清領臺灣時代稱為阿里山族，以現在行政區劃來說，在臺南州嘉義郡及臺中州新高郡二郡。北鄒族分為 Tapangu、Tufuya、Imutsu 及 Lufutu 四部族。茲就此四部族的代表性的社六處就著者所聞大要述之：

一、神靈及禁忌的觀念

北鄒族有天上的神 Hammo、土地之神 Akemameoi、溪流的神 Aketsoiha、雷神 Akegutsa、出草神（軍神）Posonfifi 及 Yafafeoi、粟神 Baetonu、稻神 Paepai 等。其他有稱為靈樹、靈石者，即

本族的神觀的特徵是具有相當分化的自然神的信仰。尤其是地神 Akemameoi 及粟神 Baetonu，也是罰惡制裁的神。

他們的靈魂有 Huzo 及 Pipia 二種，前者在人體的中心，後者在體外部，常立在前方牽人的手而行。尤其是 pipia 於人死後成為 Hitsu，彷徨於社中，這 Hitsu 自身更於死後變成第二 Hitsu，如此反覆五次而完全消滅。又他們雖有祖靈的觀念，但對祖靈無特別的思慕摯愛，亦無祭祀祖靈的習俗。

與禁忌意義相同之語稱為 Peisia，Peisia 具有神聖及污穢兩意義。各種 peisia 之中，著者所目擊的一處係所有物標示禁忌，結芒葉標示屬於自己採伐的材木放置於路上者。

二、神罰及咒咀

特別畏懼粟神 Baetonu 及地神 Akemameoi 的神罰。即認為身體的外部或內部長出腫物係故意將祭用粟（他們固有的粟）掉落或祭祀中食魚肉，尤其是在粟的穀倉的旁邊投竹簍或薪木所致。這時要由祈禱師 (yoifo) 舉行祓禊。其次身體的一部分或內臟腐爛，但不流出膿者被認為係侵害土地，特別是獵區，致為地神所祟，普通人也會對神咒詛，特別是祈禱者所為的稱為 Aokuvoa。多係祈禱者欲發見何人為犯人時為之。

第十二圖　北鄒族的集會所改築祭之首級放置場（昭和十一年四月在嘉義郡「蕃地」Tapangu社攝）

三、祭祀

部族成為一個祭祀中心團體，在Kuba（集會所）執行的祭祀為部族集結的中心。即以參加集會所的祭祀與否，決定對其部族的所屬。而其祭祀有約每十年舉行之集會所改建祭與每年舉行之粟收穫祭。著者偶然得到參列Tapangu部族kuba改建祭的機會（第十二圖）尤其有趣者是少年成年禮及嬰兒入所成為祭儀的一部分。即集會所兼今日之議會，兵營、祭場與監獄，因以此為集結中心，他們鄒族的勢力壓倒鄰族。著者不但看到Tapangu部族的Kuba也看到Tufuya、Lufutu兩部族的kuba。Imutsu部族的kuba已無留痕跡。

附註：本附章係抄錄承財團法人服部報公會的援助所成的我之調查報告的一部分，特此記述並對該會表示謝意。

附說　皇國精神與臺灣的宗教❶

第一節　東方社會與臺灣

一、位於日本南端的臺灣，東受太平洋的怒濤衝擊，西隔臺灣海峽與華南在指顧之間，南夾巴士海峽與菲律賓群島呼應，屹立於國際間大、小波濤不斷襲擊的如斯涉外地點，讓我們由此更能清楚體會到皇國的偉大生命。可以真實地把捉到「自主我」的國家意思之所在。從島都臺北乘火車，南下大約七小時多，經過嘉義可以看到劃分溫、熱兩帶的北回歸線，更南下四小時半，在潮州改乘汽車，行走約二小時，就到島的南端鵝鑾鼻。立於照射南溟的鵝鑾鼻燈塔，與菲律賓相

❶本附說的時代背景為日據之西元一八八八、九年間，日本帝國主義猖盛時期，作者論見雖已較偏激日人為緩和，且有若干同情臺灣人之處，但國人視之，難免有不能苟同之感。日本自明治維新後，奉天皇為天孫，為現世神，以神社神道從附皇室神道，建立所謂國家神道體系，至昭和年間，又以國家神道為至上，置佛、儒為翊贊。本篇之立論，可視為日人此思想推衍之作。

隔僅百里。

凝視吧！那流過時代深層的黑潮的樣子。凡高度的現實，無法從膚淺的表面看出來，捕捉現實須自己走向時代的深層，沈著地看看現實的走向啊！民族的意識正呼喚著。

如果說第十九世紀是世界史的時代，第二十世紀可以說是民族的時代，民族的意識打破了世界史的妄想。用平凡的合理主義、認識論主義所理解的時代已經過去。現今在時代的深層裡皇國的力量已經開始啟動了。要明智地認識皇國呼喚的事實。這是認識，同時也是意識。就關係皇國的生命，我們是不是可以獲得對臺灣，不，以臺灣為中心，至北庫頁的經線為半徑所畫地區所成長的「東方社會」及其人們的認識呢？

二、黑格爾的歷史哲學富於暗示。尤其將東洋譬喻為旭日，將西歐譬喻為夕陽，這倒非常有趣。依其說法：「太陽升於東洋。」雖然地球形成一個球狀，但歷史本身有它自己的東方，那是亞細亞。「世界史從東方走進西方」。太陽升自亞細亞，沒於歐羅巴。從亞細亞的原先模樣、到德國式的自由！

但他忘了兩件事。其一是太陽將沒於西，彼所稱讚的文化，或將滅亡。另一是太陽沒了之後，明日的太陽將再從東方的地平線升起來。

三、近代文明被認為始於第十四世紀的文藝復興。自由和進步為其象徵。

對自由的熱情，持續了幾個世紀，世界的各地被探索，新大陸成為舊大陸。進入第十九世紀，世界到處有大都市，工廠在各地升起黑煙，都市摩天大樓的理想表示其一切。一個石頭之上更放上另一個石頭，知識之上再加上知識，機械之上堆集了機械、富上加富，終於成為今日輝煌的高度文明時代，於是乎第十九世紀的人們，的確在此種進步發展裡，得到無可動搖的信念。

近代文明進入第二十世紀，達到其尖端。

在這個文明的最高階段出現了什麼？這個世界的不安怎麼了？從這個世界的這盡頭到那盡頭瀰漫著的不滿，又怎麼了？在自由與進步之旗幟下追求希望擠上了數世紀的長梯盡頭，結果充滿在這個世界上的不安、不滿、怨嘆、絕望之聲，又是怎麼了？

好像第二次世界大戰將要來臨的這種似窒息般的壓迫感，這陰慘的空氣，這無奈的嘆聲怎麼了？進步的理想是否仍在鼓舞人們呢？夢已消逝，花已凋零。反省的時代、休息的時候、暫停的時間終於來到我們的前面。現在的世界光景，可以說已是夜間，可以說已終了，或可說是回歸土地的瞬間啊！

四、今日在我們的眼前所進行的事態，絕不只是世紀的變換，它正意味著世代的變換。這與曾在過去有過多次的「近代史上的」意即同一流向所發生的諸變換，異其性質。這不是單單如第十七世紀變換為十八世紀。這實在如同中世紀變換為近代史的史代的推移。

為什麼？不必待言，揚棄近代個人主義，其實是揚棄近代史本身故也。近代史如前述，始於第十四世紀的文藝復興。從這個時候以來，歷史以與中世紀不一樣的理想進行著。它發生的根源地，現實的地盤，自不待言是意大利的「商業主義」，商業的活動與人們的個人自覺是不可分的。

個人主義不外於商業主義的概念為指標。而商業主義的政治表現是民主主義。商業主義的最終且最大規模的完成乃資本主義。資本主義的完成，實在是近代史的完成。它的矛盾、窒滯、嚴重的結果將是近代史本身的終局。

五、現代人陷沈於戰慄、恐懼、絕望的深淵。因為近代史要崩潰是瞬間的事，這個瞬間，寧可說非時間，而意味著一種斷絕。但於此瞬間，我們所以能夠對真正之「永遠」有所認識，乃逝者逝矣，因其逝故為永遠。雖然有限，但是永久，有限故能永久也。所謂有限乃自我結束也。歷史是逐漸自我結束而永遠的。因為自我結束故永遠也。歷史為無限的持續，並非無限地發展之故，反而是自我結束之故也。這是新的史觀。

從此意義來說現在乃深遠者，夜間同時是黎明，它像是黑暗裡無人知曉而啼叫的晨雞，或許現在已沒有人聽。然十分具備邁向未來史的性格。

夜是終了，又是開始，當夜終了時黎明靜靜地升在東方。只有認識終了者，才能認識開始。終了的瞬間亦即開始的瞬間。宛如草木枯的瞬間，即準備春天的新之瞬間者然。近代社會完成並結束的瞬間，另一者慶喜誕生隨而出現，瞬間的神秘性在此，瞬間因其神秘性，故非如煙火般空虛地消失於天空，反而是現實性的，是高度的現實，如生物生存一樣。現代的神秘性即此也。

六、現在於地的底下，黑暗之中默然中奏出的諸思想，對於人類學就神學的立場被重新探討，對於「唯物論」，「觀念論」的傳統被重新想起，又對於「現實主義」的信條，翹望新的羅曼蒂克精神。這並非單單是反動或逆轉。那裡有連結將來社會的中軸概念。那是邁向下一個史代的前奏。

從近代社會到未來社會的轉換，非如宗教改革或法國大革命一樣，近代史上的以同一的理想和信條之下所行，而且只是予以深化發展的變換。實在是將理想本身，信條本身予以廢棄。

因此在那兒暗默之中企圖廢棄個人主義，固然廢棄個人主義並非廢棄個人，乃捨棄個人主義式的理解之意。在那裡有超越個人意識之物，首先要有「社會」或「神」。

現在的事態所指向，且起動的社會，即在未來社會此種傾向亦必至的原因之社會根基為何？那是因為未來社會是統制性的，協同性的。個人的自由或權利之上立有統制性之事物，在生活上也捨棄商業主義的個人自由競爭性，乃協同性之故。

未來社會，即其統制性、協同的機構是揚棄近代史，即意大利式的商業主義的。然單單如此，沒有具體的表示出來社會的積極性與具體性。

七、然則未來社會是什麼？我直截了斷地相信是「東方社會」。東方社會就其性格來說是農業社會，應當代替意大利式的商業主義的是東方式的農業主義。代替近代式資本主義的是東方式農本主義。揚棄近代史的將來歷史，正是東方史。

論者或曰：將未來社會一味認為東方社會不是無任何根據的獨斷嗎？我知道特別僅列東方社會，決定其所然的理由標準，理論上無法產生。即由近代社會轉化為東方社會應認為是飛躍的，冒險的。但這飛躍，只是在理論上有所不安，而於實踐上是安定的。

東方社會的未來是信仰。邁向東方社會之途，理論上是飛躍的了，但我始終得不到要領，為什麼呢？無論如何辯論，信仰而不使之冒險之方法，終究是無法發現故也。

八、東方社會的原性格是農業社會。農業社會的特質異於知的、合理的商業社會，是主情的，非合理的。所謂非合理乃不採取合理，或僅止以算術式的態度處理萬事使之了結之謂也。乃以一般知的理性以上之理性，即情意的理性與其倫理之道德的要求，作為行動的根基者。非合理的不是指不合理，一面滿足我們的合理的精神，更以較其以上之優位的精神為根柢之謂。

農業社會統制的原理是尊重農民的非合理性的特質，同時為不使其逸出，致墮落惡性意味的感情，劃定其界限。我們感情的作用，不得不注意有善惡兩意義。即感情具有二重性，就其形式的方面觀之，乃膠著於吾人的個性，為主觀的，排他的，但考其與此形式所結合的內容實質方面，其處尚兼有客觀的，普遍的機制，以平和而寬廣的感懷之心，普遍對所有的事物，從時之宜，給與位置，使一切要求獲得安頓。前者，感情僅為感情，只止於不好的意味，後者感情表示至善的意境，善於發揮客觀的情操。依據如後者的情操，真正的社會協同體才能成立。這個協同體，本質上與商業的社會形態，即主知的，合理的妥協體在本質上有所區別。只有這才是真正的協同體，只有這才是倫理性的協同體。所謂東方性的倫理的側面，以如此協同體為其理想。

作為東方社會之臺灣的統制原理，正是以如此的協同體之理想為基礎。不該是襲近代主知的、個人主義、權利本位的政治原理。領有臺灣四十周年之昭和十年（西元一九三五年）的秋天，看到依臺灣地方自治制修正的選舉之施行。在法制上的形式乃近代的個人主義或多數主義的承襲，但將之演繹、運用、實現的精神，應是東方式的倫理性協同主義。就東方的協同倫理中攝取近代的權利思想，始能產生未來社會的指導原理。

被史的轉變曙光所照耀下的臺灣！對臺灣的認識應該是對真心的「東方的」事物之認識，對臺灣的統治，在所有的方向不可不具指向「東方的」意義。學者由此應有新的認識，為政者由此應鞏固其意念。

九、與近代史曾由探求希臘古典開始一樣，未來史也將向東洋古典探求開拓新的意識與理想的吧！形式上是古典的探求，但所達成的任務乃是新的歷史之嚮導。所謂古典探求在現代的事態下，決不是回顧的，而是具有革新的意義，像意大利的人道主義者一樣。又東洋古典、中國哲學、大乘佛教學等東方學，對未來文化將有所貢獻。其探求的文藝復興式的意義即在此。

一種新的史代之文化，為使之符合一致，在形式上大致從回顧性古典研究開始，從古典的再理解啟發新的文化。

我曾在前著《臺灣本島人的宗教》冠頭敘述如次：「我將此渺小的小著問世原因有二：第一個理由是臺灣人青年諸君，視其固有文化為迷信，為被時代遺棄的文化而不顧。只有認識自己者才能認識他人。宗教是文明的母胎，是文化的根柢。諸君若探求自己文化的根柢，將會發見它有內地（指日本）文化與東方的、汎神論的連繫。本小著將作為與現今西洋近代文明的轉變，同時澎湃而起的東方學研究的墊石。換言之，不僅只是古代的或古世的色彩至今仍然濃厚的臺灣社會的回顧，而且亦要吸取對於未來史文藝復興式的意義。第二個理由是對於訪問或研究臺灣的島外者，介紹臺灣人的宗教之真面目。從來關於臺灣人的宗教狀況幾乎得不到方便之門，只見外形的、物的設施、所謂僅知片面而論臺灣者不少，我將以實際調查所得為主，簡潔敘述臺灣人宗教現狀的概觀。」

第二節　臺灣統治與皇國精神

一、地居東、南、太平三洋的交叉點之臺灣，其自然環境具有熱帶以及亞熱帶的特色。太陽晃眼，氣溫升騰，山愈高，綠甚濃，同樣地從來島民的社會，文化生活亦多有特色。成為我國的新領土已滿四十年的昭和十年（西元一九三五年）其總人口已超過五百萬人，其中占九成者為漢族，在臺灣慣稱為「本島人」。其餘的一成為居住於山區的原住民及由日本移住的內地人及外國人。不僅繼承中國文化的臺灣人和屬於馬來系印度尼西安的原住民與肩負日本文化的內地人，共同生活於此島，而且臺灣人之中有福建人、廣東人；原住民中有泰雅（Atayal）、賽夏（saisat）、布農(Bunun)、鄒（Tsow)、排灣（Paiwan)、阿美（Ami)、雅美（Yami）等諸族，其各自的習俗規範未必相同。這些人們共同生活在此島，抱著感恩懷念之心，同樂生命的節奏時，所奏出者是什麼？東方式的運命協同體之節奏是也。我們直覺認識到那裡有普通人類的汎神論之根流。

如果「自主我」是意志的經驗，實踐的規範，汎神論就是情操的經驗，觀想所生。相對於意志在錯雜動搖裡自動決定合成之處，主觀地設定存在本身之力量，情操則在實質上，兼具客觀的、普遍的機制，以平和、寬廣抱感懷思念之心，普遍對所有之存在，從時之宜給與位置，乃一切要求落腳之處。意志是主觀的，特殊的、現實的；情操是客觀的，普遍的、理想的。可以說是這個意志和情操兩個心意合一之處，臺灣的本質直觀於焉形成。若就臺灣的統治而言，臺灣的統治是立腳於汎神論地盤的「自主我」的體驗。

渡臺之後在原野，在山地、在森林、在溪流、尋繹臺灣人及原住民的生活，我所實在感覺到的一事乃此也。

二、新領土或所謂殖民地的統治政策不應是浮動於空間的概念建築。

在臺灣從來的美化策論法，似以先列舉可視為島民的種族特性者，對所列舉的特性加以道德的批判，而以矯正這些特性來立即完成同化者居多。例如說臺灣人是極端的個人主義，故應先打破個人主義。或謂臺灣人甚為利己主義，故應先消滅利己主義。或曰……。或曰……。因人、因看法之不同幾無止境，要之，似認為將其短處，缺點，逐一破除，所剩者即為醇良的民族性。而此論，在對於臺灣人的精神生活改善事業有直接關係之人們間，似占有相當的勢力。然如此將善與惡隔離來思考，不但是沒有想到短處才是轉化長處之素材的單純想法，民族的性格或國民性，無論如何巧妙地將其特性抽象地羅列，對於欲瞭解整個性格渾一性是過於斷片，而不完全。在我臺灣，除上述淺薄的常識觀察之外，並非無熱心研究輯集固有風格習慣，刊行相當完備著述之人，但幾乎未作學術上的整理，所以好不容易蒐集的貴重資料，只能引起閱讀者的好奇心，多視為奇風異俗。這是因為其觀察態度不統一，且缺少最重要的觀想的情操的體驗所致的不得已的缺陷。

因而臺灣統治的標準，不應該是單單以現實的諸相為材料抽出來的概念，不可以是概念的幽靈。

應該尊重新領土或殖民地是對的。尤其它不是帝國主義搾取的對象。但同時得對於特定的殖民地要看出有如何的價值觀念，若是因為現在有特定的實質，故稱它有價值，則那只不過單純的自然主義。現在有，它本身絕非只這樣就有價值。只因殖民地與本國有異，存在於這樣的形態本身即可被認為可貴，這樣有異的事本身不該僅就此在價值上逕行定其上下。當然了，唯有它嚮應有價值的理想之規範時才是貴重的。故貴重的是理想，並非現實本身。而這種理想，近代人喜稱之為國際主義，或稱為「人道主義」，或說成是為了全人類。從個人到家，從家到國，從國到人類，愛的對象具有逐漸擴大的概念。若人類持有包括古往今來一切人的外延之概念，沒有像人類一樣空洞的。那是無果無味的空名。

為了此空名而談論及推動殖民政策真是危險。殖民政策的標準應具有獨自的生命，要有實際的一個特殊的理想。這就臺灣的統治言，即可以說應該是「皇國精神」。

皇國是在時空上無數人的本來一心同體之一個大生命。這個大生命，不斷地包容融合精神的、物質的，及生理的異種要素，共同依各自的理想予以美化的過程而存在。這種包容、融合及美化依種種形式運作，或外國文化的輸入，本國文化的輸出，或本國國民的移住，歡迎異種民族遷入。新領土、即所謂之殖民地，實在也是為充實這生命無止境的要求而存在。既然如此，臺灣的統治政策，不可以是浮動於空間的概念建築，應該是紮根於具體的皇國的生命，同時包容普遍人類的東方之情操者，即應該是立腳於豁達的「皇國精神」之新領土美化政策。

第三節　惟神之道的新使命

一、人們因為臺灣受惠於氣候風土，天然的物產豐富乃稱為寶島。這一點我並不否認，然而本島富有東方各種宗教的文化財，只是這一點，不但是日本的寶島，實在值稱為東洋的寶島。這個事實大概誰也得肯定，甚至可以說真是世界的一驚異。

然而稍為深入地探討其內容，它真有適合於稱為寶島的整齊的事物嗎？對此不得不說：不。只是多數，不能稱為貴重，多數的事物各與其應有之地位相稱，它才各具有價值。本島的諸宗教若非只單純地對立著，則只不過是淪落的混同。

這一點只要一瞥寺廟主神的史實傳說就可以立即了解。如斯予以放置，不得不憂慮民心的沈淪。

二、我想，民族的宗教，乃民眾思想裡的第一位。臺灣人及原住民的原有宗教是過去幾千年來長期的體驗所累積而成。如果追究這些島民生活的淵源，等於齒輪的旋轉由於皮帶，皮帶的旋轉由蒸氣所傳達，又自來水的水由儲水池，儲水池的水，最後歸於天地唯一的水一樣，欲究明島民生活的原動力，追根到底，終得溯及民族的宗教，從那裡傳達所有的力量。凡是民族的宗教，乃與其民族的成立同時形成，就其民族現有的高度文化，予以解剖分析時，均會被牽返到民族宗教那裡。苟要了解一民族的性質或民族精神，只看到現在文化的上層絕不能了解其本質，必須溯至根柢的民族宗教。譬如一樹，高文化是花或葉，宗教生活如樹幹或根。滋養樹幹或根，才會生葉、開出美麗的花朵。相當於這樹幹或根的就是宗教思想，宗教生活。

如斯看到臺灣人的原來宗教是臺灣人精神的源泉時，如前述的三教混淆的事相，告訴我們什麼呢？這是我斷定民心的沈淪可憂的原因也。

然靜思之，諸宗教的混亂與瓦解乃創造更高階段的地盤。例如在似此瓦解與混亂之上，興起了基督教，乃歷史教導我們的地方。在臺灣諸宗教亂立與混淆是在臺灣其舊信仰將被破壞，遭逢興起新信仰的機運。一般來看今日臺灣的思想界，可舉：過了領臺前後的不安時代，隨著生活的安定所生的復古的、保守的傾向；和由新的現代的境遇醞釀而成的革新的、進取的傾向兩者。前者乃臺灣人將歷史的回顧所生之民族精神，擬在社會生活上保持表現的要求，孔子廟和吳鳳廟的改建及各部落的建醮乃其一端；後者乃因受當今世界思潮，尤其是近代技術性思想的激烈刺激，不問各人意識與否，要求自己生活的新方針及新生活內容的統一原理，但一問其要求是什麼？則似無法明白地說出。臺灣的宗教界亦似此兩傾向正互相混合著，而喚起一種民眾的、社會的覺醒。於是基於某種意義，現在已自發地追求生活的原理（參照拙稿〈關於本島的寺廟與迷信及陋習〉《社會之友》一〇〇號）

如果說宗教應由更高層次的宗教來導引，則居於將臺灣的宗教界，由昏迷的現狀救出的指導者地位的是何者？我在此不得不想到在本島的惟神之道的使命。

三、在我考察臺灣人的宗教之前著《臺灣本島人的宗教》已經得到如次的結論：

「蓋比較宗教學上，概觀世界的宗教思潮，有所謂神人合一教 (Theanthropic religion) 和神人懸隔教 (Theocratic religion) 二個系統，將神和人之間不顯著的割離思考之流派宗教與將神人間很嚴格的區別思考之流派宗教二種類。希臘、羅馬、印度、中國、日本等宗教是前者，猶太教、基督教、回教等屬於後者。此兩者的區別，到了微細之點並不嚴密細分，神人懸隔教中亦有神人合一的分子，神人合一教的人亦有神人懸隔的要素，自不待言，但同時神人懸隔教的發達，以一神教為特色，反之，神人合一教的極致成為汎神教，或汎神論。於是產生二種宗教思想的對立，不得不認為此為歷史的事實。臺灣人的宗教意識屬於神人合一系。故日本人和臺灣在其固有的宗教有相似的開展乃很有趣味的事。惟日本人的固有宗教的惟神之道，同為神人合一的思潮所支撐，但很早已完成了汎神教的組織，在這一點上對於臺灣人的宗教，在其理論，在其實踐，立於指導的地位是可以首肯的。」

惟神的精神，作為人而不離開人所在，最可以見到真正的神。就是這個精神，在臺灣到處的寺廟，又在民間信仰所見到的，越發覺得有醇化的急切需要。

觀臺灣人的固有宗教，它如上述，採取道教、儒教、佛教混淆的一大民間宗教的形態，其信仰熱烈的反面，往往混入甚多不純分子。欲以外科方式去除人的妄想是非常無效果的努力。我們由感悟正信，自得排除妄想。在暗室裡點燈火，黑暗不得不退卻。臺灣宗教改革的根本動向是，就臺灣人為首的全島民的宗教生活、思想生活自體中，使其發見而自覺應美化的光明。然光明是什麼？

惟神之道是也。臺灣宗教政策的理想是在惟神之道的大理想、大信仰之上讓島民悉皆安立，知其本末，益達儒教、道教或基督教之一或一個以上的正當信仰，同時磨練其信仰，又努力融合之。唯其趨向何者則由各人分擔。根本在於使其安立於惟神之道上。

四、皇國的精神才是東方精神的精華。於是皇國的精神以採取宗教意識形態而發現，將萬世一系的天皇奉為稀有至上的結晶，作為惟神之道。惟神之道乃愛人類的具體表現。

所歸之處，臺灣統治的規範是在所有各方面採取皇國和其中軸的惟神之道。有力地加強日臺合一，使其廣大豐富皇國意識，際此應以東方社會光明興起之秋，不禁深切的想到惟神之道的意義與其新使命。

第四節　佛教和其統一運動

一、作為惟神之道（惟神道）的好伴侶，而立於可濟臺灣的宗教或思想界地位的，可舉出「佛教」，對此大概任何人也不會否定吧！興起於古印度，而繼續至今，陶冶印度、中國、日本等東洋人的汎神精神之佛教，立於連結日中、日臺思想連鎖的好地位。唯臺灣的佛教運動的現狀，僅止於進於自肅自戒運動，但其指導精神應在「大乘佛教」甚為明確。茲想將此點先作一探討。

佛教是以波羅門哲學為基材，依釋迦的人格統一而興起，依其人格及其生活活動並感悟目的和教條之哲理性分析，而益加發達。佛教所包藏的哲理是根本性的。然根本哲理也不能排除與它契合的生活活動，獨自絕對地存在。佛教的教義是極為統括性的，具有能容其他一切的統括性度量。然又納入其他精神而毫不厭嫌。佛教作為宗教，實在是宏大幽玄。然實無絕對的自性，必須依各人的特色獨斷運用。現在更附加有關通俗活動的個人所見。甚至可以說佛教裡有佛教味道的並非真正的佛教。

佛的無自性

因此佛教一進入中國，容易地統括複雜高尚的中國固有的哲理，自根本建立起中國佛教哲理的一大系統，同時進入中國固有的思想中，使宋明儒學大為發達。故佛教雖猶是佛教，中國佛教附加了其特色。印度佛教容納印度特有的思潮，具超越性而輕視現世的生活活動，反之，中國佛教尊重現在，重視各人的權限，以完全的社會生活活動，作為終局之開悟。然而各人的權限係在宇宙中各人及一家所有的權限。在社會活動者亦係每個人其私宅的生活活動。至於位最極端，負聯絡之大的「普遍我」，即國家的存在，尚未曾提高至充分的意識。不但如此，其稱為生活活動，也莫如說有重理而不重事實的傾向。

具有超越性質的印度佛教，在中國被精選，但由其特色被溫和化的中國佛教猶然為世界主義式者，從而尚屬於個人主義的宗教。這種中國佛教，移到日本，容納日本固有的思潮，又被國民化。日本佛教是國家式的佛教。故其結局，不回歸超越性的開悟，而肯定現世的生活活動。並且不專說歸一於宇宙的自我的權限，提倡國家的權限，以歸一於國家的國民各自的權限，作為真心的最高之開悟。且非常發達主觀觀念論，認為理法即道，道即習慣，佛教與尚武的生活，在實祭上互相結合，圓滿地融合了起來，在中國華嚴宗中謂之「托事顯法生解」，或臨濟三句中，稱為「真道」，又以之為曹洞五位的「兼中到」等而發達之主旨，事實上到日本益加發達，刺激古來的習慣，使武士式的習慣，即非學理或成文法的事實生活之武士道為之發達。

冷靜回顧佛教自其發生地進入中國，拋棄其主觀上的偏執、偶然的獨斷、超越性性質，成為益加公平的客觀教理與修養手段，後再東遷到日本，復脫離其主觀上的偶然，更加成就客觀性的公道，遂成為普遍性信仰之歷史的事實，尤其是想到「大乘佛教」的精神，僅賴日本國民而生存著的現狀時，臺灣佛教應採取的前進的道路已自顯現。

回過頭來想想本島佛教界的現狀，無論是出家佛教（主要為臨濟宗、曹洞宗）或在家佛教（即齋教），多執著於舊慣，流於形式，而缺乏生氣。於是本島佛教關係者間乃自大正元年，（西元一九一二年）前後興起廓清現在消極的情勢，破除迷妄，回歸「大乘」的真精神，振起適應於現代的純真佛教之自覺。這一點分為在家佛教和出家佛教，述之如次：

第一：本島的佛教不可是忽視皇國嚴肅之歷史存在，而只欣求依靜的秩序達成每一國人被統一之和平的佛國。否則往往容易陷入不健全的世界主義(Cosmopolitanism)，排拆人類高尚情緒的愛國心，或空洞而形式上的四海同胞主義，或流入絕望的冷淡之「主我主義」。在那裡沒有什麼進步，只有單調無氣力而已，本島的佛教界似不無這種沈滯。佛教的思想高深而具備宗教體制，宜當振興起這種精神，使浸染道教迷信之一般臺灣人提高信仰生活品質，進入高超的理想境地。蓋作為臺灣人原來宗教的主要要素之南方道教思想，已墮入保守的宿命之現實主義，功利的、物質的個人主義。為了匡濟其以過去幾百千年的情勢正落入無限迷途，與之已有若干結合的佛教之使命，可謂重大。

第二：本島的佛教必須咀嚼吸收「皇國精神」，特別是其精華的惟神之道，作為東方汎神論之精神的一源泉。惟神道和佛教完美的圓融，他罕其例。在此我想大大地標示惟神道的特質。不幸過去在西歐發生的國民主義，馴致淪為偏狹的排他性心理，在消極面變為偽國主義即沙文主義(Chauvinism) 或軍國主義 (Jingoism)，在積極面促使侵略他國的帝國主義之興起。與此相反，我國民的宗教惟神道自古以來頗為寬大，而作有包容的活動，其本質淨化到真正的世界精神的境界，如彼之所謂帝國主義性政策，與此之真正的神道精神實不相容，以和魂為其本質，惟神道與西洋的國家主義——民族主義 (nationalism) 之兇暴，完全異其性質。特別是佛教的無自性，成為東洋諸國，尤其緬甸、斯里蘭卡、西藏、中國本土，日本廣為普及佛教的起因，在我國與惟神道之可驚的寬容性相結合，例如日蓮宗乃愛國的佛教，完全失去佛教當初的世界主義面目，自不待言。

作為惟神之道好伴侶的佛教，在臺灣所具有的指道者的使命極為重大。然本島的佛教運動，尚在自肅自戒的階段，不無遺憾。

二、我先檢討臺灣在家佛教（齋教）運動，次為出家佛教。

齋教三派之中，龍華教在近代由於各種必要，不但本身進行統一聯合，對於本派以外的其他二派亦屢有建立連絡的運動出現。這個運動最初只不過是單純的精神修養的團體，對外表明自己的立場，以避免外來的迫害。然隨著時勢的推移，漸次由聯合進展到統一，終因如以前，置本山（總寺院）於對岸有所不便，擬設立本山於臺灣之內。最初是明治四十五年（西元一九一二年）前後設「愛國佛教會臺南齋心社宗教聯合會」，計畫三派的聯合，繼而在「齋教三派合同佛教龍華會」之名下企圖統一三派。然龍華會因財界的蕭條，陷於無法推展預定行動之悲境，大正末、昭和初年幾乎在中止的狀態，到昭和四年（西元一九二九年）前後，得到財團法人的許可，以後漸漸推展活動。

愛國佛教會臺南齋心社宗教聯合會趣意書如次：

夫宗教之設立，固為覺世牖民，佐王化，趨善治，孰知人心不古，覺悟者少，迷昧者多，竟致至善之法門愈習愈紛，日日趨下，而旁門異端由是以生。甚至行符咒水，妄談禍福，謠言鼓眾，左道惑人，混稱齋眾，此實宗教之罪人，善門之蟊賊也。我齋堂或不辨誠偽，不知良莠，遂被惡黨混入，若因而違背政府之治安法，恐必惹無事受累之愆。各教友亦難辭其咎也。今乃文明之時代，豈容此輩魚目混珠。我等有鑒於斯，爰聯合各堂之道眾，共成團體，為擴張教會，公訂章程，以絕外患侵來，而維宗教之秩序。宜各各遵約整理，是所厚望。

次舉該聯合會之約束章程（原文為中文，照錄於下）：

第一條：聯合會之主旨為保護宗教安寧之秩序，特設約束章程，以便會中人持守遵約奉行。

第二條：聯合會各派齋堂共名齋心社，設立會長、總代，說教員，而於稱呼可以仍循舊章，不用變更名義，聽各派或稱老板，或稱先生，或稱頭領，或稱護法，或稱掌教，或稱護教均從其便。

第三條：約束之宗旨，首要遵守國法王章，賦稅早完，勉為善良，以盡人民之義務，而符宗教之規程。

第四條：持身忠孝廉潔，兄弟友愛，朋友信義，訓妻教子，待人以恕，律己以嚴，財物交接，取與分明，各勤職業，安分營生，以為宗教之完人。

第五條：凡我宗教人等喜為佛門弟子，幸作聖世良民，三教原同一家，須當互相和睦，各派今既聯合，不得妄分岐視，以守教民之資格。

第六條：既入宗教，不可又去會盟，若遊手好閒，不務正業，結黨成群，奸淫賭盜，或藉神佛名號，誘騙愚民財物，以及行符咒水，戕賊人命，此為違背宗教之正道，立即逐出教外，稟官懲治。

第七條：或有蔑視長官，誹謗時政，炫異矜奇，捏造邪說，惑世誣民，以及分門別戶，滋生事端，不受誥誡者，亦即逐去。

第八條：各派齋堂，如有徒眾偶犯小過，掌教務須諄諄開示，彼既知過，當使共在佛前懺其前愆，觀其後效。倘有頑梗之徒，知過不改，反爭為是，甚至誹謗師長，嫉妒同人，聽堂主知會各堂，公同革出。

第九條：凡要引進入會之人須擇其品行端方，誠實篤信，方許其歸依，倘若素有蕩檢踰閑不正行為，果有改變，以引進人作保證，方許入會，若凶暴陰險之徒，決當拒絕。

第十條：各派齋堂，務須設置同人錄，男女各一本，內載入會者姓名、住址、年歲，其會中人或有死亡，並及斥革退會，詳細登冊，以便稽查。

第十一條：以上章程，或有未周至妥洽，均可增刪，聽臨時開堂酌。（似有漏字）

詢問佛教龍華會的意見，答以「在臺灣齋教三派的現狀，雖至今日本領臺已三十五年之久，但仍不及島民的天上聖母即媽祖教及其他中國固有的諸教。現在分布於本島的先天、龍華、金幢三派之信眾其數不詳，但約達十八萬，而其齋堂數達六百三十餘（大正九年－西元一九二〇年十二月調查）。大正十一年（西元一九二二年）認可本會創立，當初有信徒二萬餘，齋堂大小約二百三十餘。齋友有信念堅固，為了信仰，不惜身命，不辭水火者。作為宗教信徒本為當然的事，惜哉往往誤解釋尊正傳的佛教，陷於俗間迷信者不少。尤其本會創始時，就學日本活的佛教，擬發揚佛教的真義，以提高傳道布教之實績而宣傳之際，奸黠不法之徒，屢屢利用彼無智之輩的迷信，藉機企圖不法陰謀，謂：日本宗教由日本人所建立，由日本人擔任布教傳道，何苦崇拜日本式宗教。致時有純潔之民，因而觸官憲的忌諱，失去世間同情之可悲憫的事。現本島統治之實績日舉，人文日進，庶民齊由昔之迷夢覺醒，到了應善體一視同仁深意之今日，豈可學徒然墨守舊態，噌完全喪失活動能力的中國佛教之糟粕，背逆時勢發展之愚。基於大正九年（西元一九二〇元）的創旨，現在依已設之左記機關，樹立統一益加擴張之計，與以前並無任何改變」云。

觀龍華會對於將來的企劃如下：「關於宗教上，勿待贅述，乃基於三派佛教的本旨，大事鼓吹尊王愛國，謀大乘佛教的振興，教化眾生，並使之貢獻救恤慈善等社會事業，以報佛陀的自利利他的願行，內更加鞏固信念，外恪守五常，行真俗二諦的正道。作為前提者，臺灣民眾的宗教信仰者，無論屬於何種教派，以婦人占大多數，幾成臺灣宗教界的中堅之狀態，故本會不論現在及將來或男僧女僧均得大量預定日課，支部當然要應各地的招聘，舉辦加強現代意義的說教演講，一方面又講求日臺緩和之策，以期不違背佛祖的真意。對現在全島齋堂所用的經文法式，計畫與日本各宗派連絡，努力漸次改進，是以設置本山，以期統一全島齋教。」

龍華會規則十八條之中，舉有關其目的及事業之第三條、第四條（原文為中文，照錄於次）：

第三條：本會所為目的如左：

一、鼓勵尊王愛國，以基大乘佛教之趣旨，圖島民之開發，普及風教，且興辦社會公共事業，以資佛教真旨之振興。

二、全島各齋堂所用經文法式等漸為一定，兼設置本山以期本島齋教之統一。

第四條：為欲達前條之目的，須行左記事業。

一、於本部及支部或地方，以時時為巡迴講演，俾能徹底前條之意志。

二、本部於每年舉行大祭兩次，為齋友其他一般會員等之祈禱，并供養祖先，順於此期，開催本會總會，而劃策改善之事。

三、次擬就本島出家佛教觀之：

臺灣原有佛教，即指自日治以前即已存續，而由華南傳來者，分為出家佛教和在家佛教。在家佛教由臨濟宗變遷的可稱為佛教之改革派如前述。出家佛教依宗派別來說，僅有臨濟宗和曹洞宗二派而已。其所供奉的佛有：觀音、釋迦、阿彌陀佛、地藏王、達磨羅漢等，與日本佛教幾無不同。

在臺的寺院若就所屬來說，臺南的「開元寺」及臺北的「淩雲禪寺」一派屬於臨濟宗。基隆的「靈泉寺」和苗栗的「法雲寺」一派屬於曹洞宗。以上的四大寺為本島出家佛教的四重鎮，不但各有所屬的寺，亦均與內地的佛教本山（京都妙心寺及永平寺、總持寺）有形式上的連絡。然因實際教理教義不同，語言不通、風俗習慣等的相違，推測其內面的、實質的相互連絡甚有徑庭。然隨著最近宗教家自覺性之提高，促使產生企圖將立腳於大乘佛教的根本精神而弧立之數千寺廟連絡統一的傾向。其中可區別為擬將統一的中心置於日本的傾向（連絡的傾向），與擬置於本島的傾向（統一的傾向）。

第一：就連絡的傾向觀之：日本佛教傳來本島，始於參加領臺征討軍之從事軍布教師駐在本島致力開教。當初各宗本山均置臨時局，專門從事出征軍人、軍屬的慰問，但隨著土匪的戡定漸漸就緒，轉而策劃新領土的布教，尤其以曹洞宗、真宗本願寺派、淨土宗、真言宗等的活躍最值得注目。回顧當時的狀況，日本人渡臺者尚少，因此布教的對象必須以臺灣人為主，故各宗競相在本島各地設布教所，百方努力準備布教工作，但自明治三十二、三年（西元一八九九、一九○○年）前後，由於本山經濟上的困難，方針一變，其傳道不知自何時起傾向以日本人為主，且隨著日本人渡臺者逐漸增加，忙於經營佛事法要，終於完全忽視對臺灣人的布教於茲已十數年。大正五、六年（西元一九一六・七年）前後，機會再度成熟又發生各宗競相致力對臺灣人布教的傾向。此間亦有希望回歸日本本山屬下者增多的新現象。如東海宜誠氏的連絡運動乃其顯著之例。

臨濟宗布教約第二條「布教要旨為基於真俗二諦大乘佛教的主旨，使其知人心的趨向，宣揚尊皇奉佛的大義，提高教化之實效，以增進社會安寧幸福為目的。」

同宗聯絡寺廟齋堂規約第一條「本臨濟宗本山為京都妙心寺，統轄臺灣全島聯絡寺廟齋堂總本部置於臺北市圓山臨濟護國寺。本宗依全島各地寺廟齋堂之希望，承認聯絡加盟。」

同第四條「本宗聯絡之主旨，乃自聯絡中依相互間之親善提攜，並以本宗主旨為根本，漸次圖地方布教之實施，普及大乘佛教真義，次以開發島民心地，提高教化之實績。」

第二：關於傾向統一：此種機運先在在家佛教出現如前述。出家佛教的僧侶團體，古來曾多少已有聯絡，因此以前不大能見到此種運動。然現當舊信仰破壞，而新信仰將興起之過渡期，當局亦深覺有對本島佛教補（輔？）助監督的必要，同時凡與佛教有關係者的腦海裡所出現的問題，是應在本島設立與中國及日本獨立的佛教本山，或各寺院應共同創設教務所。例如：昭和四年（西元一九二九年）一部分人擬在某山設立佛教本山之動機，又如某住持起草臺灣明道會趣旨書，乃表示此種情形。可是，策劃本島佛教的教育教化事業之指導與統一雖大家認有必要，但現在尚未創設符合此種趣旨的臺灣佛教教務所位階的機構。

結語

歸結之所在乃是日臺一宇的精神。對於此點有煩擔任本島教學當局一考之處不少。

例如臺灣神社所供奉的神有中有尊「大國魂命」是在臺日本人所無人不知吧！然百尺竿頭更進一步，說明使兒童、學生、民眾認識了解，這尊大國魂命與臺灣人大眾所敬畏的「城隍神」同為幽冥界的神，鎮守土地之神，城隍神乃我大國魂命的延長，來守護臺灣的國土，這兩尊神在信仰上係一體者，迄今並無所聞。次就那有名的「媽祖（天上聖母）」說吧！本神原為奉祀福建省人林氏之女。此女相傳係祈禱「觀音」後授生的孩子。媽祖廟經常在後堂合祀觀音，祂本來為水神，現已成為萬能之神－無論祈求何事，均能答應的慈悲女神－此觀念滲透於平和的臺灣人的民族性中，信仰極為盛大，然則媽祖的信仰，在形式、實質均與觀音信仰成為表裡之一體。（我不得不想起日蓮上人的神佛一如的想法「謹討百神之本，無非諸佛之迹，所謂伊勢大神宮、八幡、加茂、日吉、春日等皆是釋迦、藥師、彌陀、觀音等之示現也。」（日蓮上人遺文）上述想必已為本島佛教家所熟知，然否？那麼或問更為臺灣人所親愛的神，街庄林野到處廟祀，或私人祭祀的「土地公」（福德正神）又如何？本神乃小城隍格的神，更是農業商業的守護神，正與在內地的「稻荷神」相一致。

觀以上的土地公、媽祖、觀音、城隍爺四者，可以說概觀了臺灣人的固有信仰，當非過言，至於其他廟祀關帝、保生大帝、神農大帝、開漳聖王、鄭成功、元帥爺、義民爺、孔子、將軍爺、節婦孝子、吳鳳、寧靖王等，與日本神社奉祀功臣、英雄、賢哲的精神並無差異。又三山國王、文昌帝君、玉皇大帝、大樹公、七星娘娘、太陽公、太陰娘娘、山神爺等起因於自然崇拜的信仰亦與在日本的日月風雨山水草木等自然神的信仰同其宗教思潮所撐持，更轉而對現在有關臺灣原有寺廟之方策觀之，這兩三年來好像執「皇民化運動」之名，呼倡寺廟整理說，寺廟漸廢說等種種策論，且逐步付諸實行中。惟在外地的皇民運動，乃使自覺身為天皇輔翼者是外地人生來的固有性，與日本人間毫無差別，故在臺灣的皇民化運動，誠乃使自覺輔翼天皇為全人類的本質之文化運動的第一階段之光榮與責任，所以我想與其說日臺一宇，不如更應標示，高舉八紘一宇的世界精神。往往在一般人常見的排他的毛病，豈不與八紘一宇的精神相隔太遠？日本人應有如此自信。而同時臺灣人應脫去舊殼，自覺奮起。

人類的神是一，非二。（人類之神觀的多樣性，可以說反而正明證此事）日本的神、中國的神、原住民的神，若將其視為個別之神，則難免有將神與物混同之非。

禊教的開祖井上正鐵翁說：「在日本稱神，在天竺說為佛，是同事。」又給與智善尼之書，翁道破「神佛之教並無所變，為使知皆唯一，乃致書也。」至於吉田靸偵大人更就此理說明曰：「伊勢大神宮、八幡大神宮、春日大明神的神明是日本的神，是為聖人；孔子之道，釋迦之道亦為聖人之道，為何嫌之。……儒佛二教係由一心之源分流萬法。釋迦、孔子俱性命受於天地，德行施於夙夜，非是我神明所託耶？」又云：「梵漢之兩聖，心地開向和光，天地之一神通化，同於塵埃。大道一元之元，天神一貫之貫，此非吾神道耶？」云。

先覺之言，光芒一閃，吾人覺得貫穿心魂。

本文完

參考文獻——關於臺灣人的宗教者——

一、臺灣總督府《臺灣宗教調查報告書》第一卷（全一冊）

本書乃大正六、七年（西元一九一七・八年）間明石總督時，在地方各廳設宗教事務辦事人員，使其提出《寺廟臺帳》及《宗教調查書》，由時之總督府編修官丸井圭治郎，就其中選有關臺灣人固有宗教記述上梓者，時為大正八年（西元一九一九年）三月。本文二〇四頁，附錄加各種統計二二二頁。

二、柴田廉《本島民族之神的研究》（全一冊，謄寫印）

前述大正年間的宗教調查時，擔任臺北廳宗教調查主任的柴田氏彙整該廳方面的調查，撰《臺北廳祭神一斑》（總督府及臺北州廳所藏）。以此為要點，臺北州宜蘭郡教育會於昭和五年（西元一九三〇年）謄寫印刷者。共一九七頁。從柴田氏依一貫的方法論敘述來說，範圍雖然比前書狹小，但是係很深入的名著。

三、臺灣總督府所藏《寺廟臺帳》（六十冊以上，筆寫）

各州廳及總督濟所藏的《寺廟臺帳》，無論是廟之沿革，所供奉的神明的靈驗，記載地相當多，故作為調查研究之基礎並補充，極為貴重的資料。我在本臺帳的閱覽承蒙當局的幫助不少。

四、又總督府保管《嘉義廳、新竹廳、阿猴廳之參考記述》李添春囑託編《本島宗教事情一斑》等騰寫印刷的小冊子若干。本書中列所供奉的神所傳而無舉出引用文獻之名者，其中有一部分係依據此項資料。

五、拙著《臺灣本島人的宗教》（全一冊）明治聖德記念學會刊行。昭和十年（西元一九三五年），我敘述之《臺灣人宗教的概要》（九十五頁）。特別插入在各地所攝之相片六十張。

六、其他

臺灣總督府民政部法務課內臺灣慣習研究會編《臺灣慣習記事》（第一卷—第七卷，自明治三十四年至明治四十年—西元一八九四年至一九〇七年）。杉山靖憲編著《臺灣名勝舊蹟誌》（全一冊、大正五年—西元一九一六年—四月刊行）。鈴木清一郎《臺灣舊慣冠婚葬祭與年中行事》（全一冊、昭和九年—西元一九三四年—十二月）。曾景來著《臺灣宗教與迷信陋習》（全一冊、昭和十三年—西元一九三八年—十一月）等，雖係片段，但亦作為參考。

綜合解說

本書相關研究史及其各家評論

江燦騰❶

增田福太郎是日治時代研究傳統臺灣宗教的重要學者，因他曾擔任第二次臺灣宗教調查。在臺期間（一九二九～一九三九）共計十年，他曾撰有大量的相關著述；而他離臺返日後，亦持續撰述與臺灣宗教有關或與臺灣原住民有關的民俗及法學的著作。不過，這些大量的著作，除少數如《臺灣的宗教》、《東亞法秩序序說》、《臺灣本島人的宗教》等早期著作，因此地書局有再版，可以方便參考外；其在戰後數十年間所發表的論述，因都遍散在日本各學刊和書局，所以此地的研究者頗不易收集和加以參考，故過去很少有學者專論此一課題者。

本文的撰寫是利用二〇〇三年十二月五日中研院民族所與淡江歷史系合辦「增田福太郎與臺灣研究」的學術研討會期間，由蔡錦堂教授提供大量從日本攜回的增田福太郎著作，才有機緣撰寫此專文。

---

❶本文初稿二〇〇三年十二月五日曾於中研院民族所舉辦的「增田福太郎與臺灣研究」研討會上發表，由王見川教授擔任講評。

所以本文所探討的，主要是學術史的回顧以及和本書相關的評論之解說。筆者將在文中探討相關學者如黃得時、劉枝萬、三尾裕子、蔡錦堂等人對增田學術業績的不同評價觀點，並重新對增田福太郎的學術成就作定位。筆者認為他：實可被視為曾有優異表現的傳統臺灣宗教史研究者及理論的建構者，而不只是一位臺灣宗教研究的先驅者而已。

壹、前言

增田福太郎是日治時代研究傳統臺灣宗教的重要學者，但過去學界對他的生平和研究成果，在一九九六年以前，雖有諸多肯定評價或全然忽視者，卻都屬在相關論文中的片段評價，或泛泛綜評，而非以完整的論文來探討。直到蔡錦堂教授於二〇〇〇年十月發表專文〈臺灣宗教研究先驅增田福太郎與臺灣〉後，學界才能對增田福太郎的生平及其長期的各項學術活動，有更近全面的認識❷。

然而，若以專書出現的研究成果來說，迄二〇〇三年十二月初筆者撰寫此文為止，似乎仍無有專書探討有關增田福太郎一生的學術成就者。

❷蔡錦堂教授撰寫專文〈臺灣宗教研究先驅增田福太郎與臺灣〉，於「二十世紀臺灣歷史與人物」學術研討會上發表（國史館於二〇〇〇年十月二十三日在臺北市國家圖書館漢學研究中心的國際會議廳舉行）。

據筆者所見，目前似乎只有增田福太郎的次子增田貞治（一九四二年生），於平成十五年（二〇〇三）十二月，編成《增田福太郎傳略》（以下簡稱《傳略》），共十七頁，包括其父一生各階段的重要事蹟、學術論文和專書的完整目錄，以及三十多幅外界迄今罕睹的增田福太郎生平寫真集。故此一《傳略》也可說是迄今為止，收集了增田福太郎生平最完整的年譜資料。

但此一《傳略》的內容，除間有簡單的論文資料說明之外，大都屬於資料和影像的羅列匯集，所以也稱不上是一本屬於嚴格意義下的學術研究專書。並且，在其「最近事蹟」一節的有關研究資料中，遺漏了筆者在一九九六年所撰、也是增田福太郎生平從事研究傳統臺灣宗教研究以來，首篇被學界以完整專題論文方式探討〈媽祖信仰與法律裁判——以增田福太郎為中心〉一文的相關資料，是為其美中不足之處❸。

事實上，那篇論文的撰寫，是起因於筆者曾在臺灣大學法學院圖書館的地下室藏書堆中，偶然發現有一增田福太郎寫於昭和三年（一九三四）的論文〈臺灣に於ける天上聖母の崇敬と立誓事件〉抽印本；並且此文於隔年（一九三五）以「臺北帝國大學理農學部農業經濟學教室研究資料第二十二號」載入《農林經濟論考》第二輯頁一三一～一七七。其後增田福太郎還將此抽印本，

---

❸筆者曾為此事詢之蔡錦堂教授說：「何以會有此重大漏失？」而據蔡教授的解釋是：他也原先沒預料增田貞治會編此《傳略》的年譜資料，所以他當初提供給增田家的研究資料，就沒有包括筆者的這篇論文在內。也因此，增田貞治自然無從知道有此論文存在，故才有此漏失。

寫上自己的姓名題簽，呈送給在同校擔任文政學部政學科擔任「民法民事訴訟講座」的宮崎孝治郎教授，請其指正。筆者發現此資料之後，決定將此資料撰成研究專文，於一九九六年秋在雲林縣北港朝天宮舉辦的「媽祖信仰國際學術研討會」上發表，並深獲講評人王見川先生及在場眾多學人的高度肯定。

而與會學者中，尤以前臺灣省文獻委員會的著名前輩學者黃有興先生，對筆者更是鼓勵有加，然後藉此機緣，筆者才直接和間接地促成兩件增田福太郎學術著作開始在臺進行中譯的美事，所以也在此略為說明。

因第一件的翻譯構想，是出在會後由筆者極力說服有古典日文素養及翻譯經驗的黃有興先生主譯、並由筆者負責編註和潤筆的增田福太郎於一九三九年出版的重要著作《臺灣の宗教——農村を中心とする宗教研究》（東京：養賢堂，一九三九年）；而此書也是他於昭和四年（一九二五）渡臺從事傳統臺灣宗教調查以來，集大成的研究結晶。只是此事進行不久，筆者即一度罹患罕見且難癒的多發性骨髓癌；其後的數年，仍須頻繁進出醫院進行各種手術和化學治療，才能搶回生機並苟活迄今。所以《臺灣の宗教——農村を中心とする宗教研究》雖已初步中譯完成，但也因此，中譯本仍遲遲未能正式出版，不無遺憾。所以筆者決定於二〇〇三年十二月五日由中研院民族所和淡江大學歷史系合辦的「增田福太郎與臺灣研究」的紀念研討會上，先行展出此中譯自印暫定本，以稍作彌補❹。

至於間接促成的第二件美事，是因筆者的論文講評人王見川先生，經筆者的介紹，也認識了黃有興先生，其後他也同樣說服了黃有興先生從事中譯增田福太郎的另一重要著作《東亞法秩序序說——民族信仰を中心として》（東京：ダイヤモンド社，一九四二年）❺；並由筆者提供增田福太郎的原〈臺灣に於ける天上聖母の崇敬と立誓事件〉一文日文抽印本、再加上增田的其他相關論文❻，交由臺灣省文獻委員會審查通過後，以《臺灣宗教論集》書名，於一九九九年夏正式出版。

意外的，幾乎就在同年的同一時間，由臺北古亭書屋編譯的增田福太郎原著的《東亞法秩序序說——民族信仰を中心として》一書，也加入了由郭立誠教授早年（一九三五）所作的〈北平東嶽廟的調查〉專文和高賢治新撰（一九九九年春）的〈城隍信仰的由來〉一文；全書還附上新拍的多張相關彩色照片，並因此易名為《臺灣漢民族的司法神——城隍信仰的由來——》（臺北：

❹關於此一翻譯的種種過程，請參考黃有興先生更詳細和更精彩的報導論文，即已收入本書的〈增田福太郎臺灣宗教著作翻譯經驗談〉。此文原為中研院民族所與淡江大學歷史系於二〇〇三年十二月五日為紀念增田福太郎百年而合辦「增田福太郎與臺灣宗教研討會」的論文。

❺此事亦可參考黃有興，〈增田福太郎臺灣宗教研究著作翻譯經驗談〉。

❻所增為增田福太郎的另外兩篇論文：㈠、〈城隍爺信仰の現はれたる臺灣島民るの法律思想〉，《農林經濟論考》第一輯（東京市：養賢堂，一九三二），頁三一八～三四〇。㈡〈神社精神と社寺精神〉，《臺灣時報》第二百九十三號（臺北市：臺灣總督府情報部編，一九四一）。

眾文出版社，一九九九年），正式出版。

但因此書非由專業人員翻譯，書中文句被節譯之處甚多，讀者參考時必須特別注意其與增田原書上的論述差異才行。最好也能同時參考前述黃有興先生的中譯本，那就無大問題了。

接著於隔年（二〇〇〇年），蔡錦堂教授，因撰寫「二十世紀臺灣歷史與人物」（國史館於二〇〇〇年十月二十三日於臺北市國家圖書館漢學研究中心的國際會議廳舉行）的專文〈臺灣宗教研究先驅增田福太郎與臺灣〉❼，首次以幾近全面探討的企圖心，論述了增田福太郎一生各方面重要的學術研究。這也可以說，臺灣學界對增田研究的一大突破。

但讀者須知，此文也是蔡教授繼其在一九九五年三月於中央圖書館臺灣分館與吳三連臺灣史

---

❼蔡錦堂於此文前言中曾自述研究動機為：「關於增田之面貌目前仍舊停留於模糊狀態，其實增田福太郎除了對臺灣宗教下過功夫進行研究外，也於霧社事件之後直至一九三九年離臺止，對臺灣原住民族作過多次的調查，並以其原『法學者』出身的觀點，寫出不少有關原住民『原始民主制』、私法、神判等等的論文。戰後增田在日本亦有不少關於臺灣宗教與原住民的論文，部分僅屬改寫，亦有部分提出新看法，這些論文似乎較為臺灣學界所忽略。筆者前曾對增田之家屬進行訪談，並取得一些相關資料與照片，因此撰此論文，除對之前演講的初步介紹進行資料彌補外，亦僅此就教於學界先進。」其後蔡教授此文被收入胡建國主編的《二十世紀臺灣歷史與人物——第六屆中華民國史專題論文集》（新店市：國史館，二〇〇二），頁五三～八〇。而筆者亦徵得蔡教授的同意，將於日後出版增田福太郎的《臺灣の宗教——農村を中心とする宗教研究》中譯本（按：即本書）時，亦納入此文。

料基金會主辦的「臺灣人物與歷史講座（系列二）：臺灣研究先驅人物」中，以「臺灣宗教研究先驅——丸井圭治郎、增田福太郎」為題，曾對丸井與增田作初步的介紹、並將兩人並列為先驅的；但經五年後，蔡教授所持的新看法則是：進一步貶抑丸井，而獨尊增田為「臺灣宗教研究先驅」。

儘管如此，不論蔡教授對丸井的《臺灣宗教調查報告書第一卷》（臺北市：臺灣總督府，一九二〇年）如何將其評為「該報告書仍停留在資料的呈現上，較少『學術研究』的味道存在。」而認為增田在臺十年當中，「除仍繼續宗教調查外，亦利用其學識將臺灣的傳統宗教提昇至『學術研究』階段，賦予學術學理的新生命。此乃為何稱其為臺灣宗教研究『先驅』的理由所在。」❽是

❽蔡錦堂在進行評論增田研究之前，對增田之前的臺灣傳統宗教研究業績，曾有一段評論，其內容如下：「一九一〇年三月，《臨時臺灣舊慣調查報告書》中的《臺灣私法》（共十三冊）出版，其中第一卷下、第二卷上、及其附錄參考書裡均見有臺灣宗教關係資料，但並非經過有系統實地調查之後整理成的資料。其實根據《臺灣總督府公文類纂宗教史料彙編》（臺灣省文獻委員會一九九九年六月二十一日印行，溫國良中譯），總督府也曾經在一九〇二年（明治三十五年）行文各地方官廳開始進行宗教調查，只不過此時期的調查侷限於日本本土的「教派神道」（如：天理教、黑住教、扶桑教等）、「內地佛教」（如：曹洞宗、真言宗、淨土宗等）、以及天主教、基督教等，並未涉及臺灣傳統的佛、道、儒、民間信仰等當時所謂的「在來宗教」。總督府真正開始對臺灣的宗教——特別是『在來宗教』——進行大規模的調查，是在一九一五年西來庵事件發生之後。一九一五年（大正四年）五月西來庵事件（又稱焦吧年事件、余清芳事件）發生，由於事件

否為公允之論？其全文仍不失迄今為止，關於增田福太郎與臺灣傳統宗教研究這一領域的各論文中，資料最齊全、論述最完整的高水準之作。

而筆者自拜讀蔡錦堂教授的上述大文之後，深獲啟發，其後更多次陸續用長途電話，向其請教有關此文的種種問題。並且，不久前，又蒙蔡教授提供多種筆者生平一直無緣拜讀的增田福太郎的其他重要著作，始能更清楚了解增田回日本後，直到晚年的學術定論。所以蔡教授實係本文的主要催生者，令筆者對其學恩感激不已。

貳、研究史的回顧

與寺廟（齋堂）的宗教迷信有關，且引發大規模抗日運動，因此事件發生後，總督府即開始對臺灣的『在來宗教』進行有史以來第一次的大規模宗教調查。一九一八年全臺灣各地方廳依次提出宗教臺帳與寺廟調查書，總督府乃將這些資料匯集，委託當時擔任總督府編修官兼翻譯官的丸井圭治郎統籌編輯。一九一九年（大正八年）三月所出版的《臺灣宗教調查報告書第一卷》即是這次宗教調查的成果，這是臺灣歷史上第一本較完整且有系統的有關臺灣傳統宗教的調查報告書。增田福太郎於一九二九年（昭和四年）四月以宗教調查官的身分來臺時，即根據此宗教調查報告書之基礎，再對臺灣的宗教作進一步深入的調查與研究。」見蔡錦堂，〈臺灣宗教研究先驅增田福太郎與臺灣〉，《二十世紀臺灣的歷史與人物》（新店市：國史館，二〇〇二），頁五四～五五。

一、有關研究資料取得的困難問題

臺灣學界過去對有關增田福太郎的傳統臺灣宗教研究學術業績的檢討，誠如上述，確實成果不豐。事實上，其中存在著一大困難，就是增田福太郎生平雖留下為數不少的相關著作，但除了其在臺十年（一九二九～一九三九）所寫的，可在此地較易尋得外，自他回日本之後乃至從戰後到他逝世為止（一九三九～一九八二）的這幾十年間所寫下的、並和前期在臺研究傳統臺灣宗教有關的大量論文和專書，可說皆在日本各處學報登載或由不同出版社出版，所以臺灣的學者若要從事研究，除非赴日本長期蒐集，否則將不易悉數獲得。

事實上，連增田福太郎本人，也遲至一九七三年出版其《事務相關の諸論》（東京：佐野書坊）時，才於書後附有一文〈法學五十年〉，記載其一生的完整學術目錄；其後增田本人又陸續於一九七九年夏再次加以補記❾，於是我們才能了解增田一生的著作和論文，合計共有一百九十五篇之多，故其數量是非常龐大的，要能蒐齊，自然不易；而無資料齊備，則研究論斷時，則較無把握，所以有可能會因此而遲延展開，或遲遲未能完成該項探討的時間。而此一資料上的困難，即以在臺灣各圖書館蒐藏增田一生的著作和論文而論，雖以中央研究院民族所的蒐藏為最齊全，但也只能持有其中不到一半的部分而已。

❾此處所述，是筆者根據蔡錦堂教授所贈的增田福太郎原書影本上，留有增田本人所寫的相關字跡而說的。

就是由於要擁有完整資料有實際上的困難，所以連日本學者三尾裕子和此地的林美容博士合作，於一九八八年主編《臺灣民間信仰研究文獻目錄》（東京：風響社）時，雖已能參考增田本人於《事務相關の諸論：附記　法學五十年》上的完整目錄，但是否有悉數實際蒐全？是可持疑的。因從三尾裕子所撰寫的導言來看❿，她連相關資料的閱讀都尚未完成，所以在評論時，也自承將另撰文以討論其中尚未解決之疑點。

其後，在研究上有最大突破的蔡錦堂教授，當然也是由前述增田福太郎的同一本書，才找到記載其一生的完整學術目錄，甚至赴日找到增田的家人洽談，而獲致最多的資料。但從蔡錦堂教授於二〇〇〇年發表的〈臺灣宗教研究先驅增田福太郎與臺灣〉來看，雖於文後附有根據增田所撰〈法學五十年〉上的完整學術目錄，可是他實際到手的可能也不完整。

既然完整的資料都不易獲得，而根據以上所述，連實際的全面探討亦未完成，所以筆者以下的研究史回顧，並不窮盡所有涉及增田福太郎有關傳統臺灣宗教研究的任何片段評述，而只就其中較具代表性的若干學者——在本文中，僅以黃得時、劉枝萬、三尾裕子和蔡錦堂共四人的評論作為探討的代表，並藉以提出筆者新近對其反思或質疑的若干意見⓫。

❿此一導言已於二〇〇三年中譯，以〈臺灣民間信仰研究——日本人的觀點〉，收入由張珣和筆者合編的《研究典範的追尋：臺灣本土宗教研究的新視野和新思維》（臺北市：南天書局），頁二七九～三二五。

⓫講評人王見川博士於二〇〇三年十二月五日擔任講評時，曾提及筆者所挑選的評論對象，其中有些可能並

二、有關黃得時教授完全忽視其成就的評論疑點試析

在戰後評論增田福太郎的傳統臺灣宗教研究的學者中，據筆者所見，應以曾活躍於戰前和戰後兩代，並曾實際參與《民俗臺灣》創刊及撰稿的，已故臺大中文研究所黃得時教授。他於一九八一年三月曾為片岡巖於一九二一年出版的《臺灣風俗誌》（臺北市：日日新報）、戰後由陳金田中譯本撰寫的長序〈光復之前的研究〉（臺北市：眾文出版社）一文，其論述對象的選擇，最堪玩味。

所以說其論述方式最堪玩味之處，是指其長文各節的標題如：㈠舊慣調查會的成就。㈡臺私灣法與蕃族調查。㈢清國行政法七冊。㈣慣習研究會與慣習記事。㈤史料編纂會的稿本。㈥片岡巖的《臺灣風俗誌》。㈦伊能嘉矩的《臺灣文化誌》。㈧鈴木清一郎的年中行事（案：其正式書名為《臺灣舊慣冠婚葬祭與年中行事》，一九三四年由日日新報社發行）。㈨《民俗臺灣》的虛心求教。㈩編者和讀者打成一片。⑾《臺灣風俗誌》的中譯本。但此一長序完全沒有提及包括丸井圭治郎、

非以研究臺灣宗教為主，所以評論增田一生的傳統臺灣宗教研究時，因彼等尚需顧及其原主題的評論脈絡，故難免無法周延地論及其對增田與臺灣宗教研究這一相關領域的觀察意見。對此，筆者同意確有此可能，但補救的辦法，就是筆者在從事質疑或反駁時，能儘量地不對彼等不過度苛求其評論是否周延？而是儘量只就其在學術本質上已涉及的部分，筆者才加以相關的評論。

曾景來和增田福太郎、乃至後期宮本延人在內，而與傳統臺灣宗教研究或調查有關的學者姓名和重要著作。為何黃氏會如此論述呢？其論述對象的選擇理由究竟何在？

難道說這只是黃氏此文原完全以研究臺灣民俗為主的學者及其重要相關著作為對象，但我們看黃氏之文中的第㈤史料編纂會的稿本和第㈦伊能嘉矩的《臺灣文化誌》兩者，又何嘗完全符合臺灣民俗為主的選擇標準？再者，難道黃氏是由於增田的重要著作中無許多重要的臺灣民俗觀察和探索嗎？顯然又非如此。所以其被忽視的原因，實頗堪玩味。但因撰文的黃氏已故，所以此一學術公案的實際真相，除非日後有新資料出現，否則今後依然只能成謎。

三、有關劉枝萬博士的相關評論及其引述的問題之檢討

劉枝萬博士在臺灣民間信仰的研究領域，久有盛譽，他曾於一九九五年應張炎憲博士之邀，在一場公開演講中，特別針對日治時期到戰後的臺灣民間信仰作了長時期的精采回顧；而和本文有關的一段，即是他從大正年間到昭和初期，有關臺灣民間信仰的學術研究，所作出的一些扼要評論。又因此段評論與黃得時教授的前述評論有重疊之處，故可將其與上述黃得時教授評論方式作為對照。

茲將劉枝萬博士在該報告中所認為，有關該時期臺灣民間信仰的著作及其作者的學術性質或其成就的評論意見，轉引並分述如下：

1.劉枝萬博士認為：大正時期以丸井圭治郎的《臺灣宗教調查報告書第一卷》（一九一九年出版）為嚆矢；並評論其學術成就為「雖然僅刊一卷即告中斷，然因係《寺廟臺帳》初步整理之成果，記術詳實可靠，自成後世是項研究之藍本，常被援引利用；實為通論書之壓卷，獨步至今，猶無出其右者」。

2.然後劉枝萬博士對於鈴木清一郎和曾景來兩人的研究，則認為是「承大正調查餘勢，昭和期為資彈壓，著重研究，乃自然之勢，水到渠成也」。並首先對於鈴木清一郎的著作，評之為：鈴木清一郎在一九三四年所出版的《臺灣舊慣冠婚葬祭與年中行事》一書，「正如其書名所示，並非宗教專書，而涉生命禮俗與歲時習俗，但以民間信仰篇幅居多，其有關寺廟記載，當出自《寺廟臺帳》，不失為一部好書」。

3.接著劉枝萬博士對於曾景來在一九三八年出版的《臺灣宗教與迷信陋習》（臺北市：臺灣宗教研究會）一書，劉博士評述論調，依然以其是否引用《寺廟臺帳》為是否好書的學術標準。所以他也評之為：由於曾景來之書，曾「參閱《寺廟臺帳》，且附錄『臺灣寺廟總覽』」，故其書「雖然出版主旨，在於配合『皇民化運動』，破除迷信，以促進日本化，故對於民間信仰，語多貶低」，但仍「不無參考價值」。

4.至於和本文最有相關的增田福太郎及其相關著作，則劉枝萬博士也有如下的評論：「……先是，昭和十年（一九三五）增田福太郎曾著《臺灣本島人之宗教》一書，因過於簡略，所以將其增補為《臺灣之宗教》一書，問世於昭和十四年（一九三九）；其原始資料，大致引自《寺廟臺帳》，難能可貴；亦係泛論性精心著作，可與（丸井圭治郎的）《臺灣宗教調查報告書》，相提並論為雙璧」⓬。可見其所持的評論標準，還是看其能否引用《寺廟臺帳》的原始資料而定。但，這樣的評論意見可取嗎？難道不須顧及詮釋者的分析特色及其詮釋理論體系的建構是否具有過人之處？這是可質疑的。在以下相關反思中，筆者將會再對劉枝萬博士的此一評論意見，提出個人的一些異議或批評。

而以上這些評論片段，即是劉枝萬博士於一九九五年，應吳三連文教基金會之邀，發表其〈臺灣民間信仰之調查研究〉報告部分片段，由莊紫蓉將其發言紀錄成文，並收入張炎憲、陳美蓉、黎中光合編的《臺灣史與臺灣史料㈡》（臺北市：吳三連臺灣史料基金會，一九九五），頁四三～六四。

此外，必須在此一提的是，劉枝萬博士曾在其享譽學界的著作《南投縣風俗志宗教篇稿》的一書中，曾未註明出處的，引用了增田福太郎在其《臺灣之宗教》一書第一章，有關「臺灣寺廟建立的三期說」的學術創見，即：(a)前部落期。(b)部落構成期。(c)新社會成立期⓭。筆者認為這

⓬見劉枝萬，〈臺灣民間信仰之調查研究〉，張炎憲、陳美蓉、黎中光編，《臺灣史與臺灣史料㈡》（臺北市：吳三連文教基金會，一九九五），頁五五。

⓭案劉枝萬的臺灣漢人社會發展三期說是：第一期「初奠部落基礎」。第二期「部落構成時期」。第三期「部

是嚴重的學術疏失，值得改進。反之，前輩學者戴炎輝教授在其巨著《清代臺灣的鄉治》（臺北市：聯經出版社，一九七七年初版）的第二篇「村庄及村庄廟」時，即明白提到：「臺灣庄廟的建立，如增田福太郎亦說，當移民部落構成之初，帶有農民的色彩，始於祀五穀神之土地神（公）之廟宇的建造。」（原書頁一八二）。然後於原書註八三條，說明係引自「增田福太郎《臺灣的宗教》八頁以下」（見原書頁一九二）。

不僅如此，此事其後更值得稱道的學術交流經過是：增田福太郎戰後有一次曾在一九六七年十月於日本明城大學舉行的「法制史學會第六屆大會」上發表其〈清代臺灣村落のにおける發展〉報告初稿時，遇上同一場合也擔任發表者之一的滋賀博士，而滋賀博士看了增田的論文資料之後，曾在會後提供他一些相關的補充參考資料，其中赫然就有戴炎輝早期的三篇文章：㈠是戴氏一九四三年發表於《臺灣文化論叢第一輯》的〈臺灣並に清代支那村の村庄び村庄廟〉一文。㈡是戴氏一九六二年發表於《臺灣銀行季刊》第十三卷第三期的〈清代臺灣鄉莊之建立及其組織〉一文。㈢是戴氏一九六三年發表於《臺灣銀行季刊》第十四卷第四期的〈清代臺灣鄉莊之社會的考察〉一文。

於是，增田福太郎立刻將其作為參考文獻的續編，全文經再增補後，重新發表於《福岡大學

落發展時期」。雖名稱略異，但概念涵義相同。見氏著，《南投縣風俗志宗教篇稿》（南投市：南投縣文獻委員會，一九六一），頁四～五。

法學論叢》第十二卷第四號（一九六八年三月），頁三八五～四一九。並將此事詳加說明於其新論文之後，以示不掠人之美。

由此一交流例子，我們不難將以上福、戴兩人的學術交流或互為影響的結果，綜述為如下的學術意義，即：兩人中，雖是增田福太郎倡新說在先（※因福田之書是在一九三九年出版，故早於戴氏之文四年），但真正的基礎建構，還是有賴後起的戴炎輝之相關研究來完成，並且於日後再回饋給增田福太郎本人作後續探討，以補充其原倡新說的不足。所以此種學術交流，是符合正常學術範圍的，也是使同行彼此受益、並同時嘉惠其他學者的有益之舉，故值得加以肯定。

四、有關三尾裕子的評論問題之檢討⑭

日本學者三尾裕子與林美容博士曾於一九九八年合編《臺灣民間信仰研究文獻目錄》（東京：風響社，一九九八）一書，但因全書導言是由三尾裕子主筆，故此處僅以三尾裕子之評述為主⑮。

⑭在三尾裕子之前，林美容博士雖於一九九五年，曾以〈臺灣民俗學史料研究〉報告，並部分涉及對增田的評論，此文後收於中央圖書館臺灣分館編《慶祝建館八十週年論文集》（臺北：中央圖書館臺灣分館，一九九五），頁六二一六。因林博士雖與三尾裕子合編的《臺灣民間信仰研究文獻目錄》（東京：風響社，一九九八）一書，但其導言是由三尾主筆，故此處僅以三尾之評述為主，而不討論林博士先前之評論。

⑮三尾裕子此文，已中譯，並以篇名〈臺灣民間信仰研究——日本人觀點〉，收入由張珣、江燦騰合編的《研究典範的追尋——臺灣本土宗教研究的新視野和新思維》（臺北市：南天書局，二〇〇三）一書，頁二九一

三尾裕子的評論相當周延，茲分段引述如下：

(1)三尾裕子首先提及，「增田福太郎也是從一九二九年起研究成果得以積極問世的一人。他……主要從法學觀點，考察戰前戰後臺灣、中國大陸的風俗習慣與宗教，留下龐大的論文。其論文主要刊載在前節提及的三種雜誌⓰，還有《臺灣社會之友》、《臺灣警察時報》、《臺灣教育》、《臺灣農事報》、《農林經濟論考》、《明治聖德記念學會紀要》、《皇學會雜誌神性》等。其論文內容廣泛，包括有關個別神明的傳說、信仰觀念、神前裁判事件、個別寺廟的紀錄、農業與宗教、後述的宗教政策，特別是有關皇民化運動等等」⓱。而對增田的各項研究背景和發表刊物作了一些介紹。

(2)接著三尾裕子便指出：「以此廣泛的研究為基礎，增田展開了獨自的臺灣信仰論。主要的成果有一九三七年的《臺灣本島人之宗教》、一九三九年《臺灣的宗教——以農村為中心的宗教研究》。在他的論文中，對於臺灣人宗教無法套用儒教、道教、佛教的框架，而是不基於教理或教義的各種信仰渾然成為一體。因此，他主張要研究臺灣漢人的宗教，只有進入信仰當中虛心的觀察。

～二九二。

⓰按此三種雜誌即：《臺法月報》、《臺灣時報》、《南瀛佛教》。

⓱三尾裕子，〈臺灣民間信仰研究——日本人觀點〉，張珣、江燦騰編，《研究典範的追尋——臺灣本土宗教研究的新視野和新思維》（臺北市：南天書局，二〇〇三），頁二九一～二九二。

增田不單主張應該去除有害殖民統治的毒素，例如乩童，而且還要提倡皇道精神至上主義。但在另一方面，他也留下了誦揚之詞，讚揚「臺灣擁有東洋的各種文化財、特別是最高文化的結晶——宗教。」（《臺灣本島人之宗教》二一頁）」⑱在這些方面，三尾裕子的評論是扼要而精確的。

(3)於是根據上述理由，三尾裕子便作出了以下她對增田在臺灣宗教研究方面的學術評價，她的論斷之語是這樣的：「增田就事實觀察、紀錄漢人宗教的實踐態度特別值得一提。他所處理的主題及臺灣漢人的全般民間信仰，詳細收錄了各地廟宇的祭典、廟會與神明的相關傳說；就這一點而言，該書是《臺灣宗教調查報告書》以來，顧及臺灣全島，並考慮到共通性與特殊性下，整理出來的利用價值高的書籍」⑲。像這樣平實保守的評論，雖無獨到之見，但就熟悉增田學術研究概況的學者來說，也可認為大致上並無太大出入。

(4)不過，在緊接著以上的評述之後，三尾裕子又於其文中的註十二，特別補充說明：「就像在〈臺灣統治中的神性意義〉（一九三五）等文所見的，增田是一位皇道至上主義者，但在另一方面，如同後述般，他也反對皇民化運動作過頭。另外，他雖然也主張應該打破迷信，但也在〈臺灣最近大眾爺神前裁判事件〉（一九三四《明治聖德記念學會紀要》四十二）一文中，就民間信仰中信賴神明審判的臺灣人觀念，比較法律體系下由人進行的審判、與前述的神明審判，認為在治

⑱三尾裕子，前引書，頁二九二。
⑲三尾裕子，前引書，頁二九二。

理、裁決人的主體的權威性、神聖性上，人是劣於神明；因此他的考察有著種種面相。雖然也有迎合殖民統治者的地方，但是無法單以此立場全盤解釋。將另文嘗試追溯其研究。」⑳

但是，我們若將三尾裕子以上的評論全文綜觀，再重新思考，即可以發現其中仍存有諸多可議之處，實有必要於此再加商榷。以下各點即筆者個人所持的不同角度觀察和對三尾裕子之論所作的學術批評：

1.儘管她（三尾裕子）已蒐集相當多有關增田福太郎後期的研究著述，但她依然認為增田福太郎的學術成就，若就臺灣民間信仰的這一領域而論，仍以一九三七年增田福太郎出版的《臺灣本島人之宗教》和一九三九年出版的《臺灣的宗教——以農村為中心的宗教研究》兩書，為主要成果；並認為其可與丸井圭治郎的《臺灣宗教調查報告書第一卷》，相提並論的高水準著作。因此，我們可以說，她雖然在此一論點的評述觀點或無瑕疵，但非獨創之論，而其所曾費心蒐集的新資料，卻一點也沒派上用場！

2.雖然她在其文的註十二中，扼要地提及增田福太郎對臺灣民間信仰中的神判與法律的若干思考問題，但因筆者早在一九九六年所撰的〈媽祖信仰與法律裁判——以增田福太郎的研究為中心〉一文、率先以完整專題論文方式，探討增田福太郎生平從事傳統臺灣宗教的研究中，被其極為重視的神判與法律的各項問題，而三尾裕子之文既然撰述在後，卻未提及，可見其仍有疏忽之

⑳三尾裕子，前引書，頁二九二。

處。

3.三尾裕子對增田福太郎受柴田廉甚深影響的關鍵之處，所知不多。舉例來說，柴田廉撰有《本島民族之神研究》（全一冊，臺北州宜蘭郡教育會一九三〇年十一月謄寫本，共一九七頁），也是被增田福太郎在參考書中唯一評為深入單一主題之「精深名著者」。我們若以此為觀察線索，來觀察增田福太郎的《臺灣的宗教——以農村為中心的宗教研究》一書，在其第二章即是以「祭神を中心とする研究」，難道是巧合嗎？當然不是，而是甚受柴田廉影響的緣故。可是從劉枝萬到三尾裕子的評論，對此點都同樣忽略了。

4.此外，增田福太郎在其首部著作《臺灣本島人之宗教》中，第五章神觀的特徵之第一節「特別就媽祖與城隍爺而論」，其研究觀念也是受到柴田廉在其《臺灣同化策論——臺灣島民の民族心理學的研究》（臺北市：晃文館，一九二三）一書中，〈補說：第一、天上聖母物語；第二、城隍爺の研究〉的啟發（見原書，頁一三七～一七六）。而有關兩者（柴田對增田）的這一點學術影響，並未被先前評論的學者所注意，包括三尾裕子在內。

5.並且，柴田廉在前書中討論臺灣殖民與同化的可能性分析時，曾特別指出臺人受漢文化深厚影響的傳統神觀與傳統日本神觀之最大差異之處，並在其書第三章深刻分析此一神觀，即來自第一根本思想——「敬天」——以玉皇上帝作為至上神的「帝政多神教」思想而以「孝道思想」作為其第二的順位的根本思想。所以不論其敬天或祭祖都是和此根深蒂固的傳統思想有關，也是帝王藉以統治國政根本指導原則和臺灣島民大眾深層宗教信仰的本質（見原書，頁二八～四三）。

五、增田與柴田廉之間是否有明顯學術繼承之再檢討

根據以上所述，此處似有必要將增田與柴田廉之間的學術繼承問題，再加以檢討。因筆者所提的文獻證據是，增田福太郎在柴田廉的名著《臺灣同化策論——臺灣島民の民族心理學的研究》出版不久後，即渡海來臺，並受命展開全島第二次宗教調查並深受其影響，於是多年後增田本人在其撰寫生平重要著作的《臺灣の宗教》一書時，我們在其書的〈序章〉的結尾處，便可看到如下的根本意見，並不難看出其與先前柴田廉著作中主要觀點的深刻相關性。此處為了方便讀者對照與判斷，茲將增田福太郎在其書〈序章〉結尾的觀點，再分段詳引述如下：

甲、增田福太郎先是在其書〈序章〉結尾中，先提到「臺灣人原有的宗教，是距今約二百六十年前，即明末清初以後，隨移民從華南傳來，仍承繼著華南原鄉的傳統。惟在中國，由其民族性中醞釀創造出來的宗教有儒教和道教，儒教是以孔子儒家思想為代表；道教乃以老子的道家中心思想的意識型態降格變形，與民間信仰結合而成。這裡應注意的是，儒、道兩家的思想發展過程中，儒教乃為統治者或讀書人階層作為道德及文學思想的傳承，道教則滲入民間信仰的行列，不重思想轉移於實行方面，終成為以仙術或魔（幻？）術為主的宗教。然而佛教雖早在後漢時期即由西域傳入中國，但一般民眾則僅在形式上信奉而已。佛教至今在中國人心中之地位所留下的

業績僅止於為道教建立秩序化的外表，及刺激民間信仰開拓死後——即他界觀念的程度而已」㉑。

乙、接著他評論說，「這種訊息，在臺灣也是如此，若將臺灣人的宗教僅就形式上單純地分為道教(Tao-kau)、儒教(Zu-kau)、佛教(Hut-kau)等，則不能完全理解其本質，而是應當全面的掌握這由道、儒、佛，三教互相混合而成的一大民間宗教。現舉三教混淆的顯例，凡稱為『寺(Si)』本應屬於佛教，但卻有不供奉佛像，而又不住僧尼者；稱為廟(Bio)，或宮(Kiong)者，本應奉祀神或仙，但也有以觀音或地藏為主神者，又僧侶之中亦有不居於寺廟而居住自宅，應人家的要求，主持祈禱或葬儀者。尤其可謂奇觀者原來僧侶應司死者之事，即葬祭；道士應司生者之事，即禁厭符咒，但某些地方葬儀卻完全委於道士，而僧侶則僅奉侍廟祀的神明，不涉及葬儀。尤奇者，在臺灣神像的開光點眼應由道士為之，即便是佛像亦不能委由僧侶擔任，必須由道士為之」㉒。

丙、於是，他得出如下的觀察結論，而認為像「這樣道教、儒教、佛教淪為一種互相混淆的民間信仰，令人不知其究為何物。此外，本來臺灣現住民的祖先，多為缺少統制訓練（紀律）的移民或一定時間離鄉謀生之人，因此在此島新建立的社會或文化並無堅固的基礎，從而其宗教信仰亦不具有根本的教義及教理。因此，我們眼前所見到的是其素朴信仰對象的各種大小神像與傳說及口碑相結合，雜然呈顯玉石同架的面貌」㉓。

㉑見增田福太郎，《臺灣的宗教》，頁三；而本文此處所引的中譯文，是由黃有興先生主譯，參見本書頁九六。

㉒同前注。

丁、緊接著，增田開始提出他對臺灣傳統宗教的思維後他本身所將要切入的研究構思及詮釋的方法論，所以他清楚地說到，既然他本人所要「研究的對象如此，故關於研究此宗教的態度方法，不得不完全捨棄老莊哲學、儒教倫理、乃至佛教教義先入為主的觀念入手」[24]。——因而也就在他此一主要詮釋上，我們已可看出其與柴田廉觀點有明顯的接近之處，而與丸井圭治郎的所持觀點出入較大。

戊、在最後，增田本人還堅決地預告了他此後一生中奉行不逾的實證研究態度，其全文如下：「臺灣人原有宗教的研究必須從臺灣人所過的信仰生活中冷靜的觀察，換言之，其研究態度必須是實證的，對於此點我雖不敏，但一直努力而為。」[25]

六、增田與柴田廉之間學術繼承的綜合商榷意見之提出

1. 筆者認為，根據以上所述的各點資料，綜合來看，我們實可以不離譜地認為：增田來臺後，在實際從事研究思維的主軸判斷上，很顯然的，作為後進的增田，於其接受官方委任從事第二次全島傳統宗教調查之初，[26]主要是順著柴田廉的先前的基本思維，而後才決定其日後的整個研究

㉓同前注。
㉔同前注。
㉕同前注。

方向。

2.筆者認為，另一個明顯影響的證據就是，增田本人在繼其高峰之作的《臺灣之宗教》一書之後，於其再下一本的重要著作，即《東亞法秩序序說——民族信仰を中心として》（一九四二年），也是明顯地由柴田廉在其《臺灣同化策論——臺灣島民の民族心理學的研究》的先驅思想所啟發，而後才形成其著作之論述體系的。㉗

㉖一九二九年增田福太郎以宗教調查官的身分來臺灣進行「第二回宗教調查」。當時的《南瀛佛教》第七卷第三號（一九二九年五月）頁五七登載：「臺灣之宗教調查。始自大正四年十月。專依臺灣之舊慣宗教而行。至七年。始提出臺帳竝調查書。其容量累積之。實達有十三間之高。此前後四個年間當局之所費精神多且大矣。然尚未達所期之目的以之遺憾。謂欲期完備。非再行第二回調查不可。於是年來於督府雖有提出預算。皆謂負負。故於本昭和四年度必期其勝。致最善努力結果。始得通過。調查期間。按五個年繼續之事業既於本年四月逐々下手。調查主任囑託增田福太郎氏。亦於去四月二十六日來臺就任。外本島人囑託李添春（普現）氏。亦於四月就任。二氏皆官私立大學出身。對此調查。吾人對二氏之期待。多且大焉。」而其宗教調查綱目如下：(1)第二回宗教調查預定從在來本島固有之寺廟而下手。(2)調查內地傳來之宗教（如神道、佛教、基督教及其他）。(3)調查外國傳來之宗教（即如基督教等）。(4)臺灣在來寺廟欲分佛教方面、道教方面、儒教方面及一般民間信仰方面以科學的方法調查。(5)調查之內容則可分為三大綱領㈠歷史方面㈡教理方面㈢教團組織及其經濟關係。(6)第二回宗教調查之特色將查出宗教現實所有之狀況而有缺陷弊害之處將思方法以矯正。

㉗蔡錦堂教授在其〈臺灣宗教研究先驅增田福太郎與臺灣〉一文，也約略提到增田福太郎「他除了承繼丸井

3.所以，當我們在思考增田福太郎對丸井與柴田之間的學術繼承時，很顯然的，筆者是認為由柴田廉的影響佔了絕對的上風；至於在資料的引述上，當然丸井的著作亦有被借重之處，但此點實可不必詳論，因不具關鍵性也。

4.而筆者在此提及的，即增田來臺後對其學術研究和詮釋構思，除他原在日本所受的法學進化論及國家惟一神道觀念的既有學養之外，㉘究竟是重新再受到他的同行前輩之柴田廉或受丸井圭治郎中何者影響為大的這點差異性？恐怕也是歷來評論者很少提及的，㉙故筆者特於此處將其點出，並藉此就教於學界。

七、有關蔡錦堂教授的評論問題之商榷

圭治郎一九一九年當時的宗教調查成果」之外，也參考了「柴田廉所編《臺北廳宗教概要》，也融入自己親自全臺實際宗教調查的結果，與在東京帝大從穗積陳重、筧克彥與加藤玄智等教授所習得的法理學、比較宗教學等知識，重譜出自己的一套臺灣宗教觀。」見前引書，頁六一。

㉘此一部分非筆者所長，但非常重要。筆者推薦讀者可參蔡錦堂教授的兩篇論文，㈠〈臺灣宗教研究先驅增田福太郎與臺灣〉。另一篇就是新撰的〈增田福太郎的寺廟與神社觀〉（二○○三年十二月初稿）。

㉙三尾裕子雖然在其文中的「7.1.6 皇民化運動與臺灣的民間信仰」一節中，提到了柴田廉的《臺灣同化策論——臺灣島民の民族心理學的研究》一書，也簡述了其思想，並在其後的一來串學者中，也提及增田福太郎和他的論文〈神社精神與寺廟精神〉，但完全沒有提及兩者的學術繼承問題。見三尾裕子，〈臺灣民間信仰研究——日本人觀點〉，前引書，頁二九五～二九七。

正如本文在前面已提過的，蔡錦堂教授曾於二〇〇〇年十月二十三日在臺北市國家圖書館漢學研究中心的國際會議廳舉行所發表的大作，即〈臺灣宗教研究先驅增田福太郎與臺灣〉一文，仍是迄今臺灣學界對增田福太郎與臺灣宗教研究的介紹和諸論文中，「資料最齊全、論述最完整的高水準之作」。所以他的評論觀點，也是筆者此文在壓軸之處所要商榷的。茲分述如下：

1. 雖然蔡錦堂教授在其文中也提及，「增田福太郎自一九二九年來臺以迄一九三九年離開，共在臺灣約有十年之久。在他之前，……有關臺灣傳統宗教係以丸井所編的宗教調查報告書第一卷為最完整，但該報告書仍停留在資料的呈現上，較少『學術研究』的味道在。而增田在臺十年當中，除仍繼續宗教調查外，亦利用其學識將臺灣的傳統宗教提昇至『學術研究』階段，賦予學術學理的新生命。此乃為何稱其為臺灣宗教研究『先驅』的理由所在」。㉚但，有關這一點的不同評價，筆者認為在學術上的意義並不大，我們實可將其視為蔡教授獨特的一家之言，而不必強求其同於學界將兩者並列的多數意見。

2. 其實，筆者認為更值得注意的倒是：雖然蔡錦堂教授在此一幾乎可謂集大成之文的周延論述中，除了能擴大新資料範圍使論述主題更多、以及能注意包括柴田廉前輩學者對其研究傳統臺灣宗教的各項影響之外，並能對於筆者過去探討的神判法律問題也加以大幅度開拓和深化；在論

㉚見蔡錦堂，〈臺灣宗教研究先驅增田福太郎與臺灣〉，《二十世紀臺灣的歷史與人物》（新店市：國史館，二〇〇二），頁五三。

及增田福太郎的研究時，也探討了其曾引用當時日本著名的倫理學者、文化史家和辻哲郎的「風土」的概念，對臺灣傳統宗教的生死觀之重要影響。㉛在此同時，蔡教授也能於文中對增田福太郎研究的臺灣原住民的調查與研究這一問題，首次作了相當扼要及系統的深入分析。

3.而像以上這些優點及貢獻，無疑都是蔡錦堂教授正確示範的研究態度。

4.因這些文本，都出在增田福太郎的《臺灣的宗教》一書後面的〈附章：中部原住民的宗教略說〉和另一篇〈附說：皇國精神與臺灣的宗教〉的論述內容，所以蔡教授將其視為同一本書的相關主題來處理，是很負責的研究態度，亦即研究者皆應如蔡教授的處理方式，才算是稱職或能被視為已盡研究者的本分了。

5.然而，在實際上，蔡錦堂教授在上述研究的巨大成就及其論述的傑出表現之外，同樣也在文中存有一些值得商榷之點，因而頗值得我們進一步試著再向其請益。

㉛可是，蔡教授在文中，同樣忽略了，增田在此書中，所受來自德哲黑格爾在其《歷史哲學》一書中，將歷史發展與地理影響的因素結合，並強調東西方社會在歷史理性自由發展上，有東方社會屬肇始期形態而與西方近代屬成熟期之形態有異的潮流斷定；而增田在法學養成上，雖是受德國大陸法學思想的影響，但他仍主張應反對黑格爾在書中所主張的：近代的西方社會發展，是人類歷史發展潮流的歸宿之處；而他在書中，是主張東洋的自然精神和神觀才是未來的理想趨向（當然，這仍只是以其師筧克彥教授所主張的、作為日本國體並成為大東亞未來共融精神的惟神道理論，所發之時論罷了）。見增田福太郎，《臺灣的宗教》一書中〈附說：皇國精神與臺灣的宗教〉，頁二〇九～二一三。

參、有關增田作為傳統臺灣宗教研究者的定位問題

但，在討論之前，仍應先再設法弄清楚：到底增田是怎樣作為傳統研究臺灣宗教的學者？或究竟我們要如何理解增田的傳統臺灣宗教研究？以作為以下討論的基準。

而如以上所述，蔡錦堂教授原先的那篇出色論文，正是激起筆者重新檢討其觀點或向其請益的最大原動力，所以筆者的思考脈絡，原應只接續該篇論文的討論而來。但在撰文之際，此種學術情況已有新的重大發展，故筆者原先所擬論述的脈絡，亦必須立刻重新跟著調整，方能符應此種最新的學術發展。

但，筆者此處所說的新發展又是何指呢？筆者指的就是此次（二〇〇三年十二月五日）於中央研究院民族所舉行的「增田福太郎與臺灣研究」紀念研討會的論文中，有兩篇頗引起筆者的強烈興趣，即法學者吳豪人教授的〈凡庸之惡——「法學者」增田福太郎和他的時代〉之文和歷史家蔡錦堂教授的〈增田福太郎的寺廟與神社觀〉之文。因為兩者彼此在論述的觀點上幾乎又是針鋒相對，或在議論角度有許多截然不同之處，因此促使筆者重新構思：究竟增田福太郎一生是怎樣的一個學者？或要如何理解增田對傳統臺灣宗教的研究學術意義？

另一方面，這也涉及研究者對被研究者的學術角色如何定位的問題？特別是因為筆者是從事

歷史學的宗教研究的，若光靠作品的文本作分析，可能會有嚴重的認識不足或出現理解偏差的問題。所以底下擬先舉筆者對增田的先行者岡松參太郎的研究，作為例證說明並點出相關的問題點，然後再回歸原有的相關討論。

其實，在二○○○年夏季畢業前，筆者於臺灣大學歷史研究所博士畢業論文〈殖民統治與宗教同化的困境——日據時期臺灣新佛教運動的轉型與頓挫〉中，已充分根據明治時期臺灣總督府的各種宗教類檔案和法令彙編以及舊慣調查時，岡松參太郎與織田萬兩博士，如何以西方法詮釋臺灣私法體系中的各項宗教法規和名詞釋義的細節問題。所以，對岡松參太郎博士實際的巨大貢獻（※特別是關於他在臺灣傳統宗教方面所作的現代詮釋與法律定位的部分），是有充分了解的。[32]

但是，當時岡松博士身為官方重要的法律諮詢人，其角色也是分際很清楚的，因他並非官僚系統中有實際決策的行政者，也非確立大日本帝國憲法宗教政策或法規的實際決策者。而他的學術業績之所以是輝煌的，是因他的整個工作涉及面夠廣所致（而宗教只是其中一小部分，且非優先或特別重要），所以他不但備受官方禮遇、經費充足、助手眾多，還可不須全勤來臺而能長期逗留在日本京都任教之處，即可遙控在臺進行的大規模調查工作。所以這是非日後的任何來臺從事宗教調查工作的學術官僚，所能比擬的特殊條件。但儘管成就的確是如此巨大（※本文此處單指

[32] 關於此一探討，可參考由筆者博士論文改寫出版《日據時期臺灣佛教文化發展史》（臺北市：南天書局，二〇〇一）〈第一章日本在臺殖民統治初期宗教政策與法制化的確立〉的長篇論述。頁一一～八〇。

宗教部分而論，不涉其他），卻也不應因此而反被忽視：例如他曾長期被後來的丸井圭治郎以名實不符的成就掠美，而未得應有的評價。

反之，若有研究者把增田這樣剛畢業的法學新進來臺從事經費稀少、任期不長、又助手不多的調查員，將其學術的業績（雖然也涉及法學和宗教或神道）來和岡松的整體成就相比，那將是錯比或根本不應有的學術評價之課題。

可是，筆者以上所寫的這段話，正是因先看了吳豪人教授的論文〈凡庸之惡——「法學者」增田福太郎和他的時代〉所引起的。並且，在引言中，吳教授也提到：「若將增田福太郎與岡松參太郎相提並論的話，很有可能就犯了司馬遷《史記》中『老子與韓非同傳』的謬誤。」㉝其實，司馬遷之老韓同傳，是否為謬誤，似有再商榷餘地；但將岡松和增田的學術業績相比較，則不只因兩者分量實相差太大，完全無此必要。

儘管如此，在吳豪人教授的論文中，仍有幾處觀點，是值得注意的：㈠他認為增田對臺灣民俗、習慣的研究動機，與岡松參太郎，甚或金關丈夫，都是多麼的不同。而和其師筧克彥，無限地相似。㈡增田跟岡松參太郎、柯勒這些深信進化論的「文明人」要想尋找法律起源的動機，完全風馬牛。在學術地位上，也不能與上述學者相比。㈢增田對臺灣原住民的法律或漢族宗教的著

㉝但，吳豪人教授在其論文一開頭，就質疑增田作為殖民法學者或法人類學者的分量，認為他根本不能與名震一時的岡松參太郎相提並論。可是，學界迄今，有誰曾如此相比呢？

作，除卻意識形態，還算平實。但作為公法學者，增田非常平庸；而作為法人類學者，他也僅有記述而無分析能力。所以其戰後憔悴，身後蕭條。

從以上幾點中，可以看出，吳豪人教授批評的重點，是：㈠在其與岡松等公法學者的相比之後，強烈貶抑增田的法學成就或所具備的治學能力。㈡至於單就其對臺灣原住民的法律或漢族宗教的著作而言，吳教授則除了批評他的意識形態之外，認為還算平實。但對筆者來說，增田是否如岡松或不如岡松一樣的法學者，根本不必重視，也無興趣。

倒是就在吳教授如此苛評的論文中，卻也讓筆者：⑴知道增田所師承的法學思想究竟屬於何種性質？⑵促使筆者必要再思考增田於治學方面的創發能力究竟如何？⑶儘管增田對臺灣原住民法律或漢族宗教的研究，被吳教授評為只是平實可信的。[34]但這對筆者來說，也就有很足夠根據了。

可是，作為另一角度的觀察者：歷史家的蔡錦堂教授，其新觀點又是如何呢？

筆者承蒙他的先行提供而能參考他的新作〈增田福太郎的寺廟與神社觀〉一文，也實際交換過意見。所以了解他在新作中，其論點如下：相對於法學者出身的吳豪人教授，身為歷史家的蔡錦堂教授有如下的認定，他說：⑴或許以今天的學術研究水平衡量，增田當年的著作研究，已不

[34] 吳豪人教授，〈凡庸之惡——「法學者」增田福太郎和他的時代〉，「增田福太郎與臺灣研究紀念研討會」論文，二〇〇三年十二月五日於中央研究院民族所會議室發表。頁一～一六。

能算是極具深度或百年不易的學理，但若以當年研究進展來說，足可稱其為「臺灣宗教研究先驅」而不為過；尤其從「自然法」的角度來理解臺灣原住民的家族與社會，是很可注意的治學方向或成果。(2)若不從與岡松等不同法學家背景的角度來了解增田，其實也可以從其家庭教育、學校教育以及個人的宗教傾向等生活史的線索，來了解增田所以尊崇天皇制與國家神道的思想背景。㉟

所以就蔡錦堂教授以上的這兩點論斷來說，雖與吳豪人教授的切入角度不同，但，同樣有類似共同之處，那就是：增田並未被推崇為有偉大成就的學者（※而吳豪人特批評其法學素養平庸和缺乏分析力），僅足以視之為「臺灣宗教研究先驅」或值得其對臺灣原住民有關「自然法」的研究業績留意。但因筆者先前已曾表示：對蔡教授視增田為「臺灣宗教研究先驅」這一觀點，並無意見，所以，筆者以下所要探討的問題，就必須再轉到其他方面的學術問題去。

首先是，筆者個人對增田在日治時期臺灣的宗教學者系譜之定位問題。

因筆者在新近出版《臺灣近代佛教的變革與反思——去殖民化與確立臺灣佛教主體性的新探索》（臺北市：東大圖書公司，二〇〇三）一書，已提到：

1. 柴田廉原是來自日本新興的左派知識分子，所以他是用宗教社會學的角度來切入臺灣現狀

㉟蔡錦堂，〈增田福太郎的寺廟與神社觀〉，是「增田福太郎與臺灣研究紀念研討會」論文之一，二〇〇三年十二月五日於中央研究院民族所會議室發表。頁一～一二。此文後來發表於《光武通識學報創刊號》（二〇〇四年三月），頁一九一～二一一。

的觀察和分析，並認為在統治者和被統治者之間的文化特性，有許多深層的部分是無法改變的。而柴田廉的此一看法，後來亦被增田福太郎和宮本延人，所相當程度地繼承，卻不同於丸井圭治郎所持以日本佛教來同化臺灣宗教的立場。

2.接著，筆者在同書中又論及丸井圭治郎的學術成就說：「丸井圭治郎的主要貢獻，除了主持宗教調查之外，又促成了『南瀛佛教會』的成立，以安排官方的御用僧侶，藉以控制；除此之外，在一般學界長期所推崇其所提出的《臺灣宗教調查報告書第一卷》，在解釋體系、概念方面，其實有近八成應是沿襲自岡松博士的原有詮釋觀點。故其主要貢獻，是在書後的統計表；但其缺失亦大，例如其原書統計表中有列入各種宗教資料，但他只注重在臺灣一般宗教的討論，而忽略西洋來臺宗教。並且岡松博士在舊慣私法中未詳處理的，丸井同樣成了逃兵。所以他的第二卷調查報告書，始終未能出版。因而，我們過去學界過於捧丸井是不當的；至於對岡松長期被忽略的缺失，則應重新平反或大加肯定。

3.所以筆者在書中論述的結語是：來臺作第二次宗教調查報告的增田福太郎，其初期書中的傳統臺灣宗教研究，約有近六成是引用柴田廉的調查報告，卻很少承襲丸井的部分。[36]

---

36 以上所論，可見江燦騰，《臺灣近代佛教的變革與反思——去殖民化與確立臺灣佛教主體性的新探索》（臺北市：東大圖書公司，二〇〇三），頁三三四~三三五。而本文講評人王見川博士，在二〇〇三年十二月五日講評時，不但贊成並舉新事證，以支持筆者所論：增田與柴田廉兩者在臺灣宗教研究傳承上，有學術關

肆、結語：綜評增田研究上的成就、侷限與缺失

根據以上綜合所論，此處可下經筆者探討後的結語，共分五點，以分別綜評增田福太郎在傳統臺灣宗教研究上的成就、侷限與缺失：

1. 首先，就其學術成就來看，若僅以本文所討論的傳統臺灣宗教這部分來看，再除開那些他在皇民化運動時期所寫的特殊思維、但無效用的學術論述之外，㊲則仍有如下的學術優點或出色

聯性這一觀點。此外，吳豪人教授後來在其當天報告的終結答辯時，亦曾公開承認：在此次會議中能由筆者的報告處，獲悉以前未知的有關增田福太郎來臺後，曾在對於傳統臺灣宗教的認識和研究方面，有過深受柴田廉著作的影響一事，是其此次參與會議的重要收穫之一。

㊲增田福太郎自一九三八年底起即開始有一連串與日本天皇制、國家主義有關的文章，有些部分則涉及東亞或大東亞共榮圈的宗教等，諸如：〈東亜法秩序の建設原理〉、〈国体法の一考察〉、〈大陸法秩序の建設〉、〈冊子・東亜宗教の課題〉、〈神社精神と寺廟精神〉、〈臺・満民族信仰の一考察〉、〈南方法秩序の建設のために〉、〈冊子・大東亜法秩序と民俗〉、〈南方民族の祭祀〉、〈南方秩序と皇政の本義〉、〈冊子・南方法秩序序說〉、《東亜法秩序序說——民族信仰を中心として》、〈南方建設と教育〉、〈皇道と南方宗教〉、〈皇民運動下の臺灣宗教〉、〈東亜建設と情義〉、〈東亜法秩序考〉、〈東亜建設と民族宗教の基調〉、《皇道の理念と法制》等著作。但這些都是特殊情勢下的產物，很難真正落實，故本文稱之為空論。

的學術業績：他（增田）是最先能從臺灣農民信仰的角度，以主神祭祀為中心和部落三階段發展論，充分運用實地調查的田野資料和繼承原有成果，而建立起有臺灣有本土理論的宗教史系列著述。亦即他於一九三五年至一九三九年所寫的《臺灣本島人の宗教》、《臺灣的宗教——農村を中心とする宗教研究》、以及一九四二年所寫的《東亞法秩序序說——民族信仰を中心として》三本著作。而迄今這些書仍是臺灣宗教研究者所常參考或引用的資料。因此，蔡錦堂教授說他是「臺灣宗教研究的先驅」，雖無不可，但若認為迄今他仍可視為：曾有優異表現的傳統臺灣宗教史研究者及理論的建構者，或應更恰當。

2.就其侷限和缺失來講，他的研究中曾忽視了許多非臺灣傳統民俗宗教的部分。例如日本在臺佛教的發展，他當時只是在調查時輕微觸及而在研究上卻是被相當忽略的。至於對在臺的西洋宗教研究而言，他也從不觸及，更不用說要其執筆撰述了。並且，儘管他很幸運能與當時精通臺灣齋教狀況的本地助手李添春合作無間，但他當時不論是關於臺灣佛教的改革運動，或對臺灣齋教的細部理解，都可說只觸及表象，而未長期下工夫去鑽研，所以得力助手李添春，充其量只是充當他田野調查時的語言翻譯，兼相關資料的提供者罷了。

3.實際上，在其侷限和缺失的另一面，他也面臨一些很難克服的困難研究條件。例如他雖注意並首開臺灣民俗信仰中的詛咒神判和法律成效的學術研究問題，但因當時臺灣社會已非原始部落社會，所以此種問題往往會在資料中充斥著大量隨機性、或涉及商業利益或有時效不確定性等證據力並不明確和可靠度不高的諸多弱點，亦即此種習俗在當時只純屬相關民眾依慣習為之的私舉，既無法律效力，也與現行法律之運作無關。所以他不久就了解真相而無法再持續研究下去。最後，他才會選擇以原住民的生活材料，來從事類似的研究。可是如此一來，他與當時傳統臺灣宗教的主流發展，就逐漸產生了距離，在研究上更不利。

4.因而，他後期所關心的，其實是較原始的部落式的狀況，故有類似早期人類學家和結構主義者的研究傾向。㊳此所以，現代性的都會所衍生的新興臺灣宗教現象，對他而言，除了寫一些惟神道如何結合臺灣的新佛教運動等難以真正落實的論述之外，只能成了一個不相關的旁觀者，而非用心其中的研究者。而這也是後期他大大不如臺灣總督府調查官宮本延人之處。

5.再者，類似當時臺北帝國大學助教授淡野安太郎所公開論述的現代信仰自由問題，也非其關心所在。更何況，他也不可能如日僧東海宜誠、臺僧學者高證光等到第一線去訓練「皇道佛教」的講習工作（※但宮本延人本人就實際擔任過）。因而後期（自離臺後起）他所使用的傳統臺灣宗教田野資料，往往都是早期使用過的，並且頻率極高，有時更是原樣照般而已，所以在材料的新鮮度上是有所不足的。這也是我們今日讀增田的相關著作時，所必須明白的。

㊳增田在戰後出版的博士論文《未開社會における法の成立》（東京：佐野書房，一九六四），即是此種具體表現。

◎改變歷史的佛教高僧

于凌波　著

佛教的種子傳入中國之後，所以能在中國的土壤紮根生長，實在是因為佛門高僧輩出。他們藉由佛經的翻譯及法義的傳播來開拓佛法，使佛教蓬勃發展。當我們追懷魏晉南北朝時代的佛教及那個時代的高僧時，也盼古代佛門龍象那種旺盛的開拓精神可以再現，為佛法注入新的生命。

◎中國民間信仰與道教

劉仲宇　著

中國傳統文化中，儒釋道號稱三教，是中國文化的主要支柱。說支柱，同時也就意味著它們不能囊括全部的中國文化。在民間，還有每日每時在日常生活中大量重現的俗文化。民間信仰即俗文化的一部分，對它的了解，是理解民眾精神生活的重要途徑，本書詳述中國民間信仰與道教的互動與發展，使讀者能更加理解鮮活的中國文化。

◎佛寺采風

黃夏年　著

中國是一個多民族、多宗教的國家，佛教尤其出眾。廣袤的大地上，到處林立著佛寺，莊嚴肅穆的佛像，讓人起敬皈依。作者從中國傳統文化的角度著眼，考據地方文化的特點以及寺院的山水風光，勾勒出著名佛教寺院最值得一看的精采內容，同時也簡略地介紹佛寺相關歷史、寺內裝飾、各種佛像與儀式。閱讀本書，將對佛教和佛寺有重點性的掌握，是提升個人審美力與旅遊樂趣的好幫手。